自贸港背景下
海南农业功能分区
与区域协调发展研究

张慧坚　黄浩伦　赵军明　主　著
阚应波　古小玲　王成丽　副主著

中国农业科学技术出版社

图书在版编目（CIP）数据

自贸港背景下海南农业功能分区与区域协调发展研究 / 张慧坚，黄浩伦，赵军明著. --北京：中国农业科学技术出版社，2024.10
ISBN 978-7-5116-6712-0

Ⅰ.①自… Ⅱ.①张…②黄…③赵… Ⅲ.①农业资源-农业区划-研究-海南②农业经济发展-研究-海南 Ⅳ.①F329.966②F327.66

中国国家版本馆 CIP 数据核字（2024）第 047232 号
审图号：琼 S（2024）207 号

责任编辑	姚　欢
责任校对	王　彦
责任印制	姜义伟　王思文

出 版 者	中国农业科学技术出版社
	北京市中关村南大街 12 号　　邮编：100081
电　　话	（010）82106631（编辑室）　（010）82106624（发行部）
	（010）82109709（读者服务部）
网　　址	https://castp.caas.cn
经 销 者	各地新华书店
印 刷 者	北京建宏印刷有限公司
开　　本	185 mm×260 mm　1/16
印　　张	10.25
字　　数	250 千字
版　　次	2024 年 10 月第 1 版　2024 年 10 月第 1 次印刷
定　　价	80.00 元

◆◆◆◆◆ 版权所有·翻印必究 ◆◆◆◆◆

《自贸港背景下海南农业功能分区与区域协调发展研究》著作委员会

张慧坚　黄浩伦　赵军明

阚应波　古小玲　王成丽

前　言

随着现代经济社会的快速发展，农业多功能性特征日益凸显。农业功能从传统功能如食物保障、原料供给和劳动就业等，向生态保护、休闲观光、文化传承等领域扩展。热带特色高效农业是海南自由贸易港建设聚焦的四大主导产业之一，开展自由贸易港建设背景下热带农业功能分区与优化战略研究，根据经济、社会、政治和自然等要素空间分异特征，积极谋划农业分区功能与区域协调发展战略，合理优化农产品供求格局，从保障重要农产品（如天然橡胶、水稻、甘蔗等）安全供给角度剖析农产品供给安全影响因素，研究应对策略，引导和深化农业在不同地域的功能定位和分区赋能，对促进区域农业协调发展，确保重要农产品供给安全，加快培育农业新质生产力和推进乡村振兴具有十分重要的意义。

本书基于中国工程院重大咨询项目"海南自由贸易港建设背景下热带高效农业发展战略研究（第二课题：热带高效农业区域布局与优化战略研究）"及海南省社科基金"海南乡村产业生态化和生态产业化推进模式与实现路径研究"的研究成果编撰而成。全书分为6个章节。

第一章，从海南省基本省情出发，分析了海南农业发展的区位和资源优势，概述了农业主要产业发展现状和发展历程，梳理了海南农业发展成就和存在问题，提出了海南农业发展思路。

第二章，基于海南自由贸易港农业内外环境发生的重大变化，分析《区域全面经济伙伴关系协定》（RCEP）对农产品贸易的影响，分析了海南农业国际贸易情况，从国内省际间和不同国家两个层面分析了我国热带农产品区域竞争力，提出了海南农业面临的机遇与挑战。

第三章，基于海南自然条件和资源优势，提出了海南农业资源发展态势和资源保障程度，提出了农业资源节约高效利用主要措施。

第四章，梳理了海南县域农业生产现状与特征，分析了影响县域农业生产的主要因素，对县域农业生产增减趋势进行预测，并对县域居民人均农产品生产与消费现状进行分析，提出了海南农产品可持续发展对策。

第五章，分析了海南农业多功能综合分区与区域功能定位，梳理了种植业、畜牧业、渔业、林业、农产品加工业、多功能农业、跨界农业区域布局态势与优化措施。

第六章，基于农业区域协调发展理论，明确了农业区域协调发展概念、内涵及特征，总结分析了农业区域协调度评价指标与模型，对海南省农业区域协调度进行评价，并借鉴国外推进农业区域协调发展的典型经验与启示，提出促进海南农业区域协调发展的政策取向。

在课题研究和书稿撰写过程中，著者开展了大量的问卷调查和专家访谈，收集了详尽的资料和数据，谨向给予支持的各位专家表示衷心感谢。由于知识的局限性，书中难免存在不足，请读者尤其是同行专家批评指正。

著 者

2024 年 1 月 18 日

目　　录

第一章　海南农业发展概况	1
一、基本概况	1
二、农业发展情况	3
第二章　自贸港与 RCEP 等经贸规则下海南农业发展战略选择	**16**
一、海南自贸港农业内外环境发生重大变化	16
二、RCEP 经贸规则对农产品贸易影响	17
三、海南自贸港农业国际贸易情况	19
四、主要热带农产品区域竞争力分析	31
五、海南自贸港农业面临的机遇与挑战	54
第三章　海南农业资源态势及节约高效利用措施	**57**
一、自然条件	57
二、农业自然资源优势	61
三、农业资源发展态势	62
四、农业资源保障程度	64
五、农业资源节约高效利用主要措施	64
第四章　海南县域农业生产变化与供需平衡分析	**67**
一、县域农业生产现状与特征	67
二、影响县域农业生产的主要因素分析	80
三、县域农业生产预测	82
四、县域居民人均农产品生产与消费现状分析	88
五、农产品可持续发展对策	93
第五章　海南农业功能分区与布局优化	**95**
一、农业多功能综合分区与区域功能定位	95
二、种植业区域布局态势与优化	104

三、畜牧业区域布局态势与优化 …………………………………… 109

　　四、渔业区域布局态势与优化 ……………………………………… 110

　　五、林业区域布局态势与优化 ……………………………………… 112

　　六、农产品加工业区域布局态势与优化 …………………………… 113

　　七、多功能农业区域布局态势与优化 ……………………………… 117

　　八、跨界融合农业区域布局态势与优化 …………………………… 119

第六章　自贸港等经贸规则下海南农业区域协调发展研究 …………… 122

　　一、农业区域协调发展理论基础 …………………………………… 122

　　二、农业区域协调发展概念、内涵及特征 ………………………… 124

　　三、农业区域协调度评价指标与模型 ……………………………… 125

　　四、海南省农业区域协调度评价 …………………………………… 129

　　五、推进农业区域协调发展的国外典型经验与启示 ……………… 141

　　六、促进农业区域协调发展政策取向 ……………………………… 147

参考文献 ……………………………………………………………………… 153

第一章 海南农业发展概况

一、基本概况

(一) 海南省基本概况

海南省的行政区域包括海南岛、西沙群岛、中沙群岛、南沙群岛的岛礁及其海域，是全国面积最大的省。其中陆地（主要包括海南岛，以及西沙群岛、中沙群岛、南沙群岛）总面积3.54万千米^2，海洋面积约200万千米^2。海南岛地处北纬18°10′~20°10′，东经108°37′~111°03′，面积3.39万千米^2，是国内仅次于台湾岛的第二大岛。海南岛四周低平，中间高耸，呈穹隆山地形，以五指山、鹦哥岭为隆起核心，向外围逐级下降，由山地、丘陵、台地、平原构成环形层状地貌，梯级结构明显。海南岛地貌以山地和丘陵为主，占全岛面积的38.7%。山地主要分布在岛中部偏南地区，山地中散布着丘陵性盆地。丘陵主要分布在岛内陆和西北、西南部等地区。海南岛地势中部高四周低，比较大的河流大都发源于中部山区，组成辐射状水系。全岛河流3526条，其中集水面积超过50千米^{2}的有197条，集水面积超过100千米^{2}的有95条。南渡江、昌化江、万泉河为海南岛三大河流，集水面积均超过3000千米^2，三大河流流域面积占全岛面积的47.0%。南渡江发源于白沙南峰山，斜贯岛中北部，流经白沙、琼中、儋州、澄迈、屯昌、定安等市县至海口入海，全长353千米，集水面积7066千米^2。昌化江发源于琼中，流经琼中、五指山、乐东、东方等市县至昌江昌化港入海，全长243千米，集水面积4990千米^2。万泉河上游分南北两支，均发源于琼中，两支流经琼中、万宁等市县至琼海龙江合口咀合流，至博鳌港入海，主流全长178千米，集水面积3692千米^2（海南年鉴，2022）。

(二) 海南农业发展的区位优势和资源优势

海南省处于我国最南部，是我国唯一的热带岛屿省份，也是我国海洋面积最大的省份，农业发展具有独特的区位优势和资源优势。

1. 区位优势

海南岛位于亚洲、太平洋的交接带，居日本至新加坡的中段，是沟通太平洋、印度洋两大水系的海上交通要道，扼守海上丝绸之路要冲，背靠中国大陆，与广东雷州半岛相隔的琼州海峡宽约33.34千米，面向太平洋和印度洋，与菲律宾、文莱、印度尼西亚和马来西亚等国际重要市场为邻,既是中国毗邻东盟国家最多的省份,也是中国距东盟国家最近的省份。作为中国最大的经济特区和热带岛省份,海南地处海上丝绸之路的关键节点,是"21世纪海上丝绸之路"的重要支点。

2. 资源优势

(1) 气候资源

海南岛属热带季风海洋性气候,素有"天然大温室"的美称。气温年较差小,年平均气温高,年平均气温22.5~25.69℃。光、热、水资源丰富,年日照时数1 780~2 600小时,太阳总辐射量4 500~5 800兆焦耳/米^2;海南岛是同纬度世界上降水量最多的地区之一,水汽来源充足,降水总量多,年降水量1 500~2 500毫米(西部沿海约1 000毫米)。海南岛全年无霜冻,冬季温暖,是中国南繁育种的核心基地,热季和雨季同期、冷季同旱季同季的气候优势,故海南发展热带水果、冬季瓜菜、热带特色经济作物具有良好的发展条件。

(2) 海洋资源

海南省海域面积约200万千米^2,是我国海洋面积最大的省份,占全国管辖海域总面积的2/3,海岸线总长1 823千米,具有全国沿海地区所有的主要海岸、滩涂和海域面积类型。全省海洋渔场面积近30万千米^2,可供养殖的沿海滩涂面积2.57万公顷。海洋水产在800种以上,鱼类就有600多种,主要的海洋经济鱼类40多种。许多珍贵的海特产品种已在浅海养殖,可供人工养殖的浅海滩涂约2.50万公顷,养殖经济价值较高的有鱼、虾、贝、藻类等20多种,有利于发展深海养殖、渔业捕捞、休闲渔业产业。海南省海洋水产资源具有海洋渔场广、品种多、生长快和鱼汛期长等特点,是全国发展热带海洋渔业的理想之地。

(3) 土地资源

海南省土地总面积(含三沙市)351.13万公顷。按用途分,农用地305.61万公顷,其中耕地48.69万公顷、园地121.67万公顷、林地116.99万公顷、其他农用地18.26万公顷;建设用地28.00万公顷,其中城镇村及工矿用地24.65万公顷、交通运输用地3.01万公顷、其他建设用地0.34万公顷;未利用地17.52万公顷(以上数据根据自然资源部下发的2020年度国土变更调查同口径汇总表统计)。海南省土地后备资源较丰富,开发潜力较大,未利用地中大部分可用于农业开发利用。

(4) 生态资源

海南省植被生长快,植物繁多,是热带雨林、热带季雨林的原生地。热带森林主要分布于五指山、尖峰岭、霸王岭、吊罗山、黎母山等林区,有乐东尖峰岭、昌江霸王岭、陵水吊罗山和琼中五指山4个热带原始森林区,其中五指山属于未开发的原始森林。省内有五指山、霸王岭、尖峰岭、吊罗山等多个国家森林公园。全省野生维管束植物4 689种,包括乔木723种、灌木1 246种、草本2 315种、藤本405种,其中491种为海南特有,约83%的植物物种属于热带和亚热带的植被。海南省列入国家一级、二级重点保护的野生植物有127种,其中一级有10种、二级有117种。热带森林植被类型复杂,垂直分带明显,且具有混交、多层、异龄、常绿、干高、冠宽等特点。热带森林以生产珍贵的热带木材而闻名,其中属于特类木材的有花梨、坡垒、子京、荔枝、母生5种，属于一类材有34种、二类材有48种、三类材有119种。

二、农业发展情况

（一）农业主要产业发展现状

近年来，海南省坚持农业农村优先发展，推动巩固拓展脱贫攻坚成果同乡村振兴有效衔接，抓好"三农"领域各项重点任务，守住耕地保护、粮食安全、不发生规模性返贫等基本底线，确保农业稳产增产、农民稳步增收、农村稳定安宁，农业农村工作呈现"三稳四进"的局面。

1. 种植业

与2020年相比，2021年海南省瓜菜种植面积30.54万公顷，总产量746.8万吨，分别增长2.45%和3.92%。粮食播种面积27.14万公顷，增长0.26%；总产量146.03万吨，增长0.38%。甘蔗种植面积1.68万公顷，减少6.55%。油料作物种植面积3.05万公顷，减少0.61%。水果种植面积28.65万公顷，增长60.6%；收获面积24.78万公顷，增长54.48%。

（1）瓜菜生产

与2020年相比，2021年海南省蔬菜种植面积26.29万公顷，产量588.92万吨，分别增长1.51%和2.82%；瓜类种植面积4.25万公顷，产量157.89万吨，分别增长8.38%和8.23%。在瓜菜中，冬季瓜菜种植面积20.15万公顷，减少533公顷。其中，瓜类种植面积7.89万公顷，增加2 606公顷；豆类3.55万公顷，增加1 933公顷；椒类4.26万公顷，减少1 606公顷；茄类0.99万公顷，减少2 566公顷；其他类瓜菜3.46万公顷，减少900公顷。冬季瓜菜总产量516万吨，减少38万吨。其中，瓜类266.04万吨，增加1.84万吨；豆类110.07万吨，增加33.47万吨；椒类53.43万吨，减少63.47万吨；茄类30.82万吨，增加4.02万吨；其他瓜菜55.63万吨，减少13.87万吨。

（2）粮食生产

与2020年相比，2021年海南省水稻种植面积22.66万公顷，减少0.4%；水稻产量127.11万吨，增长0.68%。在水稻中，早造种植面积11.13万公顷，产量68.14万吨，分别增长1.27%和3.46%；晚造种植面积11.53万公顷，减少1.96%，产量58.97万吨，减少2.34%。海南省把推广优质稻作为种植业结构调整和调优增效的主要内容之一，全年推广优质稻面积10.07万公顷，占全省水稻种植面积的44.44%。甘薯种植面积3.97万公顷，总产量17.58万吨，分别增长7.59%和2.75%。全年推广优质甘薯种植面积2.27万公顷。全年豆类种植面积0.51万公顷，产量1.34万吨。

（3）甘蔗生产

与2020年相比，2021年海南省甘蔗总产量94.39万吨，减少10.81%。其中，糖蔗种植面积1.47万公顷，产量82.06万吨，分别减少7.54%和12.05%；糖蔗占甘蔗种植面积的87.71%，产量占86.94%。

(4) 油料生产

与 2020 年相比，2021 年海南省油料总产量 7.46 万吨，减少 2.94%。其中，花生种植面积 2.97 万公顷，减少 0.50%；产量 7.36 万吨，减少 3.09%。花生占油料作物种植面积的 97.59%，产量占 98.57%。

(5) 热带水果

与 2020 年相比，2021 年海南省水果总产量 352 万吨，增长 0.64%。其中，芒果种植面积 6.62 万公顷、产量 83.08 万吨，分别增长 13.75%、8.63%；香蕉种植面积 2.99 万公顷、产量 115.81 万吨，分别减少 6.27%、增加 2.56%；菠萝种植面积 1.53 万公顷、产量 45.04 万吨，分别减少 6.13%、3.62%；荔枝种植面积 2.15 万公顷、产量 21.86 万吨，分别增长 4.37%、10.24%；龙眼种植面积 0.99 万公顷、产量 6 万吨，分别增长 26.92%、减少 1.48%；柑橘、橙、柚种植总面积 0.97 万公顷、总产量 14.39 万吨，分别增长 6.19%、减少 0.76%。

(6) 橡胶生产

与 2020 年相比，2021 年海南省橡胶种植面积 50.73 万公顷，下降 2.3%；收获面积 40.54 万公顷，增加 2.78%；干胶产量 35.22 万吨，增加 4.63%，产值 42.3 亿元；橡胶更新种植累计面积超 2 000 公顷。

(7) 槟榔生产

与 2020 年相比，2021 年海南省槟榔种植面积 12.67 万公顷，收获面积 8.73 万公顷，干果产量 27.88 万吨，分别增长 1.59%、减少 1.35% 和 1.59%，产值 210 亿元。

(8) 椰子生产

与 2020 年相比，2021 年海南省椰子种植面积 3.56 万公顷，收获面积 2.84 万公顷，产量 2.02 亿个，分别基本持平、增长 0.88% 和减少 5.16%。

(9) 胡椒生产

与 2020 年相比，2021 年海南省胡椒种植面积 2.2 万公顷，收获面积 1.98 万公顷，产量 4.23 万吨，分别增长 0.89%、1.02% 和 2.42%。

2. 畜牧业

与 2020 年相比，2021 年海南省牧业总产值 327.49 亿元，按可比价计算上升 8.4%。全省生猪出栏 382.28 万头，增长 45.77%；禽类出栏 18 147.58 万只，减少 2.38%；牛出栏 22.41 万头，减少 3.39%；羊出栏 79.61 万只，减少 10.9%；禽蛋产量 5.02 万吨，增长 3.7%；牛奶产量 1 074 吨，减少 61.7%。

3. 休闲农业

与 2020 年相比，2021 年海南省接待休闲农业游客 1 250.88 万人次，增长 15.32%；营业收入 25.83 亿元，增长 7.59%。全省休闲渔业总产值 13.67 亿元，全年接待人数 513.61 万人次。目前全省共创建海南共享农庄试点 200 家，其中正式认定 37 家。

(二) 热带特色产业近年发展情况

近十年来，受产业结构调整政策、国际市场环境变化、动物疫病和新冠疫情等因素影响，海南省农业主要产业发展有起有伏，但总体发展态势良好。

1. 种植产业

(1) 蔬菜

海南是我国冬季"菜篮子"重要生产基地,近年来海南省大力推进蔬菜(含菜用瓜,后同)产业向标准化、规模化、产业化发展,推进蔬菜产品向高品质、高效益转型升级,做大做精做优冬季蔬菜产业。蔬菜年产量自 2012 年起基本保持小幅上涨的趋势,由 2012 年的 486.77 万吨增加至 2021 年的 588.92 万吨(表 1-1),2012—2021 年海南省蔬菜产量年均增长率为 2.14%(图 1-1)。

表 1-1　2012—2021 年海南省蔬菜产量　　　　　单位:万吨

项目	2012 年	2013 年	2014 年	2015 年	2016 年	2017 年	2018 年	2019 年	2020 年	2021 年
产量	486.77	509.35	532.02	550.59	553.41	553.05	566.77	571.98	572.80	588.92

(数据来源:国家统计局、海南省统计年鉴)

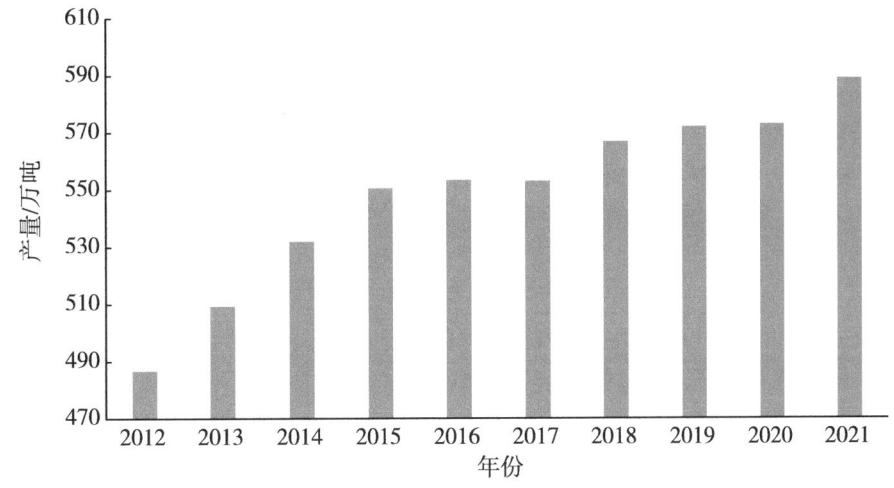

图 1-1　2012—2021 年海南省蔬菜产量趋势

(2) 水果

海南省热带水果资源丰富,一直被视为特色高效农业产业,一端连着"民生",一端连着"三农",对促进区域经济发展及农民增收均发挥了积极作用。近年来,海南省水果产量不断提升,2013 年海南水果产量达到 435.98 万吨,2014—2016 年海南水果产量逐年下降,自 2017 年后产量逐渐走高,2021 年产量突破 500 万吨,达到 525.67 万吨(表 1-2),2012—2021 年海南省水果产量年均增长率为 2.37%(图 1-2)。

表 1-2　2012—2021 年海南省水果产量　　　　　单位:万吨

项目	2012 年	2013 年	2014 年	2015 年	2016 年	2017 年	2018 年	2019 年	2020 年	2021 年
产量	425.78	435.98	408.81	402.90	390.07	405.48	430.41	456.15	495.63	525.67

(数据来源:国家统计局、海南省统计年鉴)

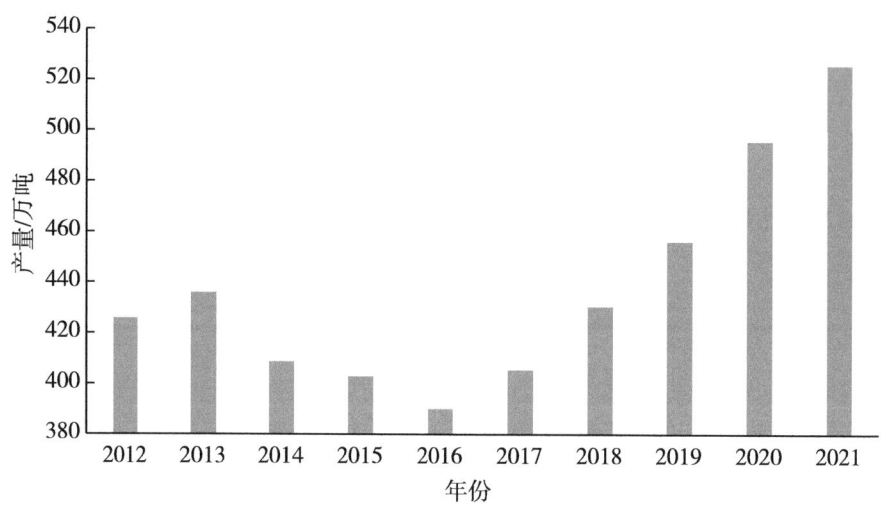

图 1-2　2012—2021 年海南省水果产量趋势

(3) 天然橡胶

海南是我国最重要的天然橡胶生产基地,近年来,天然橡胶价格持续低迷,农户从事橡胶生产的积极性降低,出现弃割弃管等现象,造成海南天然橡胶产量减少,年产量从 2013 年的 42.08 万吨,逐步下降至 2019 年的 33.08 万吨,2021 年产量小幅上升到 34.56 万吨(表 1-3),2012—2021 年海南省天然橡胶产量年均增长率为-1.48%(图 1-3)。

表 1-3　2012—2021 年海南省天然橡胶产量　　　　　　　单位:万吨

项目	2012 年	2013 年	2014 年	2015 年	2016 年	2017 年	2018 年	2019 年	2020 年	2021 年
产量	39.51	42.08	39.12	36.11	35.14	36.21	35.07	33.08	33.66	34.56

(数据来源:国家统计局、海南省统计年鉴)

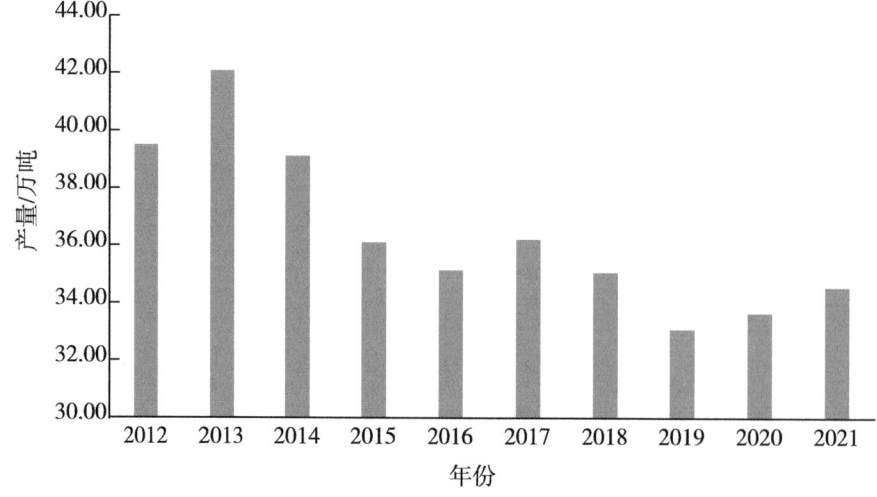

图 1-3　2012—2021 年海南省天然橡胶产量趋势

(4) 椰子

海南省是我国唯一的椰子主产区，99%的椰子集中种植在海南，经过多年的发展，形成以科学研究、种植、加工、销售等为一体的全产业链，产业特色和市场优势明显。但近年来，海南省椰子产量逐年下降，由2013年的2.53亿个，降低至2021年的2.03亿个（表1-4），产量下降19.76%。2012—2021年海南省椰子产量年均增长率为-1.91%（图1-4）。

表1-4　2012—2021年海南省椰子产量　　　　　　　　单位：万个

项目	2012年	2013年	2014年	2015年	2016年	2017年	2018年	2019年	2020年	2021年
产量	24 155	25 359	25 292	22 314	22 186	21 770	22 677	23 162	21 279	20 308

（数据来源：国家统计局、海南省统计年鉴）

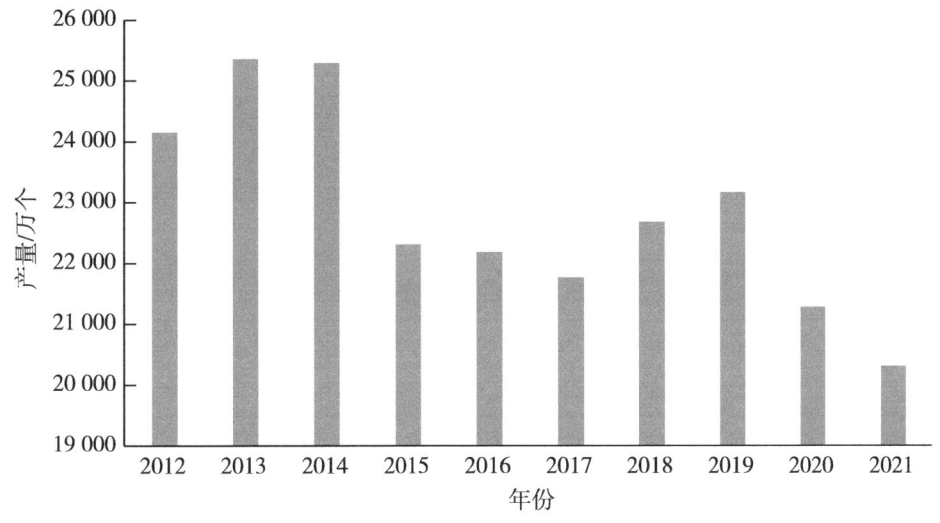

图1-4　2012—2021年海南省椰子产量趋势

(5) 胡椒

海南省胡椒面积和产量均占全国的86%以上，是海南东部主产区农民收入的"稳定器"和"压舱石"。2012—2016年，海南胡椒产量维持在4万吨以下，2017年开始产量突破4万吨，并在2019年达到最高的4.49万吨，2020年和2021年产量小幅下降（表1-5），2012—2021年海南省胡椒产量年均增长率为1.63%（图1-5）。

表1-5　2012—2021年海南省胡椒产量　　　　　　　　单位：万吨

项目	2012年	2013年	2014年	2015年	2016年	2017年	2018年	2019年	2020年	2021年
产量	3.65	3.97	3.99	3.56	3.66	4.16	4.34	4.49	4.12	4.22

（数据来源：国家统计局、海南省统计年鉴）

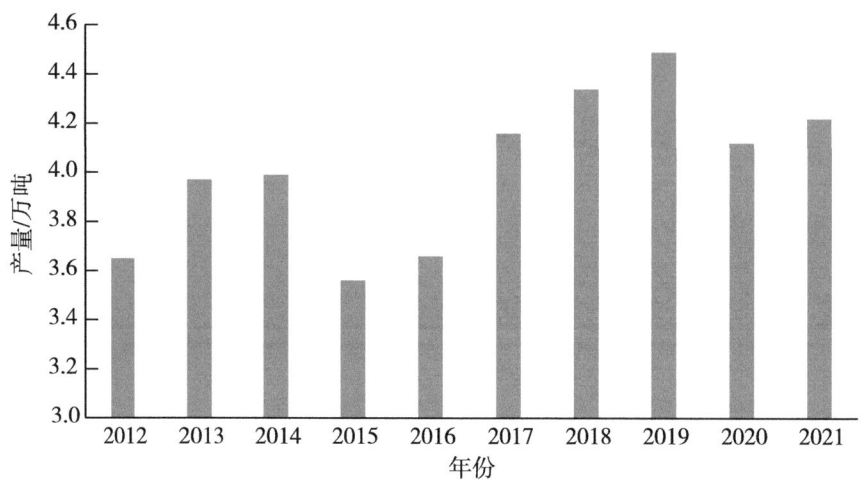

图 1-5　2012—2021 年海南省胡椒产量趋势

（6）槟榔

槟榔是海南仅次于橡胶的第二大热带经济作物，产量一直稳居全国第一。受近年槟榔价格的高位走势影响，海南槟榔产量不断增加，由 2012 年的 19.81 万吨增长至 2019 年的 28.7 万吨，2020 年和 2021 年稍稍下降，但依然有 27.62 万吨的产量（表 1-6），2012—2021 年海南省槟榔产量年均增长率为 3.76%（图 1-6）。

表 1-6　2012—2021 年海南省槟榔产量　　　　　　　单位：万吨

项目	2012 年	2013 年	2014 年	2015 年	2016 年	2017 年	2018 年	2019 年	2020 年	2021 年
产量	19.81	22.33	23.10	22.92	23.42	25.51	27.22	28.70	28.33	27.62

（数据来源：国家统计局、海南省统计年鉴）

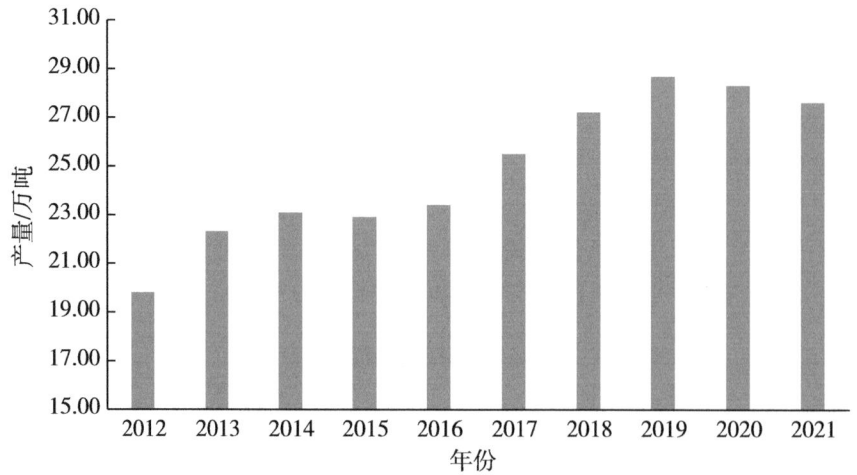

图 1-6　2012—2021 年海南省槟榔产量趋势

2. 养殖业

（1）猪肉

海南地方猪种质资源丰富，特点明显。海南猪包括定安猪、屯昌猪、临高猪和文昌猪。2012—2018年，海南猪肉产量均保持在40万吨以上，2019—2020年受非洲猪瘟影响产量下降至20.93万吨，2021年产量恢复至30.52万吨（表1-7），2012—2021年海南省猪肉产量年均增长率为-4.93%（图1-7）。

表1-7　2012—2021年海南省猪肉产量　　　　　　　　　　单位：万吨

项目	2012年	2013年	2014年	2015年	2016年	2017年	2018年	2019年	2020年	2021年
产量	48.12	50.48	48.57	45.79	42.86	44.4	45.63	29.47	20.93	30.52

（数据来源：国家统计局、海南省统计年鉴）

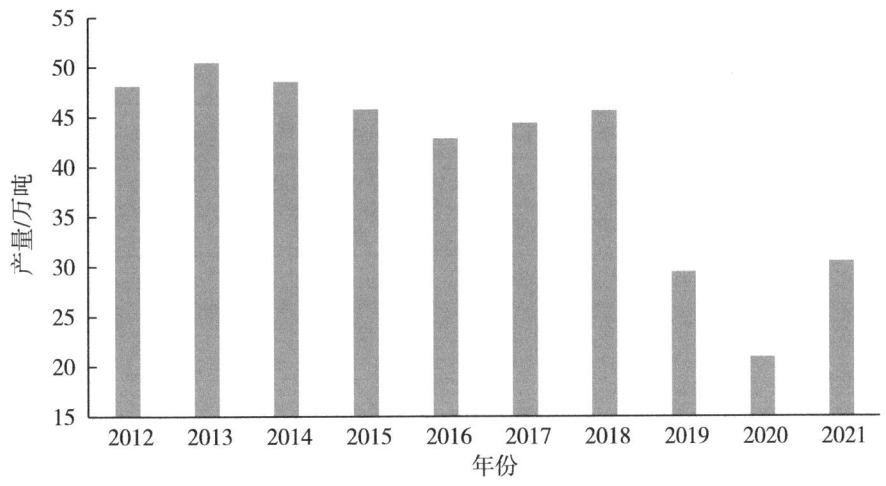

图1-7　2012—2021年海南省猪肉产量趋势

（2）禽肉

2012—2021年，海南省禽肉产量由25.30万吨增长至32.29万吨，随着文昌鸡等特色家禽饲养量的增长，海南省2019—2021年禽肉产量均保持在32万吨以上（表1-8），2012—2021年海南省禽肉产量年均增长率为2.75%（图1-8）。

表1-8　2012—2021年海南省禽肉产量　　　　　　　　　　单位：万吨

项目	2012年	2013年	2014年	2015年	2016年	2017年	2018年	2019年	2020年	2021年
产量	25.30	25.96	24.43	25.43	26.71	27.16	27.99	32.73	33.08	32.29

（数据来源：国家统计局、海南省统计年鉴）

（3）禽蛋

2012—2021年，海南省禽蛋产量由3.58万吨波动增长至5.02万吨（表1-9）。2018—2021年海南省禽蛋产量已连增4年，2012—2021年海南省禽蛋产量年均增长率为3.83%（图1-9）。

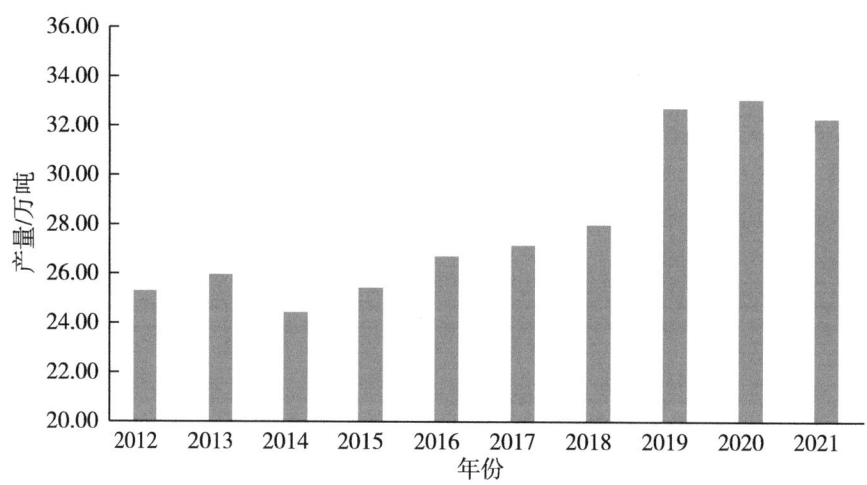

图 1-8 2012—2021 年海南省禽肉产量趋势

表 1-9 2012—2021 年海南省禽蛋产量　　　　　　　　　　单位：万吨

项目	2012年	2013年	2014年	2015年	2016年	2017年	2018年	2019年	2020年	2021年
产量	3.58	3.81	3.79	4.38	4.83	4.75	4.66	4.75	4.84	5.02

（数据来源：国家统计局、海南省统计年鉴）

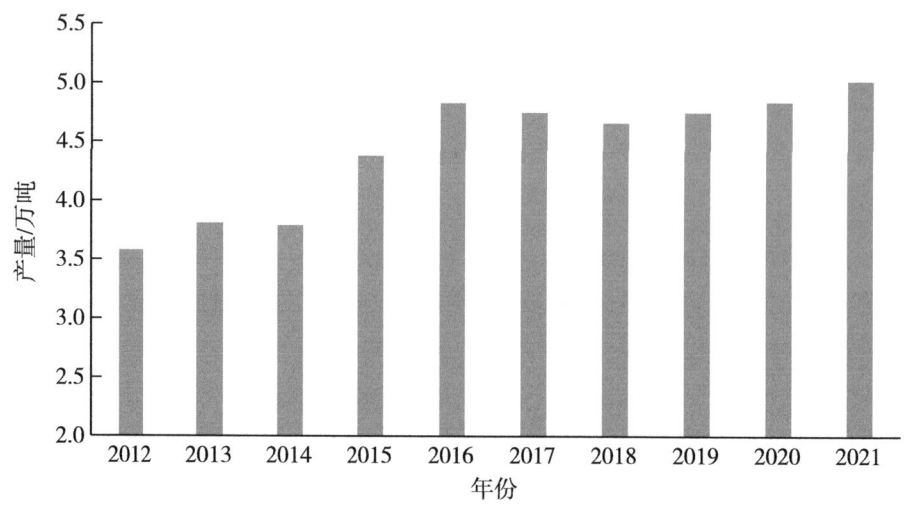

图 1-9 2012—2021 年海南省禽蛋产量趋势

（4）水产品

海南省水产品产量结构整体表现为"海水产品产量>淡水产品产量"，海水产品产量结构整体表现为"天然生产海水产品产量>人工养殖海水产品产量"。2012—2021 年，海南省水产品产量先增后降，2021年较2012年减少了8.64万吨（表1-10），2012—2021年海南省水产品产量年均增长率为-0.57%（图1-10）。

表1-10 2012—2021年海南省水产品产量　　　　　　　单位：万吨

项目	2012年	2013年	2014年	2015年	2016年	2017年	2018年	2019年	2020年	2021年
产量	172.73	183.14	197.44	204.89	214.64	180.79	175.82	172.16	164.64	164.09

（数据来源：国家统计局、海南省统计年鉴）

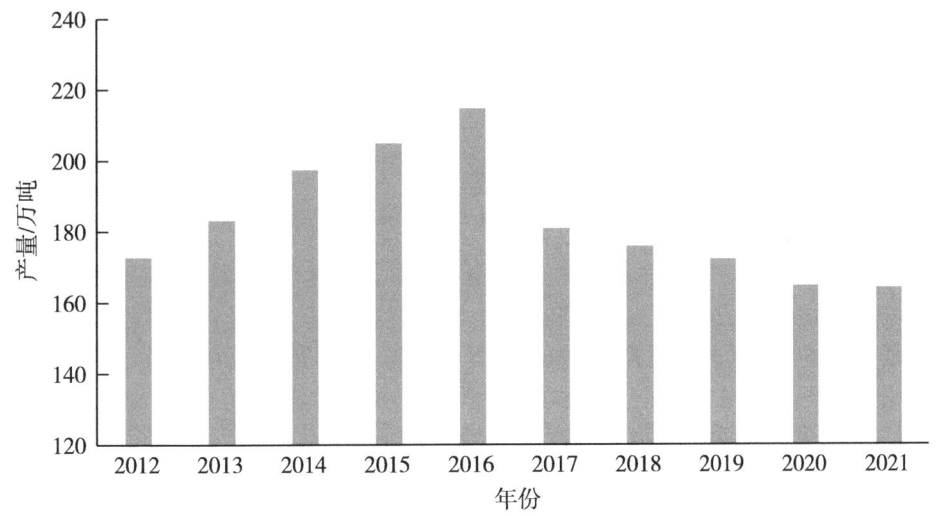

图1-10 2012—2021年海南省水产品产量趋势

（三）海南农业发展成就

1. 农林牧渔业总产值不断上升

2021年，海南省农林牧渔业总产值2 014.79亿元（表1-11），较2020年增长10.64%（图1-11），近10年年均增长7.31%。

表1-11 2012—2021年农林牧渔业总产值　　　　　　　单位：亿元

项目	2012年	2013年	2014年	2015年	2016年	2017年	2018年	2019年	2020年	2021年
农林牧渔业总产值	1 067.33	1 125.93	1 227.14	1 294.00	1 433.88	1 488.86	1 535.73	1 689.4	1 821.02	2 014.79

（数据来源：国家统计局、海南省统计年鉴）

2. 主要农产品基本保持稳定增长

2021年，种植业产值1 051.37亿元，较2020年增长5.8%。蔬菜（含菜用瓜）收获面积394.35万亩，较2020年增长1.5%；产量588.92万吨，较2020年增长2.8%。水果收获面积310.98万亩，较2020年增长4.4%；产量525.52万吨，较2020年增长

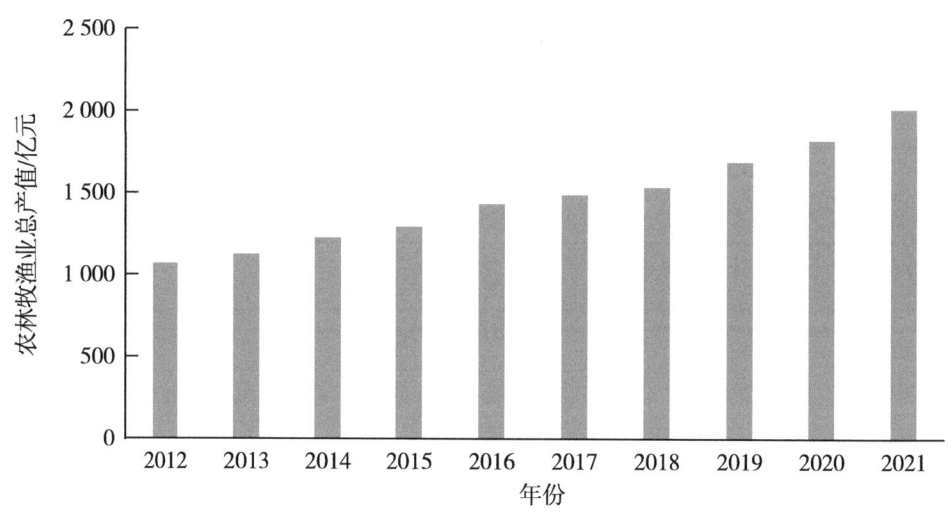

图 1-11　2012—2021 年农林牧渔业总产值趋势

6.0%。橡胶产量 35.22 万吨，较 2020 年增长 2.8%。牧业产值 327.49 亿元，较 2020 年增长 8.4%。猪肉产量 30.52 万吨，较 2020 年增长 45.8%。渔业产值 435.40 亿元，较 2020 年增长 3.6%。水产品总产量 166.96 万吨，较 2020 年增长 0.1%。农林牧渔专业及辅助性活动产值 84.17 亿元，较 2020 年增长 9.5%。林业产值 116.37 亿元，较 2020 年下降 6.7%。禽类肉量 32.29 万吨，较 2020 年下降 2.4%。

3. 农业产业结构调整初见成效

海南省立足本地资源和区位优势，海南大力推进产业结构调整，通过调减甘蔗等低效作物，发展热带水果、冬季瓜菜、特色养殖等特色高效农业，大力推广新品种、新技术，实施科技兴农、绿色兴农、质量兴农、品牌兴农战略，稳步推动渔业转型升级。2021 年热带特色高效农业增加值达 962.04 亿元，占农业增加值的 73.96%，农业经济结构得到明显改善，以热带特色高效为特征的产业发展逐步成型，经济效益显著。

4. 区域生产新布局基本形成

在供给侧结构性改革和热带高效农业政策的影响下，海南主要农产品区域生产布局基本形成。粮食主产区在澄迈、临高、文昌、儋州、乐东，产量占全省的 46.8%；瓜菜主产区在乐东、澄迈、东方、文昌，产量占全省的 42.1%；天然橡胶主产区在儋州、白沙、澄迈，产量占全省的 43.4%；槟榔主产区在琼海、万宁、三亚、定安、琼中，产量占全省的 52.1%；椰子主产区在琼海、文昌、万宁、定安，产量占全省的 79.8%；胡椒主产区在文昌、琼海、万宁，产量占全省的 76.5%。

5. 产业规模化发展稳步推进

海南省累计创建国家现代农业产业园 5 家、国家农业现代化示范区 3 家、国家优势特色产业集群 3 个和国家产业强镇 8 个，创建省级现代农业高质量发展产业园 4 家、省级优势特色产业集群 3 个。评定国家级生猪产能调控基地 30 家，新创建省级畜禽养殖标准化示范场 17 家、国家级畜禽养殖标准化示范场 2 家。创建文昌冯家湾、万宁 2 个"工厂化、集约化、绿色化"国家现代渔业产业园，深水网箱养殖规模位居全国第二。

6. 农业科技支撑能力逐步增强

一是海南省现代农业产业技术体系逐步建立。目前已建成槟榔、海南地方猪、石斑鱼3个产业技术体系，其中地方猪产业技术体系是全国首创。海南省现代农业产业技术体系围绕农业产业开展技术攻关、示范培训、政策咨询和应急服务，在推动海南省加快实现农业现代化，积极促进农业技术进步。二是农业科技创新平台不断夯实。国家耐盐碱水稻技术创新中心在三亚挂牌运行。海南儋州热带农业生态系统国家野外科学观测研究站和国家热带植物种质资源库2个国家级科技创新平台获批建设。争取建设热带农业生物资源保护与利用省部共建国家重点实验室。成立崖州湾种子实验室，目前已建成精准设计育种中心、南繁作物表型研究设施等10个公共性、开放性科研平台，总面积超过24万平方米，成为我国集中连片、体系配套、设备先进、有影响力的种业创新平台。全省共有涉农重点实验室41家，涉农院士工作站42家。三是农业科技创新资源加速汇聚。首个中编机构中国农业科学院南繁育种研究中心揭牌，崖州湾科技城已入驻17家知名农业高校和科研院所，已引进国内外知名种业企业415家。发展涉农高新技术企业53家。42位院士在海南设立院士工作站。崖州湾种子实验室进驻40个团队、750名科研人员，全球招聘博士后75名。四是科技对农业农村经济发展及稳粮保供的支撑引领作用全面提升。覆盖粮油生产、瓜菜、果茶、水产、畜牧等类别，连续数年发布海南省农业主导品种和主推技术，依托基层农技推广体系加强宣传培训，推进农业主推技术的推广应用，促进农业持续增效、农民持续增收。

7. 品牌建设初具规模

近年来，海南省高度重视品牌建设工作，成立海南农业品牌建设工作领导小组，研究制定海南农业品牌建设指导意见、发展规划，印发海南省农产品公用品牌建设三年行动方案，培育"海南鲜品""海南芒果""海南胡椒"等11个省级农产品区域公用品牌，"五指山红茶""保亭红毛丹""琼中绿橙"等10个市县级优质农产品区域公用品牌。推动文昌鸡、保亭红毛丹入选农业农村部"农业品牌精品培育计划"培育名单，扩大了海南农产品在国内外影响力。

（四）海南农业发展存在问题

1. 农业产业结构单一，抗风险能力弱

海南省农业产业结构单一，抗风险能力有待加强。产业主要是以技术含量较低的种养业为主，受市场影响较大，抗风险能力较弱。例如，受市场热度影响，全省大面积种植菠萝、百香果等，导致供求失衡，价格大跌，大量投入的资金难以产生效益；受病虫害影响，全省槟榔产量大减。

2. 加工短板依旧明显

海南省是农产品加工企业小、散、弱、杂的特点突出，产业集聚程度不高，产业链条短，辐射带动能力较弱。一方面，海南省加工业产业集中度不高，整体规模较小，市场竞争力不强，同质化竞争现象严重。另一方面，海南省农业产业化龙头企业数量少，根据统计，农业发达的山东省、河南省分别有省级以上农业龙头企业814家、794家，入围全国农业龙头企业百强名单分别有11家、10家，而海南省仅有省级以上农业龙头企业165家，

而且无一家企业入围全国农业龙头企业百强名单,无力主导推动一个产业做大做强。

3. 农业用地矛盾日益突出

海南农业产业发展过程中普遍缺少产业用地,难以形成规模以上产业项目,特别是三产融合产业项目更是难以落地。一方面,行政村、村小组"无地可用",效益好的产业项目规模难以扩大。如某县政府与某水产养殖有限公司合作的乡村振兴渔光互补工厂化养殖车间项目,项目地块为海南省养殖规划用地,因疑似违规填海被责令项目停工;某县蛋鸡养殖场,受土地使用问题制约,缺少贮存仓库用地,不足以承担贮存生产的鸡粪半成品有机肥,规模难以扩大。另一方面,由于历史问题,部分现有项目建在林地等非建设用地上,面临拆迁转移的风险,造成经济损失。例如,某县发展的黑猪养殖小区项目,建成黑猪养殖小区35个,惠及全县65个村集体、覆盖394.72亩*土地,年出栏量可达20万头,是国家地理标志产品和县政府重点打造的特色品牌。然而受土地使用问题制约,规模难以扩大,且还有近一半的项目面临拆迁转产风险。

4. 产业发展人才匮乏

海南省农村实用人才队伍总量较小,难以满足新农村建设需要。目前,海南省共有农村实用人才不足20万人,其中经营型人才、技能带动型人才、社会服务型人才极为缺乏。同时,吸引返乡创业大学生、致富带头人、种植养殖大户、城镇退休人员等群体到农村的组织架构、政策机制还不完善,鼓励社会力量参与产业帮扶联农带农富农的正向激励措施不多,真正回村从事产业发展的人员少,积极性不高。

5. 基础设施有待进一步改善

海南高标准农田建设配套资金较少,建设标准不高。针对土壤改良、生产设备、物联网技术等投入需进一步加大,部分农田水利设施建设不到位,水源得不到保障。农田机耕道不完善等问题突出,部分道路年久失修,限制了机械化作业。农田输配电设施建设较为滞后,田间灌排设施配套差、老化失修严重、损坏渗漏严重。

(五)海南农业发展思路

1. 深化改革,推进海南农业高质量发展

加快农业高质量发展,是海南使命所系、建设所需、现实所迫,也是建设海南自贸港的重要基础。深入推进农业供给侧结构性改革,做强做优海南热带特色高效农业,稳定粮食、保障天然橡胶安全供给是海南农业高质量发展的基本方向。充分结合我国农业农村现代化发展大势和海南区位优势、政策优势,在现有产业基础上,通过科学决策、统筹谋划,解决好产业小、散、弱和同质化严重的问题。坚持特色引领、以市场导向为主,差异化发展乡村产业,着力打造一批优中优、特中特、小而精的特色产业。充分发挥农业产业园、特色小镇、产业集群、共享农庄示范引领作用,推进多行业集聚融合、多业态创新融合、多主体参与融合,发展农业全产业链,打造农业产业升级版,拓展增值增效空间。进一步补齐基础设施短板,发展专业化市场,提高农产品市场流通效率。加快建立质量标准体系,强化品牌创建管理,以互联网思维做好营销宣传,提升海南农

---

* 1亩≈667米^2,全书同

业影响力、竞争力和溢价能力。

2. 加强科技创新，走好农业强省之路

习近平总书记指出，建设农业强国，利器在科技，关键靠改革。强化农业科技创新能力，以南繁育种、农机装备及加工装备、绿色农业、数字农业等关键核心技术领域为主攻方向，组织实施一批前瞻性、战略性国家和省级重大科技项目。支持崖州湾实验室、国家热带农业科学中心等重大创新平台建设，推动南繁创新链、产业链、资金链深度融合，坚持产业需求导向，构建梯次分明、分工协作、适度竞争的农业科技创新体系，推动热带特色高效农业关键核心技术攻关，加快热区农机研发推广，打通科技进村入户"最后一公里"。

3. 坚持产业振兴，做强做优热带特色高效农业

习近平总书记指出，产业振兴是乡村振兴的重中之重，要坚持精准发力，立足特色资源，关注市场需求，发展优势产业，促进一二三产业融合发展，更多更好惠及农村农民。海南省热带特色高效农业在全国农业中具有特殊地位，是我国重要的南繁育种基地、天然橡胶基地、水产养殖与海洋捕捞基地，也是全国人民的冬季菜篮子和热带果盘子。加快推进产业发展，保质保量完成粮食等重要农产品生产和"菜篮子"保供任务，稳步推进海南种业振兴，促进乡村产业融合发展，坚持特色化、规模化、标准化、品牌化发展，做强做优热带特色高效农业。

4. 强化规划引领，确保落实落地

落实好《海南省"十四五"推进农业农村现代化规划》，做到农业产业发展全省一盘棋，扩大热带作物、水果、冬季瓜菜等特色高效品种种植规模，推动牛羊、禽类、水产特色养殖，发展深海养殖和远洋捕捞，出台全省农业发展主导品种、技术推广目录，逐步做大做强特色农产品加工业，推进林下经济发展，形成一县一园（业）、一镇一特、一村一品良好发展态势。以培育壮大特色产业为目的，重点支持产业基础设施和全产业链开发，引导农业产业化龙头企业到乡村建设原料生产基地、布局加工储运产能和流通设施，带动特色产业提档升级。依照各市县"十四五"规划和特色产业规划，做好产业项目设计、立项、评估、可行性研究、实施计划等项目工作，做好项目用地、人才、技术等核心要素供给保障，通过项目实施带动产业发展。

5. 多措并举，补齐人才短板

发展乡村产业的主体是农民。只有经过全面教育和培训，广大农民群众才能提升综合素质，让脑子灵起来、思想活起来、志气强起来、尽快富起来。一方面，要加快实施大学生回归、在外能人回归、机关干部回归、大企业家回归的"四回"工程，吸引新农村人，培训新农民，形成"头雁领路、群雁齐飞"的格局，壮大"一懂两爱"人才队伍，提高农业人才素质。另一方面，要统筹用好各类培训资源，分类建立培训档案，农民需要什么就培训什么，农民怎么方便就怎么开展培训，把培训办到乡村农户、田间地头。坚持集中培训与现场实训相结合、线上培训与线下培训相结合、走出去与请进来相结合，提高培训效率，开展好从种到收、从生产决策到产品营销的全过程培训，培养更多有文化、懂技术、善经营、会管理的新型职业农民。

第二章 自贸港与 RCEP 等经贸规则下海南农业发展战略选择

一、海南自贸港农业内外环境发生重大变化

2018 年海南省启动自贸港建设工作，对标世界最高水平开放形态，实行"五个自由便利、一个有序流动"，到 2025 年将初步建立以贸易自由便利和投资自由便利为重点的自由贸易港政策制度体系。作为世界上唯一包含农业、农村、农民的全岛型自贸港，海南省 80%的土地在农村，56.4%的户籍人口是农民，20%的 GDP 来自农业，农业是建设自贸港的重要产业。近年来，受国内经济环境、新冠疫情、国际局势等因素影响，海南自贸港农业发展环境已逐步发生变化，对农业发展必将产生深刻影响。

（一）"三农"工作重心从脱贫攻坚向全面推进乡村振兴转移

习近平总书记在 2020 年底召开的中央农村工作会议上曾深刻指出，脱贫攻坚取得胜利后，要全面推进乡村振兴，这是"三农"工作重心的历史性转移。根据农业农村部部署，当前主要从 3 个方面推动乡村振兴战略实施取得新进展。

1. 聚焦重点，守住两条底线

一是全力做好粮食等重要农产品稳产保供，守住保障国家粮食安全底线。

二是全力巩固拓展脱贫攻坚成果，守住不发生规模性返贫底线。

2. 加强统筹，推进三项重点任务落实

一是要扎实推进乡村发展。重点是发展乡村产业。以农产品加工业为重点，打造农业全产业链，以休闲旅游为重点，拓展农业多种功能和乡村多元价值。以农村电商为重点，畅通农产品商贸流通渠道，推动乡村产业发展稳基础、提效益。

二是扎实推进乡村建设。深入实施乡村建设行动，持续改善农村人居环境，深入推进农业农村绿色发展，实现乡村建设稳步伐、提质量。

三是扎实推进乡村治理。加强农村精神文明建设，提升乡村治理水平，推进新阶段农村改革，促进农村社会稳定安宁，农民收入稳步增长。

3. 健全机制，构建合力推进乡村振兴工作格局

借鉴创新脱贫攻坚经验做法，建立一套行之有效的乡村振兴推进机制。

（二）经济下行影响农业财政投入

经济增长放缓将给国家财政收入增长带来压力，进而挤压政府支持农业农村优先发

展的空间。根据马晓河等专家预测，"十四五"时期经济增长率会进一步下降，跌破6%的风险进一步上升，国家财政收入将出现下降，政府对乡村产业的支持空间会因公共财政收入不足而减弱。在政府财政支出结构刚性条件下，由于对企业降税降费和经济增长下行带来的财税收入不断减少，政府将面临财政收入增长不断下降与支出刚性增长的矛盾，这将使政府向农业农村增加公共投入变得更加困难。

(三) 农业对外开放程度不断提高

《中共中央关于制定国民经济和社会发展第十四个五年规划和二〇三五年远景目标的建议》中明确提出，要加快构建以国内大循环为主体、国内国际双循环相互促进的新发展格局，要求实行高水平对外开放，开拓合作共赢新局面。在农业对外开放进程不断深入和农产品国际贸易政策持续调整的大背景下，农产品贸易规模持续扩大，与世界市场的融合程度不断提升，农产品贸易在世界市场中的地位持续增长，农产品贸易占世界农产品贸易总量的比重不断提高。伴随着农产品进出口规模的持续扩大，中国农产品贸易的品种结构也在持续不断优化。

(四) 全球粮食安全危机日益凸显

受到俄乌冲突影响，中东和非洲地区发生严重的粮食短缺，加剧了全球性的粮食通胀压力。我国作为全球最大的粮食进口国，在俄乌冲突、新冠疫情和全球通胀等内外部因素的冲击下，农业生产和粮食进口也遭受一定程度的影响。当前中国国内粮食供给充足，基本口粮保持绝对安全，市场价格平稳，玉米、大豆等大宗商品进口总体稳定，粮食安全总体有保障，并逐步由"量"的增长向"量质并重"转型。但面对当前全球粮食供给趋紧和粮食市场通胀压力持续攀升的外部环境，国内粮食安全依然面临严峻挑战。

(五) 海洋污染影响海洋经济发展

近年来，随着日本核污水的排放等一系列事件，海洋污染问题日益突出。如日本核污水出的放射性物质，如氚、锶、碘等，排放到海洋中后会对海洋生态系统造成严重破坏；污染物会随海流传播，可能导致海洋生态系统中海洋生物数量减少和鱼类资源损失，导致从事渔业工作的人员面临渔获量下降、收入减少的问题。同时出于人们对核放射的恐惧，滨海旅游、休闲渔业等相关行业也将会受到影响。

二、RCEP 经贸规则对农产品贸易影响

随着 2020 年 11 月 15 日《区域全面经济伙伴关系协定》（RCEP）正式签署，及 2022 年 1 月 1 日的正式生效。RCEP 是全世界最大的自由贸易协定，贸易总额、GDP 总量和成员国总人口约占全球的 30%。RCEP 成员国大多为农产品生产或贸易大国，因此在 RCEP 谈判过程中，农业也属于"门槛议题"，是整个谈判的关键点所在。从结果上看，在各成员国共同努力下，农业领域开放水平实现了新的突破，这也是我国继加入世

贸组织后又一重大开放成果。

RCEP覆盖了全球四成多的农业增加值和两成的农产品贸易。RCEP区域是世界重要的农产品生产地，2020年协定正式签署时，各成员国农业增加值约占全球的43%。其中，东盟国家大多农业资源丰富，农业优势明显；澳大利亚、新西兰农牧业发达；中国为农业大国。区域内稻谷、棕榈油产量分别接近全球60%、90%，小麦、牛肉、原糖等农产品产量接近全球20%左右。从农产品贸易方面看，成员国中既有日本、韩国等农产品进口大国，也有澳大利亚、新西兰等农产品出口大国，还有中国、印度尼西亚、越南和马来西亚等农产品"大进大出"的国家，是全球农产品贸易最活跃的区域之一。2022年我国对RCEP其他14个成员国进出口12.95万亿元，增长7.5%，占我国外贸总值的30.8%，对RCEP其他成员国进出口增速超过10%的达到了8个，其中对印度尼西亚、新加坡、缅甸、柬埔寨、老挝进出口增速均超过了20%。RCEP协定生效后，RCEP区域统一大市场开始运转，中国超过90%的对外贸易实现零关税，有效减缓了同美国贸易战和新冠疫情等因素为经济带来的负面影响，同时提升了企业开展农业国际贸易和投资信心，加快推动了农产品贸易发展，为中国经济成长注入新的动力。

（一）实施市场准入承诺制

根据RCEP协定，文莱、柬埔寨、印度尼西亚、老挝、马来西亚、缅甸、菲律宾、新加坡、泰国、越南、中国、日本、韩国、澳大利亚和新西兰15个缔约方之间以两两出价的方式对货物贸易自由化作出安排，协定生效后域内90%以上的货物贸易将最终实现零关税，且主要是立刻降税到零和10年内降税到零，使RCEP自贸区有望在较短时间兑现所有货物贸易自由化承诺（表2-1）。根据协议附件中的关税承诺，协定生效后，东盟十国中除两个最不发达国家老挝和缅甸外，其他东盟国家实现农产品零关税比例高达90%以上。其中我国同东盟、澳大利亚和新西兰的农产品零关税比例普遍在92%左右，日韩也将对超五成农产品撤销关税。关税的降低和取消将极大的促进农产品国际贸易发展，进一步实现农产品国际贸易的自由化。

表2-1 RCEP成员国农产品税目自由化水平　　　　　　　单位:%

成员国	对东盟	对澳大利亚	对新西兰	对中国	对日本	对韩国
文莱	96.3	96.3	96.3	96.3	96.3	96.3
柬埔寨	91.0	91.0	91.0	91.0	91.0	91.0
印度尼西亚	93.4	93.1	93.3	93.3	93.3	92.3
老挝	61.3	61.3	61.3	61.3	61.3	61.3
马来西亚	92.0	92.0	92.0	92.0	92.0	92.0
缅甸	65.0	65.0	65.0	65.0	65.0	65.0
菲律宾	88.9	88.8	88.8	88.8	88.8	85.8
新加坡	100	100	100	100	100	100
泰国	82.7	82.7	82.7	81.0	78.3	82.0
越南	92.9	92.5	92.5	91.5	85.0	85.0

(续表)

成员国	对东盟	对澳大利亚	对新西兰	对中国	对日本	对韩国
中国	92.8	91.5	92.0	—	86.6	88.2
日本	60.0	60.0	60.0	57.8	—	47.9
韩国	69.5	68.6	68.9	62.6	46.9	—
澳大利亚	98.5	—	98.5	98.5	98.5	98.5
新西兰	96.1	96.1	—	96.1	96.1	96.1

（二）实施原产地规则

在 RCEP 经贸规则中，原产地规则是 RCEP 货物贸易领域达成的重要成果。与世界多数自由贸易协定基本都是双边原产地规则不同，RECP 原产地规则是商品从 M 国进入另一自贸伙伴 N 国，可以用协定中多个缔约方的中间品，来达到所要求的增值标准或生产要求，使得降低 M 国可以享受 N 国零关税的门槛。RCEP 规定了 3 种条件可以视为原产货物：一是在一缔约方完全获得或者生产的货物；二是在一缔约方仅使用来自一个或者一个以上缔约方的原材料生产的货物；三是在一个缔约方使用非原产材料生产，并且符合产品特定原产地规则所列的适用要求的货物。成员国组成的区域中，各成员国用于生产其他货物的原产货物可以进行货物累积并享受关税优惠政策。

（三）简化程序和措施

在货物贸易便利化方面，RCEP 成员还就检验检疫、技术标准、海关程序等达成了一系列高水平的规则。一是在卫生和植物卫生措施以及标准方面，RCEP 在现有 WTO（世界贸易组织）规则中《实施卫生与植物卫生措施协定》（SPS 协定）的基础上进行了推进，提高了在等效性磋商、紧急措施、透明度方面的要求，要求缔约方应在提交等效性申请时提供必要信息。同时，还首次对动植物审核、认证提出了明确规则要求。二是在技术法规和合格评定程序方面，RCEP 鼓励各方在遵守标准化程序的条件下进行信息交流与合作，推动各方在程序和法规上减少不必要的技术性贸易壁垒。三是简化了海关通关手续，采取预裁定、抵达前处理、信息技术运用，加强了海关程序的高效管理。在可能情况下，对快运货物、易腐货物等实现货物抵达后 6 小时内放行。

三、海南自贸港农业国际贸易情况

随着国内外形势的改变，根据中国海关、海口海关等有关部门机构数据统计（注：商品类别按 2023 年海关商品参数表统计），"十二五"末到"十四五"期间，海南主要农产品国际贸易情况逐渐变化（图 2-1）。农产品进出口额由 2015 年的 44.35 亿元增加至 2022 年的 154.9 亿元（表 2-2），农产品进出口占比由 2015 年的 5.10% 增加至 2022 年的 7.71%。

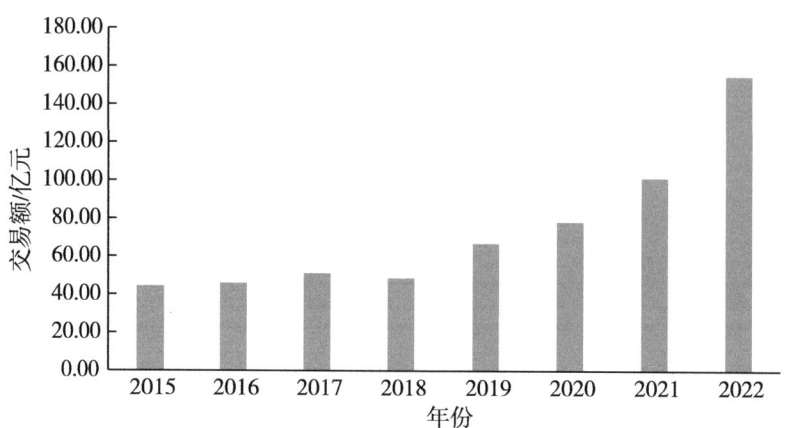

图 2-1　2015—2022 年海南省农产品进出口交易额变化趋势

表 2-2　2015—2022 年海南省农产品进出口交易额情况　　单位：亿元

项目	2015 年	2016 年	2017 年	2018 年	2019 年	2020 年	2021 年	2022 年
交易额	44.35	45.87	51.10	48.59	66.86	78.24	101.33	154.90

（数据来源：中国海关总署、海口海关）

（一）海南省农产品进口情况

2015—2022 年海南省农产品进口额由 2015 年的 10.91 亿元增加到 2022 年的 114.43 亿元（表 2-3），年均增长率达 39.90%。其中 2021 年和 2022 年海南农产品进口额比上一年度分别增长了 19.75 亿元和 51.34 亿元，同比增长 45.57% 和 81.38%（图 2-2）。

表 2-3　2015—2022 年海南省农产品进口额情况　　单位：亿元

项目	2015 年	2016 年	2017 年	2018 年	2019 年	2020 年	2021 年	2022 年
交易额	10.91	11.46	15.38	14.51	30.09	43.34	63.09	114.43

（数据来源：中国海关总署、海口海关）

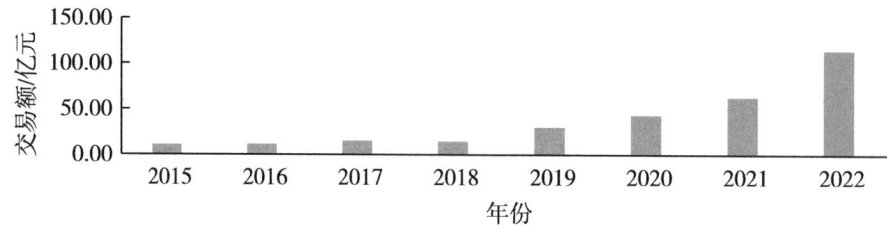

图 2-2　2015—2022 年海南省农产品进口额变化趋势

1. 肉类

交易额方面，2015—2022 年，海南肉类进口额由 2015 年的 1 163.90 万元增长至

2022 年的 34 105.20 万元（表 2-4），年均增长率达 62.02%。其中 2021 年和 2022 年海南肉类进口额比上一年度分别增长了 16 822.46 万元和 6 778.46 万元，同比增长 160.15% 和 24.81%（图 2-3）。

表 2-4　2015—2022 年海南省肉类进口额情况　　　　　　　　　　单位：万元

项目	2015 年	2016 年	2017 年	2018 年	2019 年	2020 年	2021 年	2022 年
交易额	1 163.90	880.02	1 174.70	406.64	123.05	10 504.28	27 326.74	34 105.20

（数据来源：中国海关总署、海口海关）

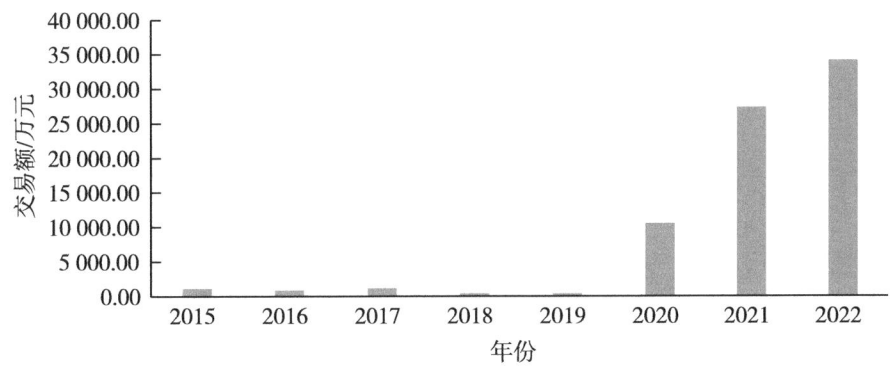

图 2-3　2015—2022 年海南省肉类进口额变化趋势

交易量方面，2015—2022 年，海南肉类进口量由 2015 年的 713.30 吨增长至 2022 年的 11 885.90 吨（表 2-5），年均增长率达 49.46%。其中 2021 年和 2022 年海南肉类进口量比上一年度分别增长了 4 733.91 吨和 4 362.59 吨，同比增长 169.71% 和 57.99%（图 2-4）。

表 2-5　2015—2022 年海南省肉类进口量情况　　　　　　　　　　单位：吨

项目	2015 年	2016 年	2017 年	2018 年	2019 年	2020 年	2021 年	2022 年
交易量	713.30	493.87	662.14	240.79	52.12	2 789.40	7 523.31	11 885.90

（数据来源：中国海关总署、海口海关）

2. 粮食

交易额方面，2015—2022 年，海南粮食进口额由 2015 年的 7 388.83 万元增长至 2022 年的 27.8 亿元（表 2-6），年均增长率达 67.91%。其中 2021 年和 2022 年海南粮食进口额比上一年度分别增长了 8.89 亿元和 14.42 亿元，同比增长 198.12% 和 100.74%（图 2-5）。

表 2-6　2015—2022 年海南省粮食进口额情况　　　　　　　　　　单位：万元

项目	2015 年	2016 年	2017 年	2018 年	2019 年	2020 年	2021 年	2022 年
交易额	7 388.83	5 928.33	9 732.09	5 527.01	3 087.85	44 900.29	133 856.26	278 073.08

（数据来源：中国海关总署、海口海关）

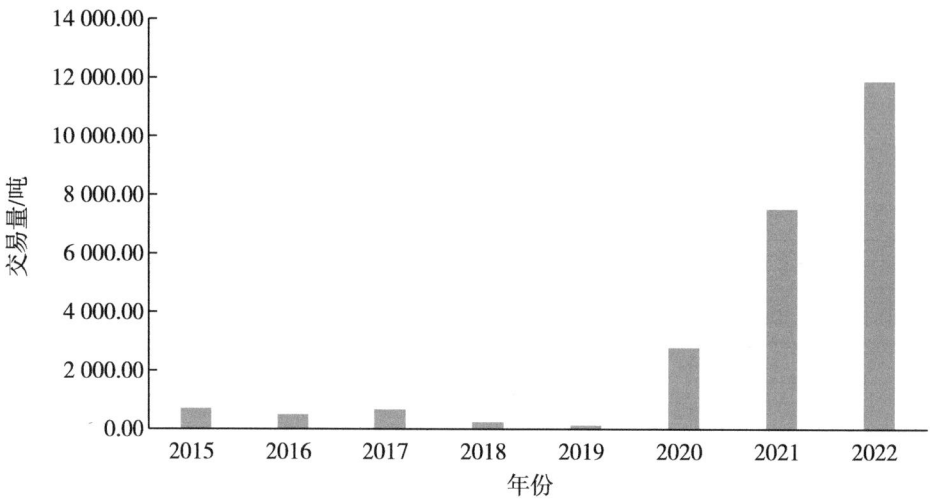

图 2-4　2015—2022 年海南省肉类进口量变化趋势

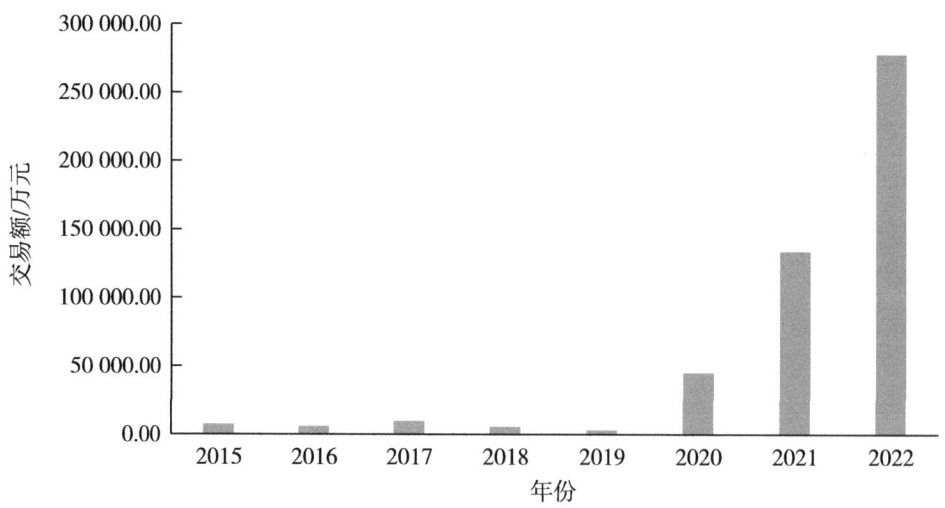

图 2-5　2015—2022 年海南省粮食进口额变化趋势

交易量方面，2015—2022 年，海南粮食进口量由 2015 年的 2.95 万吨增长至 2022 年的 98.41 万吨（表 2-7），年均增长率达 65.05%。其中 2021 年和 2022 年海南粮食进口量比上一年度分别增长了 31.35 万吨和 40.58 万吨，同比增长 118.39% 和 70.17%（图 2-6）。

表 2-7　2015—2022 年海南省粮食进口量情况　　　　　　　　　单位：万吨

项目	2015 年	2016 年	2017 年	2018 年	2019 年	2020 年	2021 年	2022 年
交易量	2.95	2.15	3.49	1.82	1.03	26.48	57.83	98.41

（数据来源：中国海关总署、海口海关）

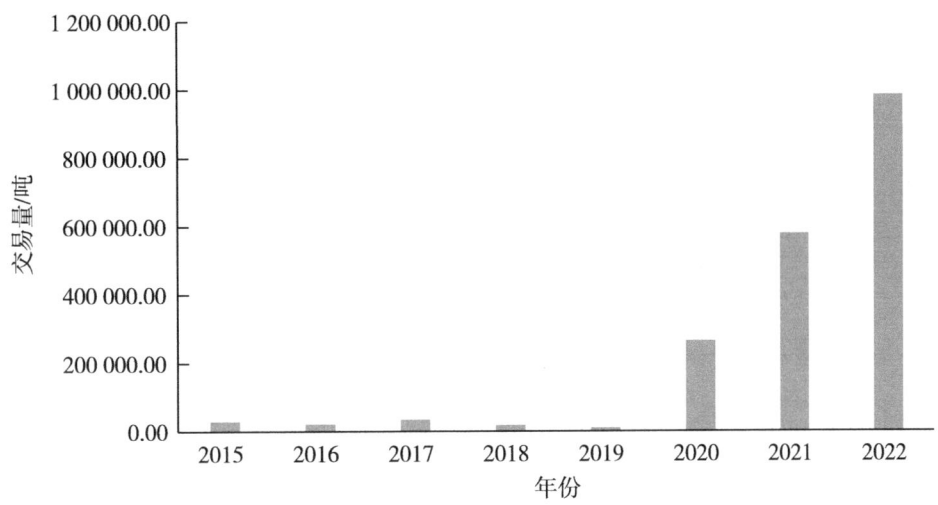

图 2-6 2015—2022 年海南省粮食进口量变化趋势

3. 水产品

交易额方面，2015—2022 年，海南水产品进口额由 2015 年的 13 364.43 万元增长至 2022 年的 26 661.12 万元（表2-8），年均增长率达10.37%。2021 年，受新冠疫情等因素影响，海南水产品进口额下降至 2015 年以来最低，仅为 6 876.79 万元。2022 年，水产品进口额快速上涨，达到 2015 年以来最高，进口额达2.67亿元（图2-7）。

表 2-8 2015—2022 年海南省水产品进口额情况   单位：万元

项目	2015 年	2016 年	2017 年	2018 年	2019 年	2020 年	2021 年	2022 年
交易额	13 364.43	20 259.58	22 782.08	18 892.31	14 517.01	8 550.37	6 876.79	26 661.12

（数据来源：中国海关总署、海口海关）

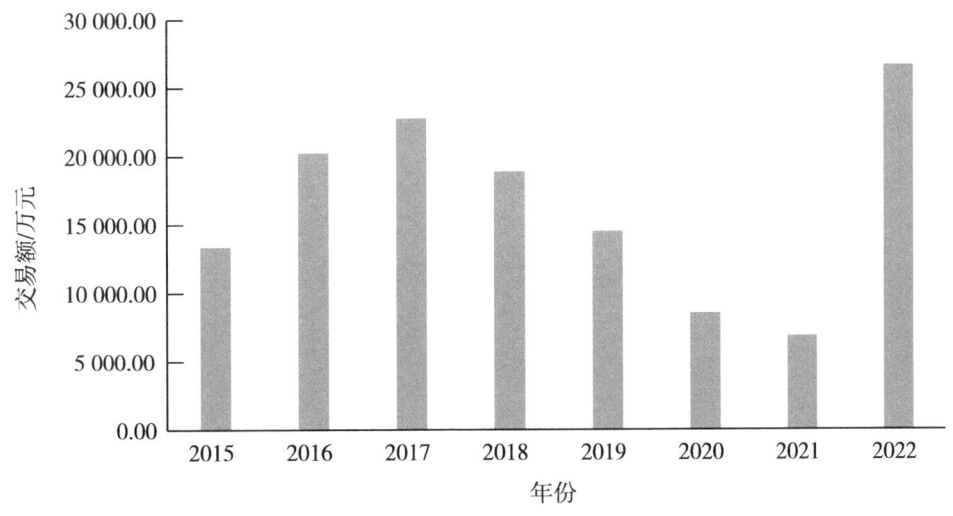

图 2-7 2015—2022 年海南省水产品进口额变化趋势

交易量方面,2015—2022年,海南水产品进口量由2015年的1 998.16吨增长至2022年的4 853.08吨(表2-9),年均增长率达13.52%(图2-8)。

表2-9 2015—2022年海南省水产品进口量情况　　　　　　　　单位:吨

项目	2015年	2016年	2017年	2018年	2019年	2020年	2021年	2022年
交易量	1 998.16	3 211.85	2 736.50	3 067.72	2 554.54	1 147.88	630.48	4 853.08

(数据来源:中国海关总署、海口海关)

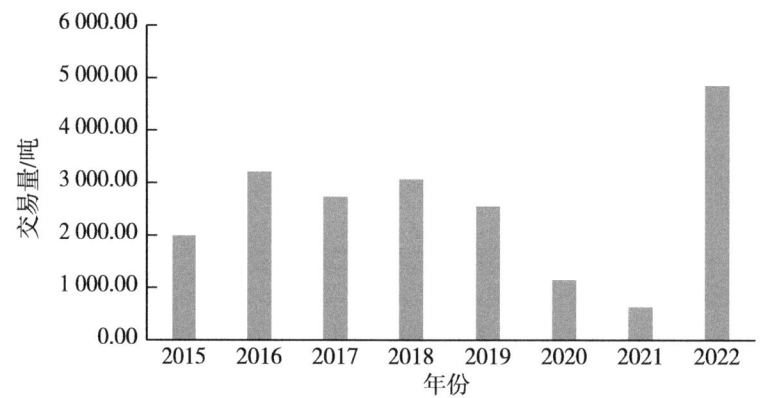

图2-8 2015—2022年海南省水产品进口量变化趋势

4. 水果

交易额方面,2015—2022年,海南水果(含坚果)进口额由2015年的5.89亿元增长至2022年的13.03亿元(表2-10),年均增长率达12.01%。其中2021年和2022年海南水果进口额比上一年度分别增长了5.81亿元和0.78亿元,同比增长90.22%和6.37%(图2-9)。

表2-10 2015—2022年海南省水果进口额情况　　　　　　　　单位:亿元

项目	2015年	2016年	2017年	2018年	2019年	2020年	2021年	2022年
交易额	5.89	5.57	7.13	6.89	8.80	6.44	12.25	13.03

(数据来源:中国海关总署、海口海关)

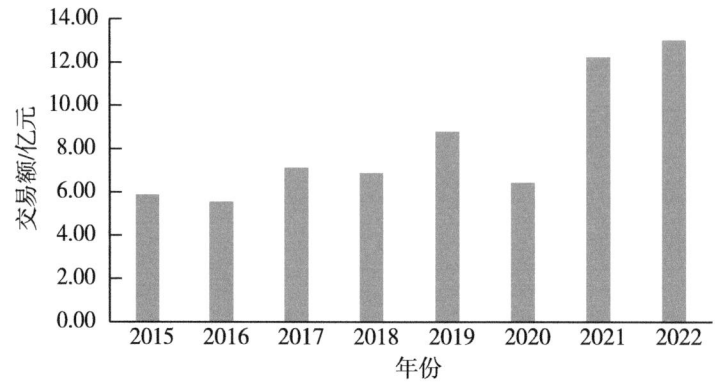

图2-9 2015—2022年海南省热带水果进口额变化趋势

交易量方面，2015—2022 年，海南水果进口量由 2015 年的 25.42 万吨增长至 2022 年的 54.16 万吨（表2-11），年均增长率达 11.41%。其中 2021 年和 2022 年海南水果进口量比上一年度分别增长了 22.88 万吨和 1.17 万吨，同比增长 75.99% 和 2.21%（图2-10）。

表 2-11　2015—2022 年海南省热带水果进口量情况　　　　单位：万吨

项目	2015 年	2016 年	2017 年	2018 年	2019 年	2020 年	2021 年	2022 年
交易量	25.42	23.92	27.59	29.30	38.62	30.11	52.99	54.16

（数据来源：中国海关总署、海口海关）

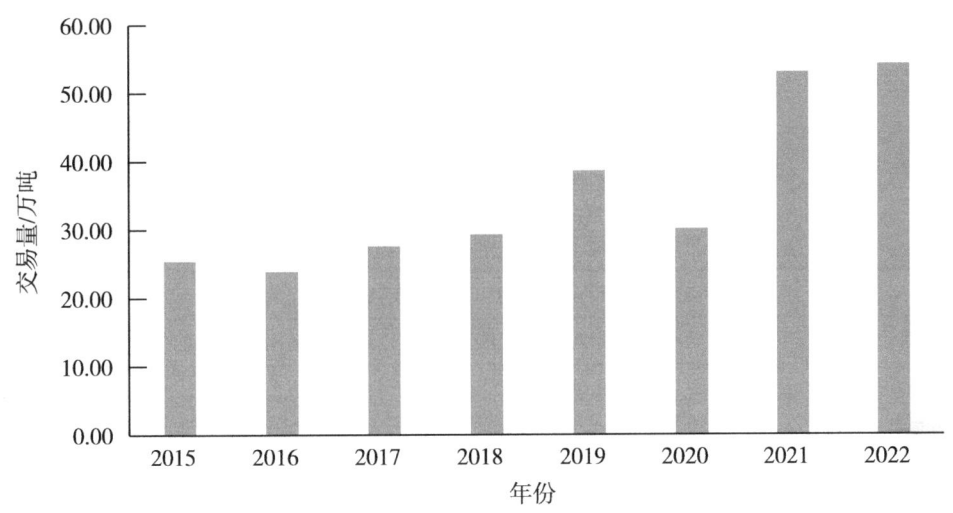

图 2-10　2015—2022 年海南省热带水果进口量变化趋势

5. 食用油

交易额方面，2015—2022 年，海南食用油进口额由 2015 年的 167.46 万元增长至 2022 年的 55 282.74 万元（表2-12），年均增长率达 128.99%。其中 2021 年海南食用油进口额比上一年度增长了 49 310.31 万元，同比增长 140.95%；2022 年海南食用油进口额比上一年度分别减少 29 009.9 万元，同比下降 34.42%（图2-11）。

表 2-12　2015—2022 年海南省食用油进口额情况　　　　单位：万元

项目	2015 年	2016 年	2017 年	2018 年	2019 年	2020 年	2021 年	2022 年
交易额	167.46	47.27	51.38	173.69	263.24	34 982.30	84 292.61	55 282.74

（数据来源：中国海关总署、海口海关）

交易量方面，2015—2022 年，海南食用油进口量由 2015 年的 334.89 吨增长至 2022 年的 64 581.30 吨（表2-13），年均增长率达 112.06%。其中 2021 年海南食用油进口量比上一年度增长了 3.80 万吨，同比增长 57.50%；2022 年海南食用油进口量比上一年度分别减少 3.96 万吨，同比下降 38.02%（图2-12）。

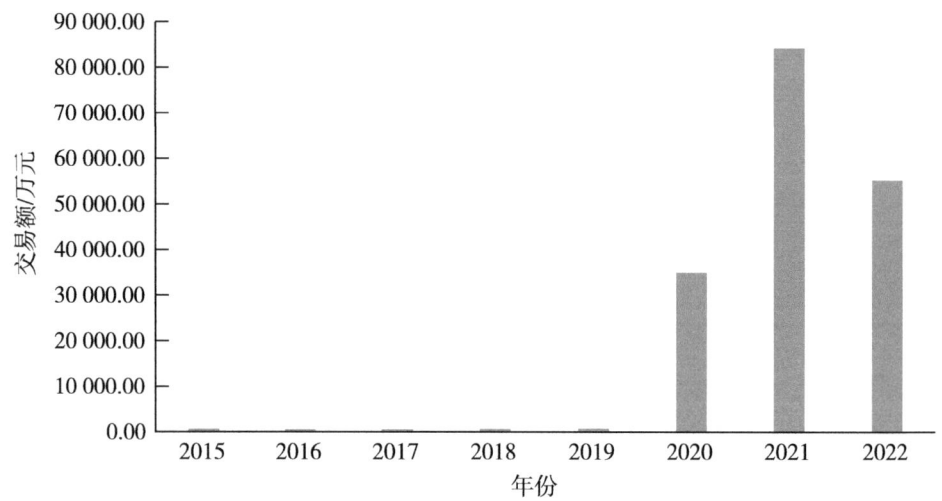

图 2-11　2015—2022 年海南省食用油进口额变化趋势

表 2-13　2015—2022 年海南省食用油进口量情况　　　单位：吨

项目	2015 年	2016 年	2017 年	2018 年	2019 年	2020 年	2021 年	2022 年
交易量	334.89	10.79	14.29	74.91	57.13	66 159.90	104 199.72	64 581.30

（数据来源：中国海关总署、海口海关）

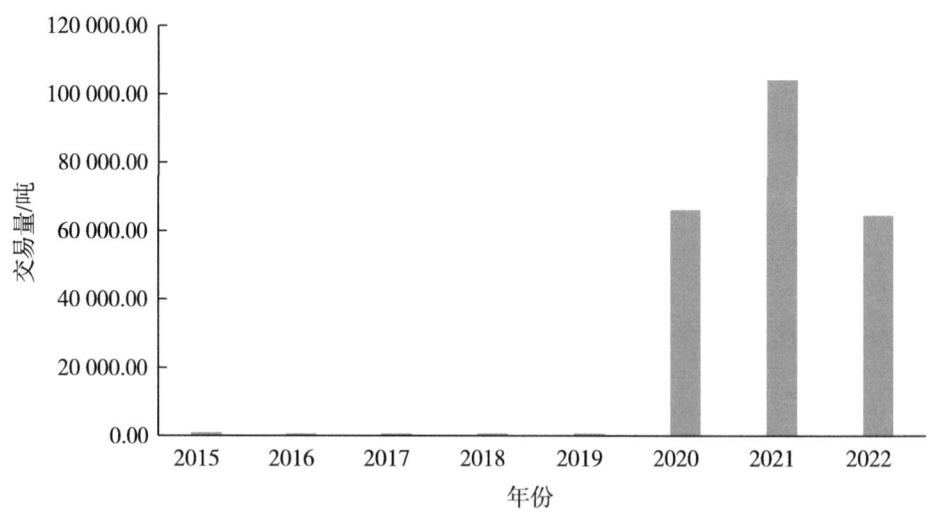

图 2-12　2015—2022 年海南省食用油进口量变化趋势

（二）海南省农产品出口情况

2015—2022 年海南省农产品出口额由 2015 年的 33.44 亿元增加到 2022 年的 40.47 亿元（表 2-14），年均增长率达 2.76%。其中 2021 年和 2022 年海南农产品出口额比上一年度分别增长了 3.34 亿元和 2.23 亿元，同比增长 9.57% 和 5.83%（图 2-13）。

表 2-14　2015—2022 年海南省农产品出口额情况　　　　　　单位：亿元

项目	2015 年	2016 年	2017 年	2018 年	2019 年	2020 年	2021 年	2022 年
交易额	33.44	34.41	35.72	34.08	36.77	34.90	38.24	40.47

（数据来源：中国海关总署、海口海关）

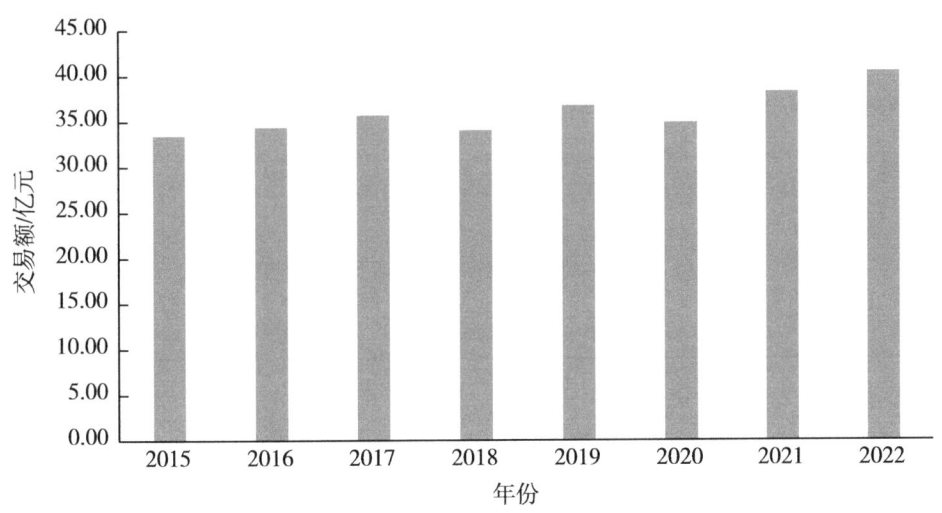

图 2-13　2015—2022 年海南省农产品出口额变化趋势

1. 水产品

交易额方面，2015—2022 年海南省水产品出口额由 2015 年的 28.59 亿元增加到 2022 年的 35.48 亿元（表 2-15），年均增长率达 3.13%。其中 2021 年和 2022 年海南水产品出口额比上一年度分别增长了 2.40 亿元和 1.46 亿元，同比增长 7.59% 和 4.29%（图 2-14）。

表 2-15　2015—2022 年海南省水产品出口额情况　　　　　　单位：亿元

项目	2015 年	2016 年	2017 年	2018 年	2019 年	2020 年	2021 年	2022 年
交易额	28.59	31.03	32.73	30.23	32.87	31.62	34.02	35.48

（数据来源：中国海关总署、海口海关）

交易量方面，2015—2022 年，海南省水产品出口量由 2015 年的 12.39 万吨增长至 2022 年的 15.14 万吨（表 2-16），年均增长率达 2.90%。其中 2021 年海南省水产品出口量比上一年度增长了 0.86 万吨，同比增长 5.10%；2022 年海南省水产品出口量比上一年度分别减少 2.55 万吨，同比下降 14.42%（图 2-15）。

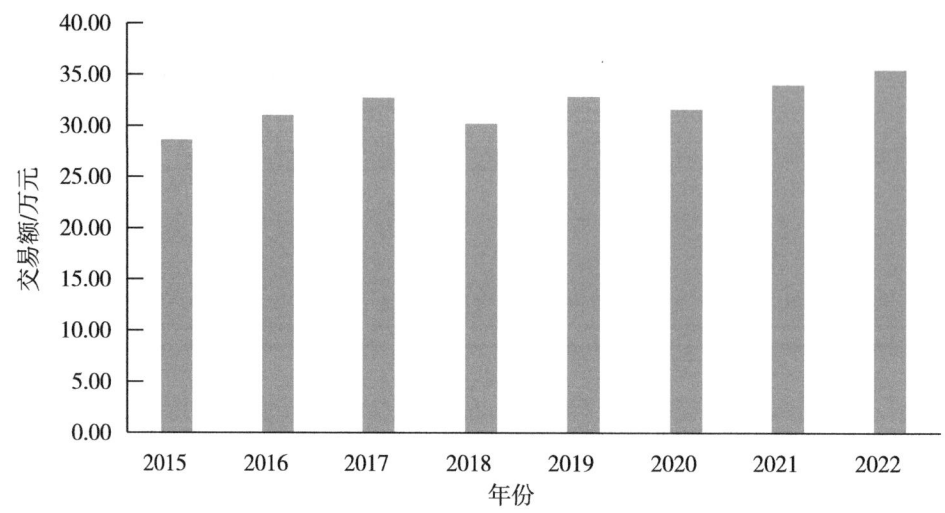

图 2-14 2015—2022 年海南省水产品出口额变化趋势

表 2-16 2015—2022 年海南省水产品出口量情况　　　　　　单位：万吨

项目	2015 年	2016 年	2017 年	2018 年	2019 年	2020 年	2021 年	2022 年
交易量	12.39	13.13	14.64	14.47	15.70	16.83	17.69	15.14

（数据来源：中国海关总署、海口海关）

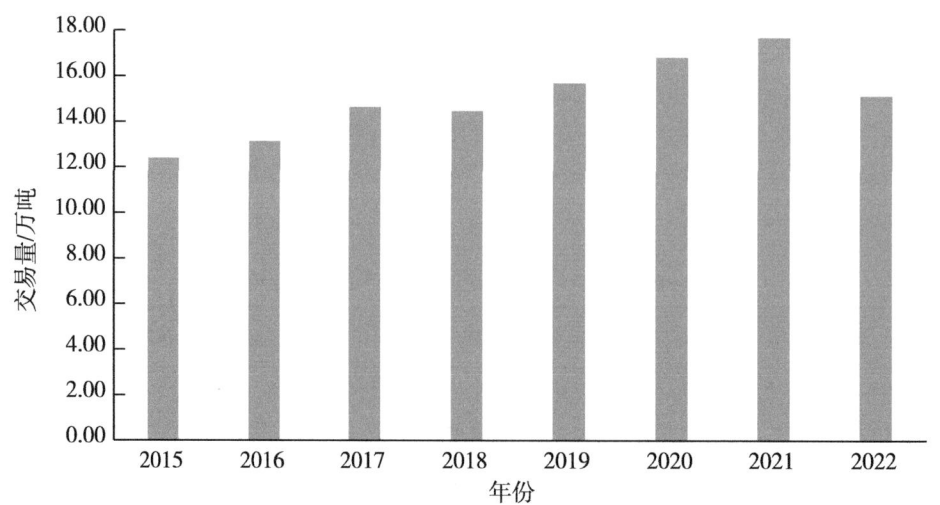

图 2-15 2015—2022 年海南省水产品出口量变化趋势

2. 蔬菜

交易额方面，2015—2022 年，海南省蔬菜出口额由 2015 年的 4 285.70 万元增长至 2022 年的 5 932.66 万元（表 2-17），年均增长率达 12.01%。其中 2021 年和 2022 年蔬菜出口额比上一年度分别减少了 437.79 万元和 964.88 万元，同比下降 5.97% 和

13.99%（图2-16）。

表2-17　2015—2022年海南省蔬菜出口额情况　　　　　　　单位：万元

项目	2015年	2016年	2017年	2018年	2019年	2020年	2021年	2022年
交易额	4 285.70	5 320.54	6 694.56	6 067.44	8 391.02	7 335.33	6 897.54	5 932.66

（数据来源：中国海关总署、海口海关）

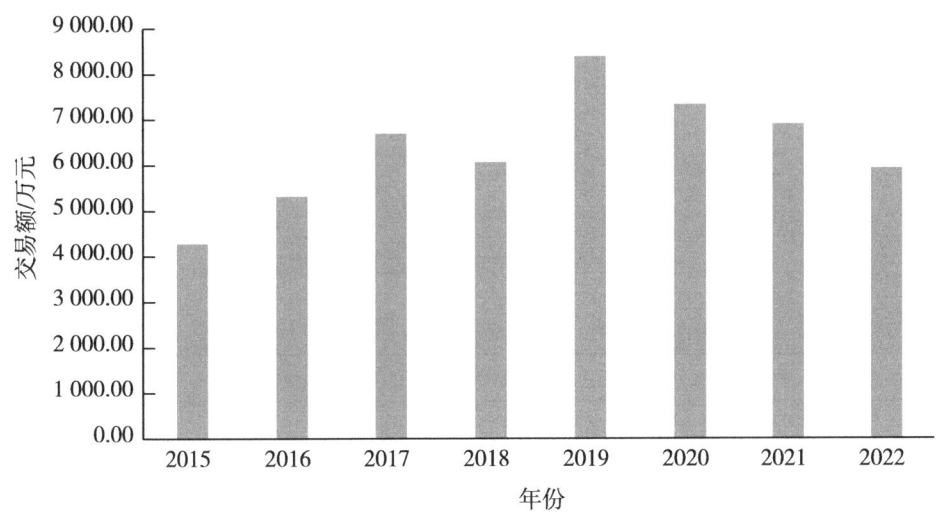

图2-16　2015—2022年海南省蔬菜出口额变化趋势

交易量方面，2015—2022年，海南省蔬菜出口量由2015年的4 538.01吨增长至2022年的6 623.20吨（表2-18），年均增长率达5.55%。其中2021年和2022年海南省蔬菜出口量比上一年度分别增长了305.4万吨和245.81万吨，同比增长5.02%和3.85%（图2-17）。

表2-18　2015—2022年海南省蔬菜出口量情况　　　　　　　单位：吨

项目	2015年	2016年	2017年	2018年	2019年	2020年	2021年	2022年
交易量	4 538.01	4 922.87	5 413.37	6 573.03	6 678.52	6 071.99	6 377.39	6 623.20

（数据来源：中国海关总署、海口海关）

3. 热带水果

交易额方面，2015—2022年，海南省热带水果（含坚果）出口额由2015年的560.01万元增长至2022年的1 489.80元（表2-19），年均增长率达15.00%。其中2021年海南省热带水果出口额比上一年度增长了1 203.11万元，同比增长379.53%；2022年海南省热带水果出口额比上一年度减少了30.31万元，同比下降1.99%（图2-18）。

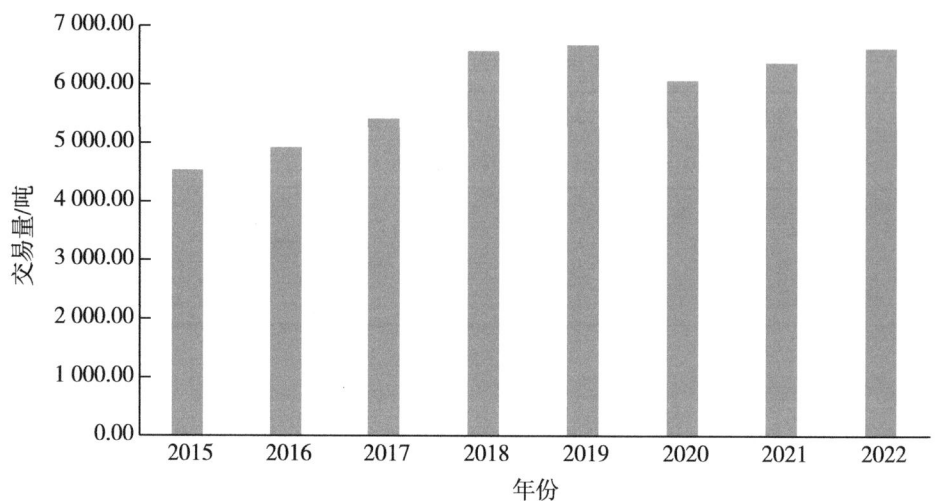

图 2-17 2015—2022 年海南省蔬菜出口量变化趋势

表 2-19 2015—2022 年海南省热带水果出口额情况　　　　　　单位：万元

项目	2015 年	2016 年	2017 年	2018 年	2019 年	2020 年	2021 年	2022 年
交易额	560.01	648.69	900.94	821.08	464.36	317.00	1 520.11	1 489.80

（数据来源：中国海关总署、海口海关）

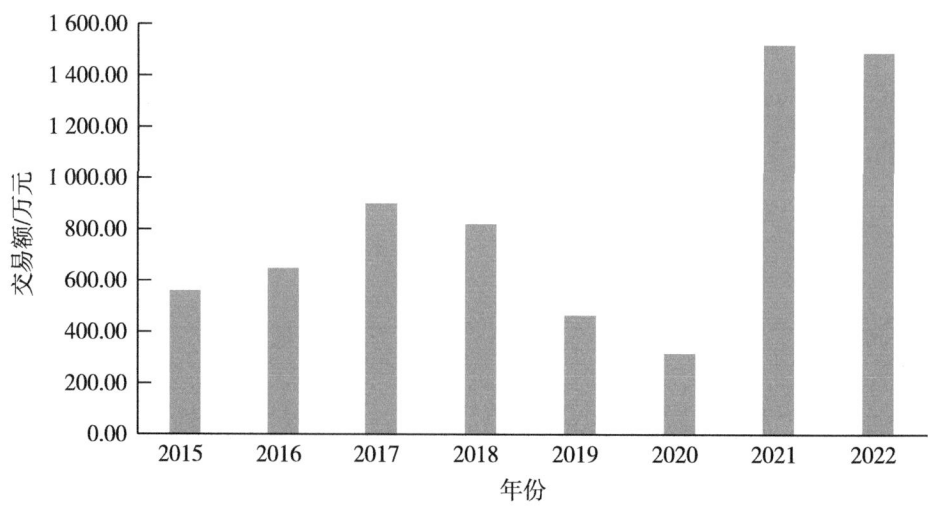

图 2-18 2015—2022 年海南省热带水果出口额变化趋势

交易量方面，2015—2022 年，海南省热带水果出口量由 2015 年的 220.65 吨增长至 2022 年的 949.75 吨（表 2-20），年均增长率达 23.19%。其中 2021 年和 2022 年海南省热带水果出口量比上一年度分别增长了 229.97 吨和 609.09 吨，同比增长 207.76% 和 178.79%（图 2-19）。

表 2-20 2015—2022 年海南省热带水果出口量情况　　　　　单位：吨

项目	2015 年	2016 年	2017 年	2018 年	2019 年	2020 年	2021 年	2022 年
交易量	220.65	223.53	361.16	374.28	179.61	110.69	340.66	949.75

（数据来源：中国海关总署、海口海关）

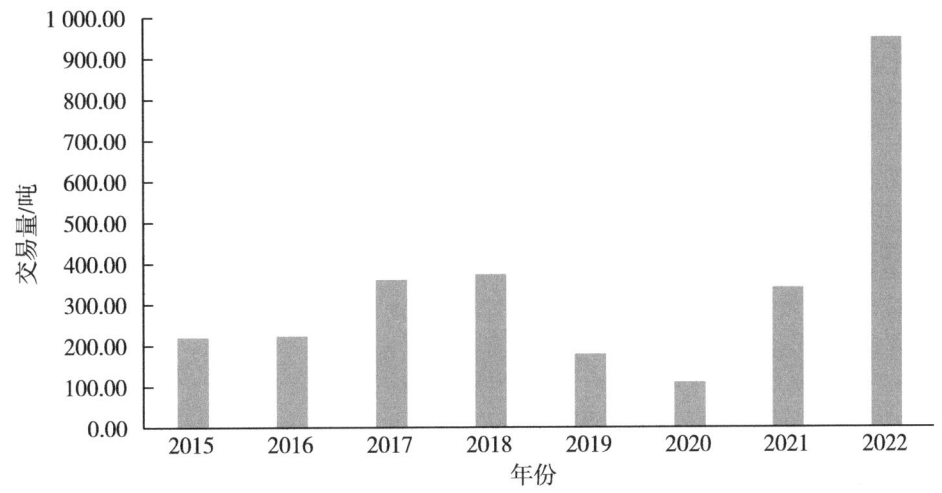

图 2-19 2015—2022 年海南省热带水果出口量变化趋势

四、主要热带农产品区域竞争力分析

（一）国内主要热带农产品区域比较优势分析

比较优势（Comparative advantage）是指两国在生产过程中，由于生产要素、技术水平等因素的不同而出现相同产品之间生产成本的相对差异。正是由于这种比较优势的产生，才导致国际贸易的发生。比较优势是古典和新古典贸易理论的核心，主要是由李嘉图的比较成本理论和赫克歇尔-俄林的要素比例理论构成。比较优势的形成和变化取决于许多经济因素，这些因素包括所有对生产成本起作用的经济变量，如自然资源拥有量、劳动者素质、技术水平、基础设施等。在许多情况下，成本优势和资源优势之间具有相互替代性。例如，技术进步引起生产要素效能的提高可以补充要素资源短缺所造成的要素价格上升；而相对低的技术水平和生产要素效能造成的高成本也可被要素资源相对充足和低廉所抵销。比较优势所要研究的是不同国家或地区在生产同一种产品时，由于资源禀赋、劳动力等生产要素的不同而导致生产成本的相对差异性及其程度。比较优势侧重于反应竞争力的潜在变化趋势，比较优势会转化为竞争优势，也就是比较优势强，则其竞争力也强；比较优势弱，则其竞争力也弱。区域农作物的比较优势是农业自然资源禀赋、区位条件、科学技术、种植制度、市场需求等因素综合作用的结果。一个地区一种作物的单产水平是当地自然资源禀赋以及各种物质投入水平和科技进步等因素的综合体现。而一种作物的生产规模，即种植面积，则是劳动与物质可投入能力、市场需求、种植制度、政策支持、自然资源禀赋等因素的综合体现。

海南省全省地处热带区域，是全国热带农产品的主要产地。除海南省外，广东、广西、云南、福建、湖南、四川、贵州等省份部分地区属于热带、南亚热带区域，全国热带农产品基本来源于上述8个省份。结合近年来区域比较优势有关文献、指标的合理性及数据的可靠性，本书选取资源禀赋系数（EF）、效率优势指数（EAI）、规模优势指数（SAI）和综合比较优势指数（AAI）为测度指标，对8个热区省份主要热带农产品进行区域竞争力比较，分析海南省热带农产品国内竞争力水平。相关数据由国家统计局、各省份统计年鉴、各省份农村统计年鉴、农业农村部统计数据等收集整理得出。

1. 资源禀赋系数

资源禀赋系数（EF）是用来判定某个国家或地区某种资源的丰富程度，也是用来判定该国家或地区某个产业在生产上比较优势的指标。

$$EF = (V_{st}/V_{gt}) / (Y_{sg}/Y_{gg})$$

式中，V_{st} 代表 s 省份 t 年 z 作物产量；V_{gt} 代表全国 z 作物 t 年产量；Y_{sg} 表示代表 s 省份 t 年 GDP 产值；Y_{gg} 代表全国 t 年 GDP 产值（表 2-21）（t = 2012, 2013, 2014, …, 2021）。

表 2-21 2012—2021 年全国和热区省份 GDP 产值 单位：亿元

地区	2012年	2013年	2014年	2015年	2016年	2017年	2018年	2019年	2020年	2021年
海南	2 789.4	3 115.9	3 449.0	3 734.2	4 090.2	4 497.5	4 910.7	5 330.8	5 566.2	6 504.1
广东	57 007.7	62 503.4	68 173.0	74 732.2	82 163.2	91 648.7	99 945.2	107 986.9	111 151.6	124 719.5
广西	11 303.6	12 448.4	13 587.8	14 797.5	16 116.6	17 790.7	19 627.8	21 237.1	22 120.9	25 209.1
福建	20 190.7	22 503.8	24 942.1	26 819.5	29 609.4	33 842.4	38 687.8	42 326.6	43 608.6	49 566.1
云南	11 097.4	12 825.5	14 041.7	14 960.0	16 369.0	18 486.0	20 880.6	23 223.8	24 555.7	27 161.6
四川	23 922.4	26 518.0	28 891.3	30 342.0	33 138.5	37 905.1	42 902.1	46 363.8	48 501.8	54 088.0
贵州	6742.2	7973.1	9173.1	10 541.0	11 792.4	13 605.4	15 353.2	16 769.3	17 860.4	19 458.6
湖南	21 207.2	23 545.2	25 881.3	28 538.6	30 853.5	33 828.1	36 329.7	39 894.1	41 542.6	45 713.5
全国	538 580.0	592 963.2	643 563.1	688 858.2	746 395.1	832 035.9	919 281.1	986 515.2	1 013 567.0	1 149 237.0

（1）天然橡胶

2012—2021 年，我国天然橡胶产量由 80.22 万吨上涨至 87.16 万吨，年均增长率 0.93%（表 2-22）。

表 2-22　2012—2021 年全国天然橡胶产量　　　　　　　　　单位：万吨

地区	2012 年	2013 年	2014 年	2015 年	2016 年	2017 年	2018 年	2019 年	2020 年	2021 年
全国	80.22	86.48	84.01	81.61	81.59	81.37	81.94	80.99	82.64	87.16

具体到热区各省份，云南省是我国天然橡胶产量最高的省份，2021 年天然橡胶产量已达 50.70 万吨；海南省位居全国第二，2021 年产量达 34.60 万吨；广东省和广西壮族自治区仅有少量天然橡胶。

根据资源禀赋系数计算结果（表 2-23），在热区天然橡胶产业最具资源禀赋优势的省份是海南省，其次是云南省，广东省和广西壮族自治区缺乏资源禀赋优势。

表 2-23　2012—2021 年热区省份天然橡胶资源禀赋系数

地区	2012 年	2013 年	2014 年	2015 年	2016 年	2017 年	2018 年	2019 年	2020 年	2021 年
海南	95.08	92.60	86.88	81.62	78.59	81.95	79.66	75.59	74.20	70.06
广东	0.20	0.19	0.17	0.18	0.17	0.16	0.16	0.23	0.19	0.20
广西	0.01	0.06	0.01	0.01	0.01	0.01	0.002	0.001	—	—
福建	—	—	—	—	—	—	—	—	—	—
云南	23.58	22.75	23.64	24.79	25.07	24.11	24.30	24.05	23.58	24.62
四川	—	—	—	—	—	—	—	—	—	—
贵州	—	—	—	—	—	—	—	—	—	—
湖南	—	—	—	—	—	—	—	—	—	—

（2）槟榔

根据农业农村部统计数据，我国槟榔生产只有海南省，2021 年海南槟榔资源禀赋系数达 176.69（表 2-24）。

表 2-24　2012—2021 年槟榔资源禀赋系数

地区	2012 年	2013 年	2014 年	2015 年	2016 年	2017 年	2018 年	2019 年	2020 年	2021 年
海南	188.67	189.13	186.59	184.49	182.50	185.00	187.20	185.06	182.09	176.69
广东	—	—	—	—	—	—	—	—	—	—
广西	—	—	—	—	—	—	—	—	—	—
福建	—	—	—	—	—	—	—	—	—	—
云南	—	—	—	—	—	—	—	—	—	—
四川	—	—	—	—	—	—	—	—	—	—
贵州	—	—	—	—	—	—	—	—	—	—
湖南	—	—	—	—	—	—	—	—	—	—

(3)椰子

2012—2021年,我国椰子产量由24 291.00万个下降至20 322.90万个,年均增长率-1.95%(表2-25)。

表2-25 2012—2021年全国椰子产量　　　　　　　　单位:万个

地区	2012年	2013年	2014年	2015年	2016年	2017年	2018年	2019年	2020年	2021年
全国	24 291.00	25 461.74	25 441.50	22 342.00	22 229.77	23 290.80	22 684.90	23 183.20	21 350.80	20 322.90

具体到热区各省份,海南省是我国椰子产量最高的省份,其他热区省份仅广东省和云南省有少量椰子。

根据资源禀赋系数计算结果(表2-26),在热带省份椰子产业最具资源禀赋优势的省份是海南省,云南省和广东省缺乏资源禀赋优势。

表2-26 2012—2021年热区省份椰子资源禀赋系数

地区	2012年	2013年	2014年	2015年	2016年	2017年	2018年	2019年	2020年	2021年
海南	192.00	189.53	185.50	184.24	182.12	172.92	187.13	184.89	181.48	176.56
广东	0.04	0.02	0.02	0.005	0.004	0.003	0.003	0.004	0.004	0.004
广西	—	—	—	—	—	—	—	—	—	—
福建	—	—	—	—	—	—	—	—	—	—
云南	0.09	0.07	0.16	0.06	0.07	0.00	—	0.03	0.12	0.03
四川	—	—	—	—	—	—	—	—	—	—
贵州	—	—	—	—	—	—	—	—	—	—
湖南	—	—	—	—	—	—	—	—	—	—

(4)香蕉

2012—2021年,我国香蕉产量由1 155.69万吨上涨至1 172.50万吨,年均增长率0.16%(表2-27)。

表2-27 2012—2021年全国香蕉产量　　　　　　　　单位:万吨

地区	2012年	2013年	2014年	2015年	2016年	2017年	2018年	2019年	2020年	2021年
全国	1 155.69	1 211.46	1 177.80	1 264.16	1 299.70	1 289.19	1 157.92	1 165.60	1 151.30	1 172.50

具体到热区各省份,广东省是我国香蕉产量最高的省份,2021年香蕉产量已达483.30万吨;广西壮族自治区位居全国第二,2021年香蕉产量达309.8万吨;云南省和海南省2021年香蕉产量也突破百万吨,分别为202.35万吨和115.81万吨(表2-28)。

表 2-28 2012—2021 年热区省份香蕉产量   单位：万吨

地区	2012年	2013年	2014年	2015年	2016年	2017年	2018年	2019年	2020年	2021年
海南	209.10	202.75	160.04	140.10	125.63	127.17	121.63	121.80	112.92	115.81
广东	403.16	420.29	345.48	357.83	373.96	395.24	422.84	464.83	478.73	483.30
广西	238.62	258.20	271.84	311.79	339.49	371.57	351.20	343.03	337.61	309.80
福建	90.26	91.51	91.71	95.01	37.72	38.71	42.08	44.79	45.21	46.79
云南	218.29	240.50	236.96	258.83	210.20	176.80	203.47	211.40	197.64	202.35
四川	3.99	4.00	2.80	4.30	4.80	2.98	4.81	5.00	5.10	5.20
贵州	0.61	0.56	0.58	0.85	0.95	1.73	3.66	6.64	7.81	9.00
湖南	—	—	—	—	—	—	—	—	—	—

根据资源禀赋系数计算结果（表 2-29），在热区香蕉产业最具资源禀赋优势的省份是海南省，其次是广西壮族自治区、云南省和广东省，福建省、贵州省、四川省均缺乏资源禀赋优势。

表 2-29 2012—2021 年热区省份香蕉资源禀赋系数

地区	2012年	2013年	2014年	2015年	2016年	2017年	2018年	2019年	2020年	2021年
海南	38.97	34.98	28.11	24.32	20.96	21.06	20.29	19.34	17.86	17.45
广东	3.68	3.61	3.07	3.10	3.11	3.21	3.47	3.64	3.79	3.80
广西	10.97	11.15	12.12	13.66	14.37	15.56	14.658	13.671	13.44	13.54
福建	2.32	2.19	2.23	2.30	0.87	0.85	0.89	0.90	0.91	0.93
云南	10.23	10.08	10.22	11.22	8.76	7.12	7.98	7.70	7.09	7.30
四川	0.09	0.08	0.06	0.09	0.10	0.06	0.09	0.09	0.09	0.09
贵州	0.05	0.04	0.04	0.05	0.05	0.09	0.20	0.34	0.38	0.45
湖南	—	—	—	—	—	—	—	—	—	—

（5）芒果

2012—2021 年，我国芒果产量由 106.33 万吨上涨至 395.80 万吨，年均增长率 15.72%（表 2-30）。

表 2-30 2012—2021 年全国芒果产量   单位：万吨

地区	2012年	2013年	2014年	2015年	2016年	2017年	2018年	2019年	2020年	2021年
全国	106.33	129.54	143.66	166.37	189.14	205.35	226.81	278.20	331.20	395.80

具体到热区各省份，云南省是我国芒果产量最高的省份，2021 年芒果产量已达

113.92万吨；广西壮族自治区位居全国第二，2021年芒果产量达110.53万吨；海南省和四川省2021年芒果产量分别为83.08万吨和55.51万吨。

根据资源禀赋系数计算结果（表2-31），在热区芒果产业最具资源禀赋优势的省份是海南省，其次是广西壮族自治区和云南省，四川省和贵州省也具有一定的资源禀赋优势，广东省和福建省均缺乏资源禀赋优势。

表2-31 2012—2021年热区省份芒果资源禀赋系数

地区	2012年	2013年	2014年	2015年	2016年	2017年	2018年	2019年	2020年	2021年
海南	74.68	65.61	58.78	56.43	51.89	51.11	56.36	44.95	42.05	37.09
广东	1.84	1.54	1.39	1.22	1.08	1.07	0.88	0.59	0.65	0.57
广西	9.75	12.52	13.46	13.70	14.31	15.58	13.127	13.326	13.10	12.73
福建	0.23	0.18	0.19	0.17	0.14	0.12	0.10	0.08	0.06	0.05
云南	7.29	8.12	8.91	9.10	9.87	8.92	9.20	11.39	11.99	12.18
四川	1.38	1.21	1.01	1.17	1.14	1.21	1.33	2.55	2.21	2.98
贵州	0.47	0.49	0.43	0.72	0.96	0.90	0.27	0.80	0.75	1.10
湖南	—	—	—	—	—	—	—	—	—	—

（6）荔枝

2012—2021年，我国荔枝产量由190.66万吨上涨至274.10万吨，年均增长率4.12%（表2-32）。

表2-32 2012—2021年全国荔枝产量　　　　　　　　　　　单位：万吨

地区	2012年	2013年	2014年	2015年	2016年	2017年	2018年	2019年	2020年	2021年
全国	190.66	205.07	227.82	237.80	229.70	239.43	260.79	201.60	238.00	274.10

具体到热区各省份，广东省是我国荔枝产量最高的省份，2021年荔枝产量已达151.55万吨；广西壮族自治区位居全国第二，2021年荔枝产量达80.68万吨；海南省和福建省2021年荔枝产量分别为21.86万吨和10.82万吨。

根据资源禀赋系数计算结果（表2-33），在热区省份荔枝产业最具资源禀赋优势的省份是海南省，其次是广西壮族自治区和广东省，其余省份均缺乏资源禀赋优势。

表2-33 2012—2021年热区省份荔枝资源禀赋系数

地区	2012年	2013年	2014年	2015年	2016年	2017年	2018年	2019年	2020年	2021年
海南	14.88	15.83	14.93	12.14	12.20	12.21	13.60	15.85	15.17	14.09
广东	5.25	5.18	4.72	4.50	4.41	4.45	4.95	4.95	5.18	5.10
广西	11.12	10.64	10.17	9.59	10.04	9.92	11.078	13.443	12.34	13.42

(续表)

地区	2012年	2013年	2014年	2015年	2016年	2017年	2018年	2019年	2020年	2021年
福建	2.08	1.95	2.08	2.09	1.39	1.32	1.30	1.05	1.03	0.92
云南	0.38	0.38	0.38	0.41	0.56	0.47	0.45	0.63	0.61	0.65
四川	0.07	0.28	0.12	0.24	0.18	0.18	0.19	0.47	0.42	0.37
贵州	0.01	0.71	0.66	0.67	0.03	0.26	0.05	0.03	0.00	0.02
湖南	—	—	—	—	—	—	—	—	—	—

（7）菠萝

2012—2021年，我国菠萝产量由128.71万吨上涨至188.60万吨，年均增长率4.34%（表2-34）。

表2-34 2012—2021年全国菠萝产量　　　　　　　　　　单位：万吨

地区	2012年	2013年	2014年	2015年	2016年	2017年	2018年	2019年	2020年	2021年
全国	128.71	138.60	143.33	149.55	158.21	167.16	164.49	173.30	184.70	188.60

具体到热区各省份，广东省是我国菠萝产量最高的省份，2021年菠萝产量已达152.98万吨；海南省位居全国第二，2021年菠萝产量达45.04万吨；云南省和广西壮族自治区2021年菠萝产量分别为12.63万吨和3.18万吨。

根据资源禀赋系数计算结果（表2-35），在热区省份菠萝产业最具资源禀赋优势的省份是海南省，其次是广东省和云南省，其余省份均缺乏资源禀赋优势。

表2-35 2012—2021年热区省份菠萝资源禀赋系数

地区	2012年	2013年	2014年	2015年	2016年	2017年	2018年	2019年	2020年	2021年
海南	51.41	52.59	48.56	46.22	45.91	45.36	50.07	48.27	46.04	42.20
广东	6.03	6.09	6.05	5.97	5.94	6.03	5.70	5.85	5.97	6.16
广西	1.13	1.13	1.12	1.07	1.00	0.99	1.04	0.99	0.92	0.77
福建	0.78	0.70	0.70	0.70	0.69	0.65	0.35	0.23	0.21	0.21
云南	2.08	1.47	2.21	2.37	2.10	1.94	3.33	2.87	2.59	2.83
四川	—	—	—	—	—	—	—	0.01	0.01	0.01
贵州	—	—	—	—	—	—	—	—	—	—
湖南	—	—	—	—	—	—	—	—	—	—

2. 效率优势指数

效率优势指数（EAI）通过分析某个国家或地区某种作物的土地产出率与该国家或地区所有农作物平均土地产出率的相对水平，以及与某个国家或地区该比率平均水平的对比关系,反映某个国家或地区某种作物生产效率的相对优势。

$$EAI = (P_{st}/P_{at}) / (P_{gt}/P)$$

式中,P_{st} 代表 s 省份 t 年 z 作物的单产;P_{at} 代表 s 省份 t 年热带作物(热带水果)的单产;P_{gt} 代表全国 t 年 z 作物的单产;P 代表全国 t 年热带作物(热带水果)的单产($t=2012,2013,2014,\cdots,2021$)。

效率优势指数主要是从资源内涵生产力的角度来反映作物的比较优势。$EAIsz>1$,表明与全国平均水平相比,s 省 z 作物生产具有效率优势。$EAIsz<1$,表明 s 省 z 作物生产与全国平均水平相比生产效率处于劣势。$EAIsz$ 值越大,生产效率优势越明显。

2012—2021 年全国和热区省份热带作物单位面积产量、热带水果单位面积产量分别见表 2-36、表 2-37。

表 2-36　2012—2021 年全国和热区省份热带作物单位面积产量　单位:吨/亩

地区	2012年	2013年	2014年	2015年	2016年	2017年	2018年	2019年	2020年	2021年
海南	1.25	1.25	1.26	1.11	1.01	0.36	0.37	0.37	0.38	0.37
广东	1.16	1.38	1.37	1.35	1.43	0.81	0.79	0.78	0.82	0.86
广西	2.41	2.48	2.50	2.14	2.29	0.47	0.45	0.47	0.47	0.51
福建	1.11	1.11	1.09	0.91	0.91	1.23	1.60	1.68	1.70	1.69
云南	0.89	0.98	0.94	0.88	0.81	0.21	0.23	0.23	0.22	0.25
四川	0.94	1.02	1.02	1.04	1.20	0.23	0.30	0.34	0.34	0.48
贵州	1.80	1.79	1.84	1.58	1.84	0.70	0.41	0.46	0.48	0.63
湖南	0.75	0.76	0.76	0.83	0.99	0.72	0.71	0.68	0.68	0.68
全国	1.38	1.49	1.46	1.33	1.38	0.47	0.46	0.47	0.48	0.51

表 2-37　2012—2021 年全国和热区省份热带水果单位面积产量　单位:吨/亩

地区	2012年	2013年	2014年	2015年	2016年	2017年	2018年	2019年	2020年	2021年
海南	1.27	1.15	1.25	1.22	1.21	1.19	1.24	1.29	1.31	1.29
广东	0.82	0.90	0.96	0.98	1.01	1.04	1.09	1.06	1.12	1.13
广西	0.52	0.58	0.63	0.65	0.73	0.68	0.74	0.82	0.86	0.96
福建	0.82	0.81	0.96	1.01	1.05	1.23	1.60	1.69	1.71	1.70
云南	1.13	1.23	1.27	1.22	1.13	1.14	1.18	1.03	0.99	1.04
四川	0.81	0.82	0.80	0.79	0.86	0.24	0.31	0.35	0.35	0.46
贵州	0.77	0.81	0.85	0.23	0.77	0.77	0.50	0.56	0.55	0.69
湖南	0.60	0.59	0.58	0.58	0.59	0.63	0.62	0.60	0.61	0.61
全国	0.78	0.83	0.89	0.88	0.92	0.93	0.97	0.99	1.02	1.07

(1)天然橡胶

根据 2012—2021 年全国和热区省份天然橡胶产量,以及 2012—2021 年全国和热区省份天然橡胶年内实际开割面积，计算得出 2012—2021 年全国和热区省份天然橡胶单位面积产量（表 2-38）。

表 2-38 2012—2021 年全国和热区省份天然橡胶单位面积产量 单位：吨/亩

地区	2012年	2013年	2014年	2015年	2016年	2017年	2018年	2019年	2020年	2021年
海南	0.07	0.07	0.07	0.06	0.06	0.06	0.06	0.06	0.06	0.06
广东	0.04	0.04	0.04	0.04	0.05	0.03	0.04	0.04	0.04	0.04
广西	0.02	0.04	0.01	0.01	0.01	0.01	—	0.01	—	—
福建	—	—	—	—	—	—	—	—	—	—
云南	0.10	0.11	0.10	0.10	0.09	0.09	0.09	0.09	0.09	0.09
四川	—	—	—	—	—	—	—	—	—	—
贵州	—	—	—	—	—	—	—	—	—	—
湖南	—	—	—	—	—	—	—	—	—	—
全国	0.08	0.08	0.08	0.08	0.07	0.07	0.07	0.07	0.07	0.08

根据效率优势指数公式计算天然橡胶效率优势指数得出的结果（表 2-39），云南省和海南省天然橡胶生产具有效率优势，广东省和广西壮族自治区天然橡胶生产缺乏效率优势。

表 2-39 2012—2021 年热区省份天然橡胶效率优势指数

地区	2012年	2013年	2014年	2015年	2016年	2017年	2018年	2019年	2020年	2021年
海南	0.95	1.01	0.96	0.99	1.13	1.12	1.02	1.03	1.01	1.00
广东	0.61	0.52	0.52	0.57	0.58	0.27	0.31	0.37	0.36	0.33
广西	0.10	0.25	0.08	0.07	0.10	0.08	—	0.14	—	—
福建	—	—	—	—	—	—	—	—	—	—
云南	1.96	1.94	1.98	1.90	2.12	2.77	2.45	2.55	2.58	2.35
四川	—	—	—	—	—	—	—	—	—	—
贵州	—	—	—	—	—	—	—	—	—	—
湖南	—	—	—	—	—	—	—	—	—	—

（2）槟榔

根据 2012—2021 年全国和热区省份槟榔产量，以及 2012—2021 年热区省份槟榔收获面积，计算得出 2012—2021 年全国和热区省份槟榔单位面积产量（表 2-40）。

表 2-40 2012—2021 年全国和热区省份槟榔单位面积产量 单位：吨/亩

地区	2012年	2013年	2014年	2015年	2016年	2017年	2018年	2019年	2020年	2021年
海南	0.24	0.25	0.24	0.23	0.22	0.23	0.23	0.23	0.21	0.21
广东	—									

(续表)

地区	2012年	2013年	2014年	2015年	2016年	2017年	2018年	2019年	2020年	2021年
广西	—	—	—	—	—	—	—	—	—	—
福建	—	—	—	—	—	—	—	—	—	—
云南	—	—	—	—	—	—	—	—	—	—
四川	—	—	—	—	—	—	—	—	—	—
贵州	—	—	—	—	—	—	—	—	—	—
湖南	—	—	—	—	—	—	—	—	—	—
全国	0.24	0.24	0.24	0.23	0.22	0.23	0.23	0.23	0.21	0.21

根据效率优势指数公式计算槟榔效率优势指数得出的结果（表2-41），海南省槟榔生产具有效率优势，且近三年来效率优势逐步上升。

表2-41 2012—2021年热区省份槟榔效率优势指数

地区	2012年	2013年	2014年	2015年	2016年	2017年	2018年	2019年	2020年	2021年
海南	1.12	1.21	1.16	1.20	1.37	1.33	1.25	1.27	1.28	1.38
广东	—	—	—	—	—	—	—	—	—	—
广西	—	—	—	—	—	—	—	—	—	—
福建	—	—	—	—	—	—	—	—	—	—
云南	—	—	—	—	—	—	—	—	—	—
四川	—	—	—	—	—	—	—	—	—	—
贵州	—	—	—	—	—	—	—	—	—	—
湖南	—	—	—	—	—	—	—	—	—	—

（3）椰子

根据2012—2021年全国和热区省份椰子产量，以及2012—2021年全国和热区省份椰子收获面积，计算得出2012—2021年全国和热区省份椰子单位面积产量（表2-42）。

表2-42 2012—2021年全国和热区省份椰子单位面积产量　单位：千克/亩

地区	2012年	2013年	2014年	2015年	2016年	2017年	2018年	2019年	2020年	2021年
海南	554.65	567.32	569.64	514.74	511.32	532.93	537.62	546.79	504.24	480.09
广东	606.67	413.33	386.67	183.33	550.00	167.50	200.00	300.00	300.00	300.00
广西	—	—	—	—	—	—	—	—	—	—
福建	—	—	—	—	—	—	—	—	—	—

(续表)

地区	2012年	2013年	2014年	2015年	2016年	2017年	2018年	2019年	2020年	2021年
云南	300.00	273.33	610.00	775.00	1109.00	240.00	—	473.33	450.00	278.00
四川	—	—	—	—	—	—	—	—	—	—
贵州	—	—	—	—	—	—	—	—	—	—
湖南	—	—	—	—	—	—	—	—	—	—
全国	554.59	565.82	571.08	514.20	511.03	532.60	537.30	546.77	503.56	479.31

注：椰子产量按1千克/个进行测算。

根据效率优势指数公式计算椰子效率优势指数得出的结果（表2-43），海南省和云南省椰子生产具有效率优势，广东省椰子生产缺乏效率优势。

表2-43 2012—2021年热区省份椰子效率优势指数

地区	2012年	2013年	2014年	2015年	2016年	2017年	2018年	2019年	2020年	2021年
海南	1.11	1.19	1.16	1.20	1.37	1.33	1.25	1.28	1.28	1.39
广东	1.31	0.79	0.72	0.35	1.04	0.18	0.22	0.33	0.35	0.37
广西	—	—	—	—	—	—	—	—	—	—
福建	—	—	—	—	—	—	—	—	—	—
云南	0.84	0.73	1.66	2.28	3.71	1.01	—	1.77	1.91	1.17
四川	—	—	—	—	—	—	—	—	—	—
贵州	—	—	—	—	—	—	—	—	—	—
湖南	—	—	—	—	—	—	—	—	—	—

（4）香蕉

根据2012—2021年全国和热区省份椰子产量，以及2012—2021年全国和热区省份香蕉收获面积，计算得出2012—2021年全国和热区省份香蕉单位面积产量（表2-44）。

表2-44 2012—2021年全国和热区省份香蕉单位面积产量 单位：吨/亩

地区	2012年	2013年	2014年	2015年	2016年	2017年	2018年	2019年	2020年	2021年
海南	2.45	2.50	2.49	2.42	2.39	2.43	2.36	2.41	2.40	2.46
广东	2.17	2.20	1.74	1.82	2.38	2.19	3.13	3.04	3.11	3.02
广西	1.90	2.11	2.15	1.97	2.26	2.67	2.73	3.04	3.01	3.13
福建	2.73	2.77	2.83	2.41	0.95	0.97	2.57	2.68	2.66	2.69
云南	2.24	2.04	2.22	2.48	1.86	1.52	1.65	1.64	1.79	2.29

(续表)

地区	2012年	2013年	2014年	2015年	2016年	2017年	2018年	2019年	2020年	2021年
四川	1.25	1.33	1.33	1.59	2.45	1.57	1.57	1.79	1.82	2.74
贵州	0.32	0.31	0.23	0.31	1.58	0.42	0.60	0.80	0.89	0.59
湖南	—	—	—	—	—	—	—	—	—	—
全国	1.95	2.01	1.99	1.89	2.13	2.10	2.42	2.46	2.54	2.66

根据效率优势指数公式计算香蕉效率优势指数得出的结果（表2-45），四川省、广东省和广西壮族自治区香蕉生产具有效率优势，海南省、云南省、福建省和贵州省香蕉生产缺乏效率优势。

表2-45　2012—2021年热区省份椰子效率优势指数

地区	2012年	2013年	2014年	2015年	2016年	2017年	2018年	2019年	2020年	2021年
海南	0.78	0.91	0.90	0.92	0.86	0.91	0.77	0.75	0.73	0.77
广东	1.06	1.02	0.81	0.86	1.02	0.93	1.15	1.15	1.12	1.08
广西	1.46	1.50	1.53	1.42	1.34	1.74	1.49	1.50	1.40	1.32
福建	1.34	1.42	1.32	1.11	0.39	0.35	0.65	0.64	0.63	0.64
云南	0.80	0.69	0.78	0.95	0.71	0.59	0.56	0.64	0.72	0.89
四川	0.62	0.68	0.74	0.94	1.23	2.95	2.01	2.04	2.07	2.41
贵州	0.17	0.16	0.12	0.63	0.89	0.24	0.49	0.58	0.65	0.34
湖南	—	—	—	—	—	—	—	—	—	—

（5）芒果

根据2012—2021年全国和热区省份芒果产量，以及2012—2021年全国和热区省份芒果收获面积，计算得出2012—2021年全国和热区省份芒果单位面积产量（表2-46）。

表2-46　2012—2021年全国和热区省份芒果单位面积产量　　单位：吨/亩

地区	2012年	2013年	2014年	2015年	2016年	2017年	2018年	2019年	2020年	2021年
海南	0.70	0.74	0.75	0.83	0.86	0.85	0.87	0.86	0.91	0.95
广东	0.74	0.76	0.77	0.80	0.82	0.89	1.20	0.95	0.98	0.98
广西	0.60	0.63	0.57	0.55	0.90	0.95	1.08	0.85	0.91	0.90
福建	0.89	0.89	0.83	0.83	0.83	0.91	1.52	1.67	1.50	1.48
云南	0.49	0.66	0.80	0.86	0.91	0.90	0.86	0.82	0.88	0.94

(续表)

地区	2012年	2013年	2014年	2015年	2016年	2017年	2018年	2019年	2020年	2021年
四川	0.45	0.47	0.26	0.36	0.38	0.40	0.74	0.88	0.91	0.91
贵州	0.91	0.84	0.81	1.24	1.45	0.91	0.41	1.00	1.05	0.67
湖南	—	—	—	—	—	—	—	—	—	—
全国	0.62	0.67	0.65	0.69	0.83	0.84	0.98	0.86	0.91	0.92

根据效率优势指数公式计算芒果效率优势指数得出的结果（表2-47），四川省效率优势最高，贵州省、广西壮族自治区、云南省和广东省芒果生产也有一定的效率优势，海南省芒果生产缺乏效率优势。

表2-47　2012—2021年热区省份芒果效率优势指数

地区	2012年	2013年	2014年	2015年	2016年	2017年	2018年	2019年	2020年	2021年
海南	0.69	0.80	0.83	0.88	0.79	0.79	0.70	0.77	0.78	0.85
广东	1.13	1.05	1.10	1.04	0.90	0.94	1.09	1.04	0.99	1.00
广西	1.45	1.34	1.25	1.10	1.37	1.54	1.45	1.20	1.18	1.09
福建	1.35	1.36	1.19	1.05	0.89	0.82	0.94	1.15	0.99	1.01
云南	0.55	0.67	0.87	0.90	0.90	0.87	0.72	0.93	1.00	1.06
四川	0.69	0.71	0.44	0.58	0.49	1.87	2.34	2.89	2.89	2.31
贵州	1.49	1.29	1.30	7.06	2.11	1.30	0.81	2.08	2.15	1.12
湖南	—	—	—	—	—	—	—	—	—	—

（6）荔枝

根据2012—2021年全国和热区省份荔枝产量，以及2012—2021年全国和热区省份荔枝收获面积，计算得出2012—2021年全国和热区省份荔枝单位面积产量（表2-48）。

表2-48　2012—2021年全国和热区省份荔枝单位面积产量　　单位：吨/亩

地区	2012年	2013年	2014年	2015年	2016年	2017年	2018年	2019年	2020年	2021年
海南	0.53	0.60	0.67	0.60	0.57	0.61	0.69	0.64	0.71	0.75
广东	0.26	0.27	0.27	0.28	0.27	0.29	0.40	0.37	0.44	0.46
广西	0.16	0.17	0.17	0.18	0.16	0.19	0.22	0.28	0.28	0.34
福建	0.47	0.48	0.51	0.55	0.37	0.39	0.66	0.48	0.57	0.62
云南	0.36	0.41	0.42	0.53	0.66	0.49	0.52	0.33	0.45	0.45

(续表)

地区	2012年	2013年	2014年	2015年	2016年	2017年	2018年	2019年	2020年	2021年
四川	0.08	0.31	0.10	0.20	0.18	0.16	0.16	0.25	0.25	0.25
贵州	0.02	0.86	0.92	1.03	0.14	0.41	0.29	0.50	0.10	0.11
湖南	—	—	—	—	—	—	—	—	—	—
全国	0.25	0.27	0.29	0.31	0.29	0.32	0.37	0.35	0.39	0.42

根据效率优势指数公式计算荔枝效率优势指数得出的结果（表2-49），海南省效率优势最高，四川省、云南省和广东省荔枝生产也有一定的效率优势，广西壮族自治区、福建省和贵州省荔枝生产缺乏效率优势。

表2-49 2012—2021年热区省份荔枝效率优势指数

地区	2012年	2013年	2014年	2015年	2016年	2017年	2018年	2019年	2020年	2021年
海南	1.28	1.60	1.64	1.39	1.50	1.49	1.44	1.41	1.42	1.47
广东	0.98	0.93	0.87	0.82	0.86	0.82	0.95	0.98	1.02	1.01
广西	0.96	0.89	0.84	0.77	0.71	0.81	0.78	0.98	0.86	0.90
福建	1.78	1.82	1.63	1.54	1.11	0.91	1.08	0.80	0.87	0.92
云南	0.98	1.00	1.01	1.25	1.84	1.25	1.14	0.91	1.19	1.10
四川	0.32	1.14	0.39	0.73	0.67	1.94	1.35	2.03	1.84	1.36
贵州	0.06	3.24	3.31	13.03	0.56	1.53	1.50	2.53	0.48	0.41
湖南	—	—	—	—	—	—	—	—	—	—

（7）菠萝

根据2012—2021年全国和热区省份菠萝产量，以及2012—2021年全国和热区省份菠萝收获面积，计算得出2012—2021年全国和热区省份菠萝单位面积产量（表2-50）。

表2-50 2012—2021年全国和热区省份菠萝单位面积产量　　单位：吨/亩

地区	2012年	2013年	2014年	2015年	2016年	2017年	2018年	2019年	2020年	2021年
海南	2.02	2.14	2.14	2.14	2.14	2.13	2.17	2.35	2.24	2.40
广东	16.13	2.18	1.36	1.66	1.86	1.97	3.01	3.08	3.03	3.06
广西	0.71	0.62	0.72	0.87	0.96	1.05	0.95	1.00	1.23	0.97
福建	1.13	1.08	1.13	1.15	0.40	0.36	1.45	1.70	1.55	1.51
云南	0.99	0.76	1.13	1.54	1.75	2.25	1.39	1.39	1.11	2.14

(续表)

地区	2012年	2013年	2014年	2015年	2016年	2017年	2018年	2019年	2020年	2021年
四川	—	—	—	—	—	—	—	1.00	—	1.11
贵州	—	—	—	—	—	—	—	—	—	—
湖南	—	—	—	—	—	—	—	—	—	—
全国	3.54	1.86	1.58	1.86	2.05	2.13	2.45	2.53	2.45	2.38

根据效率优势指数公式计算菠萝效率优势指数得出的结果（表2-51），除四川省和广东省具有菠萝生产效率优势外，其余热区省份菠萝生产缺乏效率优势。

表2-51　2012—2021年热区省份菠萝效率优势指数

地区	2012年	2013年	2014年	2015年	2016年	2017年	2018年	2019年	2020年	2021年
海南	0.35	0.83	0.97	0.83	0.79	0.78	0.69	0.72	0.71	0.84
广东	4.34	1.09	0.80	0.80	0.83	0.83	1.09	1.14	1.13	1.22
广西	0.30	0.48	0.65	0.64	0.59	0.67	0.51	0.48	0.59	0.46
福建	0.30	0.60	0.67	0.54	0.17	0.13	0.36	0.39	0.38	0.40
云南	0.19	0.28	0.50	0.60	0.69	0.86	0.47	0.53	0.47	0.93
四川	—	—	—	—	—	—	—	1.11	—	1.09
贵州	—	—	—	—	—	—	—	—	—	—
湖南	—	—	—	—	—	—	—	—	—	—

3. 规模优势指数

规模优势指数（SAI）通过分析特定地区、特定农作物的播种面积占该地区所有农作物总播种面积的比例与全国该比例平均水平的对比关系，考察该种农作物在该地区农业生产上的相对重要性及规模优势。

$$SAI = (M_{st}/M_{at}) / (M_{gt}/M)$$

式中，M_{st}代表s省份t年z作物种植面积；M_{at}代表s省份t年热带作物（热带水果）种植面积；M_{gt}代表t年全国z作物种植面积；M代表全国t年热带作物（热带水果）种植面积（t=2012，2013，2014，…，2021）。

规模优势指数反映一个地区某一农作物生产的规模和专业化程度，它是市场需求、资源禀赋、种植制度等因素相互作用的结果。一般来说，在一定长的时期内，只要有相当的规模，就意味着有市场需求，而有市场需求就意味着有经济效益，因此，规模优势指数在一定程度上可以反映农作物生产的比较优势状况。$SAIsz>1$，表明与全国平均水平相比，s省z作物生产具有规模优势。$SAIsz<1$，表明s省z作物生产处于劣势。$SAIsz$值越小，劣势越显著。

(1) 天然橡胶

根据规模优势指数公式计算天然橡胶规模优势指数得出的结果（表2-52），海南省和云南省天然橡胶生产具有规模优势，广西壮族自治区和广东省缺乏生产规模优势。

表2-52　2012—2021年热区省份天然橡胶规模优势指数

地区	2012年	2013年	2014年	2015年	2016年	2017年	2018年	2019年	2020年	2021年
海南	6.51	6.31	6.37	6.84	6.42	2.90	3.06	2.95	2.99	2.88
广东	0.21	0.20	0.19	0.18	0.18	0.18	0.21	0.20	0.21	0.21
广西	0.01	0.01	0.01	0.01	0.01	0.01	—	0.003	0.003	0.004
福建	—	—	—	—	—	—	—	—	—	—
云南	2.25	2.25	2.22	2.23	2.25	1.94	1.82	1.86	1.87	1.90
四川	—	—	—	—	—	—	—	—	—	—
贵州	—	—	—	—	—	—	—	—	—	—
湖南	—	—	—	—	—	—	—	—	—	—

(2) 槟榔

根据规模优势指数公式计算菠萝规模优势指数得出的结果（表2-53），海南省槟榔生产具有生产规模优势。

表2-53　2012—2021年热区省份槟榔规模优势指数

地区	2012年	2013年	2014年	2015年	2016年	2017年	2018年	2019年	2020年	2021年
海南	13.64	13.26	13.65	14.64	13.98	6.24	6.63	6.42	6.56	6.31
广东	—	—	—	—	—	—	—	—	—	—
广西	—	—	—	—	—	—	—	—	—	—
福建	—	—	—	—	—	—	—	—	—	—
云南	—	—	—	—	—	—	—	—	—	—
四川	—	—	—	—	—	—	—	—	—	—
贵州	—	—	—	—	—	—	—	—	—	—
湖南	—	—	—	—	—	—	—	—	—	—

(3) 椰子

根据规模优势指数公式计算椰子规模优势指数得出的结果（表2-54），海南省具有生产规模优势，云南省和广东省缺乏生产规模优势。

表2-54　2012—2021年热区省份椰子规模优势指数

地区	2012年	2013年	2014年	2015年	2016年	2017年	2018年	2019年	2020年	2021年
海南	13.88	13.30	13.57	14.62	13.96	5.83	6.62	6.42	6.54	6.29

(续表)

地区	2012年	2013年	2014年	2015年	2016年	2017年	2018年	2019年	2020年	2021年
广东	0.03	0.01	0.01	0.01	0.01	0.004	0.004	0.004	0.004	0.004
广西	—	—	—	—	—	—	—	—	—	—
福建	—	—	—	—	—	—	—	—	—	—
云南	0.01	0.01	0.01	0.003	0.003	0.001	—	0.003	0.01	0.003
四川	—	—	—	—	—	—	—	—	—	—
贵州	—	—	—	—	—	—	—	—	—	—
湖南	—	—	—	—	—	—	—	—	—	—

（4）香蕉

根据规模优势指数公式计算香蕉规模优势指数得出的结果（表2-55），云南省生产规模优势显著，贵州省、海南省和广东省也具备生产规模优势，广西壮族自治区和四川省缺乏生产规模优势。

表2-55　2012—2021年热区省份香蕉规模优势指数

地区	2012年	2013年	2014年	2015年	2016年	2017年	2018年	2019年	2020年	2021年
海南	2.23	2.09	1.78	1.55	1.49	1.11	1.22	1.21	1.18	1.08
广东	0.97	0.96	0.76	0.76	0.78	0.78	0.98	1.01	1.02	1.02
广西	0.85	0.87	1.00	1.10	1.03	0.81	0.80	0.81	0.83	0.87
福建	0.66	0.66	0.60	0.63	0.25	0.26	0.43	0.45	0.45	0.44
云南	2.65	2.37	2.48	2.61	2.14	2.18	2.34	2.17	2.05	2.02
四川	0.09	0.09	0.07	0.06	0.04	0.15	0.10	0.08	0.09	0.09
贵州	0.18	0.18	0.20	0.23	0.34	0.65	1.16	1.43	1.23	1.30
湖南	—	—	—	—	—	—	—	—	—	—

（5）芒果

根据规模优势指数公式计算芒果规模优势指数得出的结果（表2-56），云南省、四川省和海南省芒果生产规模优势显著，贵州省和广西壮族自治区也具备生产规模优势，广东省和福建省缺乏生产规模优势。

表2-56　2012—2021年热区省份芒果规模优势指数

地区	2012年	2013年	2014年	2015年	2016年	2017年	2018年	2019年	2020年	2021年
海南	4.52	4.56	4.42	4.13	3.62	2.62	2.48	2.12	2.05	2.07
广东	0.39	0.36	0.31	0.28	0.24	0.20	0.15	0.13	0.15	0.15

(续表)

地区	2012年	2013年	2014年	2015年	2016年	2017年	2018年	2019年	2020年	2021年
广西	1.03	1.12	1.25	1.39	1.49	1.22	1.10	1.09	1.06	1.03
福建	0.05	0.05	0.05	0.05	0.04	0.03	0.02	0.02	0.01	0.01
云南	2.22	1.95	2.05	1.99	2.31	2.54	2.51	2.41	2.41	2.50
四川	1.63	1.69	1.73	2.11	1.31	2.45	1.52	2.30	2.24	2.21
贵州	0.20	0.21	0.27	0.38	0.50	0.95	1.10	1.26	1.39	1.35
湖南	—	—	—	—	—	—	—	—	—	—

（6）荔枝

根据规模优势指数公式计算荔枝规模优势指数得出的结果（表2-57），广东省和广西壮族自治区荔枝生产具有规模优势，其余热区省份荔枝生产缺乏规模优势。

表 2-57　2012—2021年热区省份荔枝规模优势指数

地区	2012年	2013年	2014年	2015年	2016年	2017年	2018年	2019年	2020年	2021年
海南	0.60	0.63	0.63	0.67	0.67	0.42	0.48	0.52	0.52	0.51
广东	1.52	1.48	1.28	1.34	1.35	1.23	1.49	1.56	1.59	1.60
广西	1.47	1.48	1.51	1.44	1.48	1.17	1.20	1.17	1.19	1.21
福建	0.54	0.53	0.48	0.51	0.29	0.27	0.39	0.38	0.37	0.33
云南	0.07	0.07	0.07	0.07	0.15	0.16	0.12	0.13	0.13	0.14
四川	0.28	0.37	0.57	0.51	0.16	1.14	0.69	0.68	0.68	0.68
贵州	0.25	0.26	0.26	0.30	0.04	0.22	0.05	0.05	0.05	0.05
湖南	—	—	—	—	—	—	—	—	—	—

（7）菠萝

根据规模优势指数公式计算荔枝规模优势指数得出的结果（表2-58），海南省、广东省和云南省菠萝生产具有规模优势，其余热区省份菠萝生产缺乏规模优势。

表 2-58　2012—2021年热区省份菠萝规模优势指数

地区	2012年	2013年	2014年	2015年	2016年	2017年	2018年	2019年	2020年	2021年
海南	3.91	3.81	3.56	4.32	4.43	3.16	3.37	3.08	3.00	2.72
广东	1.56	1.66	1.22	1.50	1.48	1.44	1.79	1.69	1.78	1.77
广西	0.22	0.21	0.19	0.18	0.15	0.13	0.15	0.16	0.12	0.10
福建	0.54	0.51	0.40	0.50	0.12	0.12	0.27	0.18	0.20	0.19

(续表)

地区	2012年	2013年	2014年	2015年	2016年	2017年	2018年	2019年	2020年	2021年
云南	0.79	0.64	0.66	1.04	0.94	1.01	0.97	0.97	0.92	1.03
四川	—	—	—	—	—	—	—	—	—	—
贵州	—	—	—	—	—	—	—	—	—	—
湖南	—	—	—	—	—	—	—	—	—	—

4. 综合比较优势指数

综合优势指数（AAI）从相对生产效率和由市场、技术、种植制度、气候、地理区位等综合因素决定的规模优势两方面，综合衡量地区特定农产品生产的相对比较优势。综合比较优势指数适合于在一国范围内、不同区域之间某种产品或同一区域不同种产品之间比较优势的衡量和比较。

$$AAI = \sqrt{EAI \times SAI}$$

$AAI_{sz}>1$，表明与全国平均水平相比，s 省 z 作物生产具有比较优势。$AAI_{sz}<1$，表明 s 省 z 作物生产与全国平均水平相比无优势可言。AAI_{sz} 值越大，优势越明显。

（1）天然橡胶

根据综合比较优势指数公式计算天然橡胶综合比较优势指数得出的结果（表2-59），云南省和海南省天然橡胶生产具有综合比较优势，广东省天然橡胶生产无综合比较优势。

表2-59 2012—2021年热区省份天然橡胶综合比较优势

地区	2012年	2013年	2014年	2015年	2016年	2017年	2018年	2019年	2020年	2021年
海南	2.49	2.52	2.48	2.60	2.69	1.80	1.77	1.74	1.74	1.70
广东	0.36	0.32	0.31	0.32	0.32	0.22	0.25	0.27	0.28	0.26
广西	0.03	0.05	0.03	0.02	0.03	0.02		0.02		
福建	—	—	—	—	—	—	—	—	—	—
云南	2.10	2.09	2.10	2.06	2.19	2.32	2.11	2.18	2.20	2.11
四川	—	—	—	—	—	—	—	—	—	—
贵州	—	—	—	—	—	—	—	—	—	—
湖南	—	—	—	—	—	—	—	—	—	—

（2）槟榔

根据综合比较优势指数公式计算槟榔综合比较优势指数得出的结果（表2-60），海南省槟榔生产具有综合比较优势。

表 2-60 2012—2021 年热区省份槟榔综合比较优势

地区	2012 年	2013 年	2014 年	2015 年	2016 年	2017 年	2018 年	2019 年	2020 年	2021 年
海南	3.90	4.01	3.98	4.19	4.38	2.88	2.88	2.86	2.90	2.95
广东	—	—	—	—	—	—	—	—	—	—
广西	—	—	—	—	—	—	—	—	—	—
福建	—	—	—	—	—	—	—	—	—	—
云南	—	—	—	—	—	—	—	—	—	—
四川	—	—	—	—	—	—	—	—	—	—
贵州	—	—	—	—	—	—	—	—	—	—
湖南	—	—	—	—	—	—	—	—	—	—

（3）椰子

根据综合比较优势指数公式计算椰子综合比较优势指数得出的结果（表 2-61），海南省椰子生产具有综合比较优势，其他省份无综合比较优势。

表 2-61 2012—2021 年热区省份椰子综合比较优势

地区	2012 年	2013 年	2014 年	2015 年	2016 年	2017 年	2018 年	2019 年	2020 年	2021 年
海南	3.92	3.98	3.96	4.19	4.37	2.78	2.88	2.86	2.89	2.95
广东	0.19	0.10	0.10	0.04	0.08	0.03	0.03	0.04	0.04	0.04
广西	—	—	—	—	—	—	—	—	—	—
福建	—	—	—	—	—	—	—	—	—	—
云南	0.10	0.09	0.14	0.09	0.11	0.03	—	0.07	0.14	0.06
四川	—	—	—	—	—	—	—	—	—	—
贵州	—	—	—	—	—	—	—	—	—	—
湖南	—	—	—	—	—	—	—	—	—	—

（4）香蕉

根据综合比较优势指数公式计算香蕉综合比较优势指数得出的结果（表 2-62），云南省、广东省和广西壮族自治区香蕉生产具有综合比较优势，海南省、福建省、四川省和贵州省香蕉生产无综合比较优势。

表 2-62 2012—2021 年热区省份香蕉综合比较优势

地区	2012 年	2013 年	2014 年	2015 年	2016 年	2017 年	2018 年	2019 年	2020 年	2021 年
海南	1.31	1.38	1.26	1.20	1.13	1.01	0.97	0.95	0.93	0.91

(续表)

地区	2012年	2013年	2014年	2015年	2016年	2017年	2018年	2019年	2020年	2021年
广东	1.01	0.99	0.78	0.81	0.89	0.86	1.06	1.08	1.07	1.05
广西	1.11	1.14	1.23	1.25	1.18	1.19	1.09	1.10	1.08	1.07
福建	0.94	0.97	0.89	0.83	0.31	0.30	0.53	0.54	0.53	0.53
云南	1.45	1.28	1.39	1.57	1.23	1.14	1.15	1.18	1.22	1.34
四川	0.24	0.25	0.23	0.24	0.23	0.66	0.45	0.42	0.43	0.46
贵州	0.17	0.17	0.16	0.38	0.55	0.40	0.75	0.91	0.90	0.67
湖南	—	—	—	—	—	—	—	—	—	—

（5）芒果

根据综合比较优势指数公式计算芒果综合比较优势指数得出的结果（表2-63），四川省芒果生产综合比较优势显著，云南省、海南省和贵州省具有一定综合比较优势，广西壮族自治区芒果生产综合比较优势近几年来逐年下降，综合比较优势不明显，广东省和福建省芒果生产无综合比较优势。

表2-63　2012—2021年热区省份芒果综合比较优势

地区	2012年	2013年	2014年	2015年	2016年	2017年	2018年	2019年	2020年	2021年
海南	1.77	1.91	1.91	1.90	1.69	1.44	1.31	1.28	1.27	1.33
广东	0.66	0.61	0.58	0.54	0.46	0.44	0.40	0.37	0.39	0.39
广西	1.22	1.23	1.25	1.23	1.43	1.37	1.26	1.14	1.12	1.06
福建	0.26	0.25	0.25	0.22	0.19	0.16	0.14	0.15	0.12	0.11
云南	1.10	1.14	1.33	1.34	1.44	1.49	1.35	1.49	1.55	1.63
四川	1.06	1.09	0.87	1.11	0.80	2.14	1.89	2.58	2.54	2.26
贵州	0.54	0.52	0.59	1.64	1.03	1.11	0.95	1.62	1.73	1.23
湖南	—	—	—	—	—	—	—	—	—	—

（6）荔枝

根据综合比较优势指数公式计算荔枝综合比较优势指数得出的结果（表2-64），除广东省和广西壮族自治区荔枝生产具有综合比较优势外，其他热区省份荔枝生产无综合比较优势。

表2-64　2012—2021年热区省份荔枝综合比较优势

地区	2012年	2013年	2014年	2015年	2016年	2017年	2018年	2019年	2020年	2021年
海南	0.88	1.01	1.02	0.97	1.00	0.79	0.84	0.85	0.86	0.87

(续表)

地区	2012年	2013年	2014年	2015年	2016年	2017年	2018年	2019年	2020年	2021年
广东	1.22	1.17	1.05	1.05	1.08	1.00	1.19	1.24	1.28	1.27
广西	1.19	1.15	1.13	1.05	1.02	0.97	0.97	1.07	1.01	1.04
福建	0.98	0.99	0.89	0.88	0.57	0.50	0.65	0.55	0.57	0.55
云南	0.26	0.26	0.27	0.29	0.52	0.44	0.37	0.35	0.39	0.39
四川	0.30	0.65	0.47	0.61	0.32	1.48	0.97	1.17	1.12	0.96
贵州	0.12	0.92	0.93	1.97	0.16	0.58	0.27	0.34	0.16	0.14
湖南	—	—	—	—	—	—	—	—	—	—

（7）菠萝

根据综合比较优势指数公式计算菠萝综合比较优势指数得出的结果（表2-65），海南省和广东省菠萝生产综合比较优势显著，云南省、福建省和广西壮族自治区菠萝生产无综合比较优势。

表2-65　2012—2021年热区省份菠萝综合比较优势

地区	2012年	2013年	2014年	2015年	2016年	2017年	2018年	2019年	2020年	2021年
海南	1.17	1.78	1.86	1.90	1.88	1.57	1.53	1.49	1.46	1.51
广东	2.60	1.34	0.99	1.09	1.11	1.09	1.40	1.39	1.42	1.47
广西	0.26	0.32	0.35	0.34	0.30	0.30	0.28	0.28	0.26	0.22
福建	0.41	0.55	0.51	0.52	0.14	0.12	0.31	0.27	0.27	0.27
云南	0.39	0.42	0.58	0.79	0.81	0.93	0.67	0.72	0.66	0.98
四川	—	—	—	—	—	—	—	—	—	—
贵州	—	—	—	—	—	—	—	—	—	—
湖南	—	—	—	—	—	—	—	—	—	—

（二）主要热带农产品国际竞争力分析

世界经济论坛《全球竞争力报告》把竞争力定义为：一个国家使人均国内生产总值高速增长的能力。这个定义显然强调经济的数量增长，并以人均GDP实现持续增长为衡量标准，把竞争力等同于经济增长。实际上，竞争力与经济增长并不能完全等同起来，尤其是竞争力往往表现在质量的提高方面，与市场、与贸易直接相关。我国学者金碚认为国际竞争力是在国际间自由贸易条件下（或在排除了贸易壁垒因素的假设条件下），一国某特定产业的产出品所具有的开拓市场、占据市场并以此获得利润的能力。显然，这里的竞争力是指以生产力为基础，用产品的市场占有率来反映特定产业的竞争能力。

我国热带农产品的国际竞争力和海南热带农产品生产紧密相关。本书结合近年来学者们的前期研究基础，选用国际市场占有率（IMS）和显性比较优势指数（RCA）为指标，数据来源于FAO数据库等，选取2012—2021年的数据，对我国热带农产品进行国际竞争力比较，分析我国主要热带农产品国际竞争力水平。

1. 天然橡胶

世界天然橡胶主产国主要为泰国、印度尼西亚、越南、印度等，通过对天然橡胶各主产国际市场占有率（IMS）和显性比较优势指数（RCA）对比分析得出的结果看，科特迪瓦、印度尼西亚、泰国3个国家表现出较强的国际竞争力，其中科特迪瓦的显性比较优势是世界天然橡胶主产国中最高的。我国作为天然橡胶消费大国，国内产量尚无法满足需求，还需从东南亚等国进口，比较优势相对较低，国际竞争力弱。

2. 槟榔

世界槟榔主产国主要为印度、印度尼西亚、孟加拉国等。通过对国际市场占有率（IMS）和显性比较优势指数（RCA）对比分析得出的结果看，在国际市场占有率方面，印度尼西亚、缅甸、泰国的市场占有份额较大，国际市场超过一半的槟榔来自以上3个国家，中国槟榔国际市场占有率不到国际市场的1%；在显性比较优势指数方面，缅甸、斯里兰卡和印度尼西亚显性比较优势指数较高，国际竞争力较强，而我国槟榔显性比较优势指数较低，国际竞争力相对较弱。

3. 椰子

世界椰子主产国主要为印度尼西亚、印度、菲律宾、斯里兰卡等，通过对国际市场占有率（IMS）和显性比较优势指数（RCA）对比分析得出的结果看，在国际市场占有率方面，菲律宾、印度尼西亚占有份额较大，约占国际市场接近一半的份额，中国椰子在国际市场的占有率较低；在显性比较优势指数方面，斯里兰卡、菲律宾、印度尼西亚显性比较优势指数较高，国际竞争力较强，而我国椰子显性比较优势指数较低，国际竞争力相对较弱。

4. 香蕉

世界香蕉主产国主要为印度、中国、印度尼西亚、巴西等，通过对国际市场占有率（IMS）和显性比较优势指数（RCA）对比分析得出的结果看，在国际市场占有率方面，厄瓜多尔、菲律宾、哥斯达黎加占有份额较大，中国香蕉在国际市场的占有率较低；在显性比较优势指数方面，厄瓜多尔、哥斯达黎加、危地马拉、菲律宾显性比较优势指数较高，具有较强的国际竞争力，我国虽然是世界第二大香蕉生产国，但显性比较优势指数较低，国际竞争力依然不强。

5. 芒果

世界芒果主产国主要为印度、印度尼西亚、中国、墨西哥、巴基斯坦等。通过对国际市场占有率（IMS）和显性比较优势指数（RCA）对比分析得出的结果看，在国际市场占有率方面，泰国、墨西哥、巴西市场占有份额较大，中国芒果国际市场占有率较低；在显性比较优势指数方面，巴基斯坦、泰国、墨西哥显性比较优势指数较高，国际竞争力强，中国芒果显性比较优势指数低，国际竞争力弱。

6. 荔枝

世界荔枝主产国主要为中国、印度、越南、马达加斯加,通过对国际市场占有率(IMS)和显性比较优势指数(RCA)对比分析得出的结果看,在国际市场占有率方面,马达加斯加、中国、越南占有份额较大;在显性比较优势指数方面,马达加斯加、越南、中国显性比较优势指数较高,国际竞争力强,中国荔枝国际市场潜力大。

7. 菠萝

世界菠萝主产国主要为菲律宾、中国、哥斯达黎加、巴西、印度尼西亚等,通过对国际市场占有率(IMS)和显性比较优势指数(RCA)对比分析得出的结果看,在国际市场占有率方面,哥斯达黎加、菲律宾占有份额较大,居前两位,占据国际市场超过一半的份额,中国菠萝占有率较低;在显性比较优势指数方面,哥斯达黎加、菲律宾显性指数高,具备非常强的国际竞争力,而中国菠萝指数较低,国际竞争力弱。

五、海南自贸港农业面临的机遇与挑战

随着RCEP等经贸规则的实施和自贸港建设的不断推进,作为海南省四大主导产业之一的热带特色高效农业,随着国内外发展环境和农产品贸易的不断变化,面临着机遇与挑战共存的局面。

(一)机遇

随着《海南自由贸易港建设总体方案》的出台和《中华人民共和国海南自由贸易港法》的实施,围绕贸易自由便利、投资自由便利、跨境资金流动自由便利、人员进出自由便利、运输来往自由便利"五个便利"已经建立较为完备的法律和政策基础,为自贸港农业发展创造了良好的条件。

1. 有利于扩大热带农产品贸易

海南自由贸易港建设,是以贸易投资自由化便利化为重点,对标全球最高开放水平,与国内其他省份和地区相比具有独特的政策优势。自贸港农业可充分利用贸易自由便利、投资自由便利、运输来往自由便利等政策优势,夯实农产品国际贸易基础,进一步扩大农产品进出口,加快农产品"走出去"和"引进来"步伐。自2020年《海南自由贸易港建设总体方案》出台后,虽然受到新冠疫情影响,但海南省农产品进出口交易额仍不断提高,到2022年达到了历史最高值,其中肉类、粮食、水产品进口额和进口量大幅增长,水产品出口额保持稳定增长。

2. 有利于推动农业补齐加工短板

根据自贸港政策,货物从海南自由贸易港进入内地,原则上按进口规定办理相关手续,照章征收关税和进口环节税。对鼓励类产业企业生产的不含进口料件或者含进口料件在海南自由贸易港加工增值超过30%(含)的货物,经"二线"进入内地免征进口关税,照章征收进口环节增值税和消费税。依照零关税政策,全岛封关运作前,对部分进口商品,免征进口关税、进口环节增值税和消费税;全岛封关运作、简并税制后,对

进口征税商品目录以外、允许海南自由贸易港进口的商品，免征进口关税。同时用于农产品加工的机器以及运送车辆的进口关税也一并免征，进一步减轻了企业进口原材料、生产机器以及运输工具方面的压力。这一系列政策和措施有望促进农产品加工业的发展，推动农产品提质增效。

3. 有利于吸引国内外投资

根据《海南自由贸易港建设总体方案》，鼓励和支持发展离岸经济也是海南自由贸易港显著特征之一，离岸业务的开展，有助于国内外的投资进入海南省，助推热带农业发展。和传统意义上的过境贸易、转口贸易相比，离岸贸易更有助于海南农产品出口贸易向价值链和产业链高端延伸发展，从而聚集更多农产品贸易优质资源。

4. 有利于加快南繁种业发展

南繁硅谷已逐步成为种业育种的加速器。根据农业农村部印发的《热带作物种质资源保护与利用工作方案（2021—2025年）》，利用海南建设全球动植物种质资源引进中转基地的政策机遇，重点面向"一带一路"合作伙伴的热作起源中心，规范安全开展橡胶树、芒果、木薯、澳洲坚果、椰枣、辣木、产胶替代植物等种质资源交流交换与合作研究，引进我国缺乏的热作野生近缘种、遗传分析工具材料等新种质以及核心种质资源。海南具备优越的自然条件，利用海南自贸港建设诸多优惠和便利的政策，不断夯实人才与产业基础，将海南打造成我国国际种质资源的中转站、中国种业的出海口和我国种业创新发展的先行区，推动我国种业深度参与国际竞争。

（二）挑战

1. 易受全球经济风险的影响

近年来，全球经济环境动荡不安，受中美贸易摩擦、俄乌冲突、新冠疫情等因素影响，全球经济风险加大，紧缩货币政策的负面影响愈发明显，单边主义和保护主义显著加剧，政治冲突不断，世界经济增长动能呈现走弱态势。面对复杂多变的国际环境，海南农产品国际贸易面临不稳定性和不确定性加剧的局面。

2. **面临区域优势减弱的风险**

海南省农产品约有70%的产量销往国内市场，随着RCEP经贸规则的实施，RCEP成员国原有的农产品贸易壁垒将被打破，以东南亚国家为主的农产品将会挤占海南农产品在国内市场的份额，加上近年来国内设施农业的快速发展，海南资源禀赋的优势将遭到削弱，海南农业产业将面临被迫转型的局面。

3. **存在生产要素转移的风险**

随着自贸港的建立以服务型经济为主的产业将逐步成为海南国民经济社会发展的重点，金融、互联网、旅游、医疗健康、会展等现代服务业，将会吸引大量的资金、人力、技术、土地等要素投入，进而影响海南农业发展的空间。同时，农业因其投资回报周期长、市场价格波动大、易受自然灾害影响、收益不确定性较高的特点，容易出现高投入、低收益的局面，促使资金资源、土地资源、人力资源向投资回报率更为稳定的二三产业转移，在一定程度上也可能会影响海南农业的发展。

4. 热带农产品缺乏国际竞争力

从国际市场占有率和显性比较优势指数看，我国主要热带农产品国际竞争力均处于国际竞争力弱势。受生产成本高、规模化程度低、品质不足、产业配套设施不全、国际销售渠道不健全、部分产业短板明显等问题的影响，海南农产品贸易发展面临较为严峻的形势。随着自贸港的不断开放，主要热带农产品的国际竞争力相较世界其他主产国可能存在差距进一步加大的可能。

第三章 海南农业资源态势及节约高效利用措施

一、自然条件

海南省位于中国最南端,北以琼州海峡与广东省划界,西临北部湾与广西壮族自治区和越南相对,东濒南海与台湾省对望,东南和南边在南海中与菲律宾、文莱和马来西亚为邻。海南岛面积不大,但自然条件复杂。

(一) 地貌类型多样,地形中高周低呈环状结构

海南全岛海拔 800 米以上的中山 6 067.6 千米^2,占全岛总面积 17.9%;500~800 米的低山 2 555.4 千米^2,占 7.5%;250~500 米的高丘 2 604.2 千米^2,占 7.7%;100~250 米的低丘 1 893.5 千米^2,占 5.6%;地势低矮和平缓的台地 11 052.4 千米^2,占 32.6%;海域和河流阶地 3 855.7 千米^2,占 16.9%;冲积和海积平原(包括泻湖和沙地)3 808.8 千米^2,占 11.2%;其他 214.2 千米^2,占 0.6%。台地、阶地多,山丘密集相连,平原少而分散。地势中高周低,从里到外依次可分为:中部山地带、丘陵盆地带、台阶地平原带,呈逐级下降的环状结构。

海南山地集结于中部偏南,面积 1 056.8 万亩,约占全岛面积的 1/5,由 667 座海拔超过 1 000 米中山及部分低山高丘组成。整个山地以万泉河—昌化江谷地划界分为东西两半:东半部主要由东北—西南走向的五指山(1 867 米)、青春岭(1 445 米)、马咀岭(1 317 米)及其东南侧东西走向的七指岭(1 107 米)、三角山(1 499 米)、吊罗山(1 250 米)、牛上岭(1 287 米)等组成;西半部东西走向的山脉有两列,一列为黎母岭(1 441 米)、鹦哥岭(1 811 米)、马或岭(1 548 米)、猴猕岭(1 655 米)和尖峰岭(1 412 米),另一列为西北部的雅加达岭(1 518 米),坝王岭和仙婆岭(1 347 米)。群山环抱,形成多顶尖的丛状山地,其中以五指山为最高,它是海南山地的核心,三大河流(南渡江、昌化江、万泉河)的发源地和分水岭。海南山地属花岗岩穹窿体,经长期侵蚀切割和构造运动,展状地形明显,山间盆地发育。由于山岭起伏,对水热再分配有明显的影响。山地的存在也为产生丰富的动植物资源、森林资源和水资源提供了许多有利的条件。

山地边缘分布着许多大小盆地,其中较大的有保亭盆地、乐东盆地、白沙盆地、南俸盆地、东太盆地等。各盆地之间分布着海拔 500 米以下的丘陵,盆地内部多为相对高度在 50~80 米由花岗岩或砂页岩组成的低丘台地。这些丘陵盆地由于依山靠水,已成

为发展橡胶等重要的热作基地,又是海南岛五大水库和许多中小河流的集水区域。丘陵盆地环带因所处位置不同,在气候上形成北部冷空气滞留的低温阴雨区,南部高温无寒小风区,东部迎风多雨洪涝区,西部背风雨影干旱区。这些地方气候的形成主要受地形的影响所致。

近海台地平原占有相当大的面积,以琼东北和琼西南较宽,琼南因丘陵山地迫近海岸,台地平原比较狭窄。滨海台地,包括玄武岩、花岗岩台地和浅海沉积阶地,其中玄武岩台地面积达 4 000 千米^2,海成阶地亦有 3 600 千米^2,是构成近海台阶地的主要类型。台地和阶地两者大致可连成一片,但后者比前者更低矮而平坦。但台阶地较缺水干旱、大风,对开发利用有一定影响。平原主要分布于南渡江、万泉河、太阳河、陵水河、望楼河、昌感河、昌化江、文澜江等河流下游,由河流冲积或河海合力沉积而成,各个平原以不连续地镶嵌于台阶地的边缘。台地平原环带,水田多、旱地多、沙滩多,是发展热带作物的重要基地。

(二) 热量丰富光合潜力大

海南岛地处热带,光温资源丰富。年平均气温 23~25℃,最冷月均温 17~20℃,≥10℃连续期 320~365 天。年辐射总量达 120~140 千卡/厘米^2,年日照时数 1 750~2 750 小时。喜温作物年可三熟至多熟,甘蔗秋植正常越冬,热带作物终年生长。生态系统中物质能量交换转化终年进行,且有较高的水平。光合潜力西南部的东方、乐东沿海一带最高;昌江、三亚、陵水次之;临高、儋州、白沙、万宁、琼海、文昌、定安、澄迈、海口等又次之;以中部山地的琼中、五指山、保亭为最低。光合潜力的分布与辐射和光照的分布是一致的。

(三) 夏长无冬偶有阵寒

采用候温>22℃作为夏季,<15℃作为冬季。前者是根据橡胶树、油棕、可可、腰果等典型热带作物适宜生长临界温度和水稻适宜抽穗开花的临界温度;后者根据上述热作的萌动临界温度和水稻适宜插秧的临界温度来定的。按照上述标准,海南岛夏季长 8~10 个月,与 15~22℃的春秋季紧密相连,且多数秋季长于春季,这也是热带气候的重要标志之一。

海南岛因受东亚季风影响,秋末春初有一个间歇性低温期,当寒潮南下时,可发生急剧降温,24 小时降温幅度可达 10~15℃,绝对低温可降至 3℃,局部低洼地和山地甚至出现 0℃和短暂的霜冻。根据低温和橡胶等热带作物的寒害情况,全岛可分为无寒害(或基本无寒害)、微寒害、轻寒害 3 个类型。其中,南四县因纬度较低,又处于五指山区屏障之下,属无寒害(或基本无寒害)类型;中部山地因地势较高,中北部山前丘陵因处冷空气滞留地带,都属于轻寒害类型,是全岛寒害较重的地区;其他地域或因地形开阔,冷空气不易积聚,或因有北高南低的马蹄形地形,冷空气难进易排,寒害介于轻寒害与无寒害之间的微寒害类型。

(四) 雨量充沛，降水集中，干湿明显

雨量充沛和时空变化大，是海南岛降水的明显特点。东部迎风区年降水量达 2 000~2 500 毫米，处于背风面又有干热风影响的西部沿海年降水量不到 1 000 毫米。全岛约有 2/3 的范围年降水量在 1 600~2 000 毫米。特别干旱少雨的地域仅限于西南沿海一带。水热对比关系的干燥度在 0.5~1.4，其分布与降水量分布相反，具有由东向西增加的特点。根据年降水量、干燥度和旱季长短，全岛分潮湿、湿润、亚半湿润、半干旱 4 个类型。其分布是：琼中、万宁、琼海、屯昌等市县属潮润类型；文昌、琼山、定安、澄迈、儋州、白沙、五指山、保亭等市县属湿润类型；临高、昌江、乐东、陵水、三亚属半湿润类型；东方和乐东沿海属半干旱类型。

海南岛不仅具有东湿西干的特点，季节干湿交替也很明显。5—10 月为雨季，占年降水量的 75%~90%，11 月至翌年 4 月为旱季，降水量很少。雨热同期、干凉同季的气候特点，对调节水热平衡和促进物质能量交换与循环，以及安排水旱轮作制，亦有其可取处。海南岛降水因受季风和台风影响，春旱秋涝成为规律，尤以春旱为明显。单纯的春旱较短，但比较普遍。海南岛地形中高周低，河流向四周放射入海，上游较陡，大雨暴涨暴落，下游平缓又出现洪涝，每当台风季节，河水暴涨，缺乏堤围保护的农田，经常泛滥，沿海低洼洋田受潮水顶托，受灾更为严重。全岛低洼易涝田主要分布于沿河沿海平原，土地比旱田肥沃，但受台风雨季影响，往往不能保收。

(五) 台风多，风害威胁大

海南岛因受季风、海风和台风影响都较明显。因地形和离海远近不同，按年平均风速可分 3 个类型：①滨海台地平原大风带，年平均风速>8.0 米/秒，即琼海-文昌-临高-昌江-三亚线以外地域，若没有防护林，作物很难生长；②低丘台地常风带，年平均风速 2.0~3.0 米/秒，即屯昌-白沙-乐东-五指山-保亭沿线以外，及①线以内地域，对作物生长有抑制影响；③丘陵山地静风带，年平均风速 1~2 米/秒，适于橡胶等树木生长。

海南岛受南海和太平洋台风影响，夏秋台风活动频繁。每年 5—11 月为台风季节，以 8—10 月最多。近 30 年来在海南岛登陆的台风有 70 多个，平均每年 2.7 个（包括登陆和影响在内每年平均 5.8 个），其中风力大于 12 级的强台风 30 年来有十多个。台风登录地点以东部万宁至文昌一带最多。

根据风害指标和台风登陆过境情况，全岛可分为重风害、中风害、轻风害 3 个类型。因此根据台风登陆、经过和出海等不同情况，又可分为多台风登陆重风害、少台风经过出海重风害、少台风登陆中风害、多台风经过中风害、多台风出海轻风害、少台风经过轻风害、少台风经过出海轻风害。

(六) 水资源丰富，时空变化大，调控能力弱

全岛有大小河流 150 多条，以南渡江（长 331 千米，集水面积 7 176 千米^2）、昌化江（长 230 千米，集水面积 5 070 千米^2）、万泉河（长 162 千米，集水面积 368 千

米^2)三大河流最大。水资源尚属丰富,年径流总量达283亿米^3,年径流深841毫米。受干湿季风和地形的影响,水文状况时空变化极为明显。径流量分布有自东向西递减的趋势,它同降水量分布规律一致,与蒸发量的分布相反。根据水分收入(降水)与支出(蒸发)关系,地表径流可分为丰水、多水、少水、缺水4个类型。

东部丘陵山地迎风多雨区,河流众多,径流充沛,年径流深1 400毫米以上,径流系数0.5以上,其中万泉河上游年径流深达1 900毫米,为全岛丰水区的中心。西部滨海台地背风少雨区,河流少而短小,蒸发量最大,如感恩河径流深仅有300~400毫米,径流系数在0.3以下,是全岛最缺水地区。介于上述两者之间的广大地域,径流深在500~1 000毫米,属于季节性偏多,或季节性偏少类型,这类地区是全岛主要的农业地域。

由于干湿季明显,径流洪枯悬殊。丰水期(一般6—10月)雨量多、径流大、径流量占全年80%以上,河水奔腾,水位高涨;枯水季(一般为12月至翌年5月),雨量少,河流枯水,中小河流甚至断流。西部地区,雨季有水,旱季断流的间歇性河流甚为普遍。洪枯流量变化很大,如南渡江(龙塘站)最大洪峰流量8 750米^3/秒,最小枯流量2.2米^3/秒;昌化江(宝桥站)最大洪峰流量20 000米^3/秒,最小枯流量0.12米^3/秒;万泉河(加积站)最大洪峰流量11 700米^3/秒,最小枯流量1.5米^3/秒。各河丰水期(9月)平均流量大致为枯水期(5月)的4~6倍;丰枯水位差达4~11倍。河流秋涨春枯,山区暴涨暴落,平原低洼易涝现象十分突出。

由于存在非常明显的丰枯水期和丰缺水区,使各地和各季之间出现水旱失调,对农业生产影响较大。因此,如何调节控制水文状况,做到以丰补缺(多水区补缺水区,丰水期补枯水期),兴利除弊,充分发挥水资源潜力是水利建设的重要任务。

(七)土壤类型多,含砂量多,肥力一般

土壤肥力是沿着迅速分解、迅速吸收、迅速补充的方向发展,形成良好的土壤,越种越肥;还是向迅速分解、迅速淋溶流失,向养分贫乏化方向演变,主要取决于物质淋溶过程和生物积累过程的矛盾统一,取决于植被系统的生物积累能否起着矛盾的主导作用。根据土壤调查分析资料表明,在其他条件大致相同情况下,植物枯枝落叶归土物质与有机质含量表现为天然林地>人工林地>旱作耕地。水土流失量沿着与生物积累相反方向变化,以旱坡地最大,人工林地次之,热带林较小。

海南岛,环境有干有湿,地形有丘陵山地、台地平原和滨海沙滩,植被类型多种多样;成土母质有花岗岩、玄武岩、砂页岩、变质岩和第四纪松散沉积物等。海南岛的自然土壤一般处于中等肥力水平,土壤有机质在1.5%~2.5%。森林土壤肥力较高,有机质含量可达5%~6%,但多数分布于高海拔的山地,坡度陡,土层浅,森林一旦破坏,肥力迅速下降。低平地多属于植被反复破坏的稀树草原或灌丛草地,肥力很低,有机质含量一般在1%左右。现有耕作土壤的特点:一是含砂量多,保水保肥力差;二是有机质含量低,约有70%的耕作土壤有机质含量在0.1%左右;三是土壤普遍缺磷,玄武岩发育的砖红壤尤其如此。

上述土壤问题的产生,有自然形成的原因,也有的是由于耕作利用上的不合理,加速了土地沙化。海南岛成土母质多为花岗岩和第四纪松散沉积物，这是土壤含砂量多、不易保水保肥的一个因素，气候上高温多雨，土壤黏粒易于冲失，也是土壤砂多泥少的必然结果。

（八）植被种类繁多、群落结构复杂

海南岛的植物区系几乎全为热带种类。因没有受过第四纪冰川的影响，古老植物保存较多。植物区系丰富，全岛约有 3 000 多种，其中典型热带科有龙脑香科、番荔枝科、肉豆蔻科、棕榈科、无患子科、红树林科等。有木棉、中平树、酸豆树、楹树等。海南热带特有种，有海南根、海南赤杨、胭脂木、细子龙等。热带樟科、桃舍娘科的种类特别丰富。木本植物有 1 400 多种，其中乔木种类就有 800 多种。热带栽培作物有橡胶树、椰子、油棕、腰果、可可、咖啡、胡椒、槟榔、剑麻、香茅、香根草等。引种的热带植物种类繁多，所以海南岛有热带植物王国之称。

热带雨林的主要特点是多层、多种、混交，同林异龄，常绿、干高、树冠参差，以及木质藤本、大型附生/寄生植物、大型真菌等。多种多层结构的群落，不仅可充分利用热带光温水土资源，还具有保土蓄水、涵养水源和调节气候等重要生态学意义。在橡胶林和其他人工林中，可建立混交复层的生态结构。

自然植被类型，有常绿季雨林、落叶季雨林、沟谷雨林、山地雨林、山地常绿阔叶林、热带针叶林、海岸红树林、稀树灌丛、稀树草原、湿性草原、低丘台地草原、丘陵山地草原等，人工植被有橡胶林、椰子林、腰果林、荔枝林、紫胶林和茶园、胡椒园以及木麻黄林、母生柚木林等。热带雨林、季雨林是海南岛的地带性植被类型。由于长期开发利用，平地热带雨林遭受破坏，现尖峰岭、坝王岭、三角岭、马或岭等海拔较高的山地，尚有沟谷雨林和山地雨林分布。常绿季雨林分布于东部偏湿低山丘陵，落叶季雨林分布于西部偏干地区的低山丘陵。南亚松林在琼中北山前丘陵山地，是优势种明显的针叶林。红树林主要分布于东海岸和北海岸的泥滩，西海岸沙滩由于气候干旱，红树林极少。山地常绿阔叶林和山顶矮林是海拔超过 800 米山地上部的植被类型，它们与山地下部的雨林、季雨林构成垂直谱系。在现有植被中，次生类型占有重要地位。稀树灌丛、稀树草原、低丘台地草原和丘陵山地草原都认为是热带林破坏后形成的次生植被。

二、农业自然资源优势

（一）农业土地资源

海南岛可供农业利用的土地比例大。全岛土地面积 351.13 万公顷，除了约 14.4% 的居民点、工矿、交通等用地外，其余 80% 以上的土地用于农林牧渔生产。

由于地形、气候等自然条件的差异，土地类型复杂多样，有宜农地、宜胶地、宜林地、宜草地，以及其他热作土地和陆上水面。土地资源的地区分布明显受地形、气候因子制约而不平衡，80%以上的宜林地分布在中部山区，近70%的宜农地却集中在北半部的广大台地平原地区，而大部分的橡胶树宜植地广泛分布在丘陵和高台地，形成了3个明显的围层，在土地利用方式上也有显著的差异。就土地生产力和集约农业而言，平原、丘陵区高于山地，就是在平原区的东部、北部也较西部为高。复杂多样的土地类型为发展热带农业提供了良好的基础。

（二）农业气候资源

海南岛地处低纬季风发达地区，属热带季风型。年均温高，日照多，热量丰富，四季不明显，干季和雨季分明。夏长，但有害高温少。无冬，罕见霜冻，偶见冷害问题。雨量充沛，水热同季，但在年中分配不均，存在旱涝现象，春旱尤其常见。台风多，台风季节长。概括起来，海南岛有利农业发展的气候资源为日照多、热量丰富和雨量充沛。不利的气候因素为"四风"（即清明风、干热风、台风、寒露风）、"两雨"（即低温阴雨、暴雨）及干旱等，局部地区偶尔也见龙卷风。独特的光、热、水等农业气候资源，为发展热带农业提供了先决条件。

（三）农业用水资源

水资源的丰歉状况，主要反映在自然降雨、地表径流和地下潜水量等可利用的水量3个方面，以及水能蕴藏量。海南岛地处热带，雨量充沛，水资源丰足。全岛多年平均径流深度840毫米，径流总量286亿米^3。岛内地下水资源较为丰富，主要分布于沿海平原地区。岛内河流多，水量大，水力资源丰富，有154条独流入海的河流，集水面积大于100千米^{2}的就有38条，丰富的水资源保障了热带农业的用水需求。

三、农业资源发展态势

（一）耕地总面积略有增加，但人均耕地面积减少

2012—2021年，海南省耕地总面积逐渐增加，由2012年的41.95万公顷增加到2021年的43.90万公顷，但人均面积逐年减少，由2012年的0.71亩/人下降到2021年的0.64亩/人（表3-1），人均耕地面积远远小于全国人均耕地面积。土地的数量和质量是影响粮食安全的主要因素之一，根据国家对耕地面积保有量明确要求，到2035年海南省耕地保有量不少于721.75万亩，目前尚未达到国家保有量要求，因此，预计海南耕地面积在近几年内将会持续增加。

表3-1 2012—2021年海南省耕地面积及人均耕地面积

项目	2012年	2013年	2014年	2015年	2016年	2017年	2018年	2019年	2020年	2021年
耕地面积/万公顷	41.95	41.82	42.49	42.28	42.73	43.92	43.90	43.80	43.62	43.90

(续表)

项目	2012年	2013年	2014年	2015年	2016年	2017年	2018年	2019年	2020年	2021年
人均耕地面积/（亩/人）	0.71	0.70	0.71	0.68	0.67	0.67	0.67	0.66	0.65	0.64

（数据来源：海南省统计年鉴）

（二）有效灌溉面积和旱涝保收面积有所增加

2012—2021年，海南省有效灌溉面积从2012年的17.86万公顷增加到2021年的19.82万公顷，占耕地面积比从43%增加到45%；旱涝保收面积从9.93万公顷增加到11.27万公顷，占耕地面积比从24%增加到26%（表3-2），为海南农业生产力的提高奠定了坚实的基础。随着海南经济的发展，对农业基础设施建设的支持力度也会逐渐加大，今后有效灌溉面积和旱涝保收面积也会进一步增加，有望在2035年占耕地面积的比达到全国水平。

表3-2　2012—2021年海南省有效灌溉面积和旱涝保收面积　单位：万公顷

项目	2012年	2013年	2014年	2015年	2016年	2017年	2018年	2019年	2020年	2021年
有效灌溉面积	17.86	19.60	19.76	19.76	19.25	19.38	18.50	18.60	19.73	19.82
旱涝保收面积	9.93	10.03	10.19	10.29	9.68	9.86	10.02	10.15	11.54	11.27

（数据来源：海南省统计年鉴）

（三）乡村从业人员增加，但农业从业人员比例减少

2012—2021年，海南省乡村从业人员从300.69万人增加到340.83万人，农业从业人员比例从71.04%下降到64.88%（表3-3）。目前，农业从业人员平均年龄较大，文化程度不高，加之农业从业人员的减少，对海南农业生产会产生一定的负面影响。但随着农业规模化、机械化发展，对农业从业人员的技术水平也有更高要求，今后农业从业人员占比将进一步减少，而平均年龄会减小，学历水平提高，更适合现代农业发展的需要。

表3-3　2012—2021年海南省乡村从业人员和农业从业人员占比

项目	2012年	2013年	2014年	2015年	2016年	2017年	2018年	2019年	2020年	2021年
乡村从业人员/万人	300.69	301.51	307.85	311.81	317.69	327.07	323.96	324.13	329.96	340.83
农业从业人员占比/%	71.04	70.29	69.55	69.61	69.18	68.39	67.68	66.69	66.78	64.88

（数据来源：海南省统计年鉴）

(四) 技术对于资源替代作用日益显现

从农业各生产要素分析来看，海南全年高温多雨，同时纬度较低，太阳辐射强烈，光照充足，为农作物生长提供了充足热量和水分。但海南省耕地面积不足，且山地丘陵较多，耕地小、碎、散，是阻碍海南农业发展的主要因素。随着资本的投入和技术的进步，农业基础设施越来越完善，农业生产技术水平越来越高，在一定程度上对于耕地面积小且不足具有一定的替代性，尤其是高产优质的种子以及科学合理的种植方式等对于提高单产具有重要贡献，这种技术替代的需求日益增加。

四、农业资源保障程度

(一) 10年内达到耕地保有量有一定的困难

从2012—2021年，海南省耕地面积虽然逐年增加，但年均增长率仅为0.51%，2021年，耕地面积为43.9万公顷，按照年均增长可以预测到2040年才能超过海南省耕地保有量目标721.75万亩（48.12万公顷），且根据《中华人民共和国海南自由贸易港法》的规定，海南自由贸易港根据建设的需要，农用土地可调整为建设用地，因此海南耕地面积持续增长将面临一定的困难。海南补充耕地面积的潜力非常有限，要在2035年前实现耕地保有量的目标，任务十分艰巨。

(二) 灌溉面积占比可达到50%以上，但仍低于全国占比

从2012—2021年，海南省耕地灌溉面积逐年增加，年均增长率为1.16%。2021年，耕地灌溉面积为19.82万公顷，占耕地总面积的45%，全国灌溉面积占耕地面积的54%。今后海南省灌溉面积大幅增长的可能性较小，主要受到水土资源不匹配的限制。预计到2030年海南省耕地灌溉面积超过22万公顷，占耕地总面积的50%以上，但仍将低于全面灌溉面积占比，赶超全国灌溉面积占比难度较大。

(三) 农业资源具有一定的综合潜力

根据2012—2021年的数据分析，到2030年海南省耕地面积将达到46万公顷左右，农作物年总播种面积71万公顷左右，粮食作物单产达到5 800千克/公顷左右，蔬菜单产达到25 000千克/公顷左右。虽然海南农业资源具有一定的发展潜力，但是与全国农业资源相比仍然比较缺乏，对农业发展具有一定的限制。

五、农业资源节约高效利用主要措施

农业资源节约高效利用是实现农业可持续发展的前提和保证，是保障粮食等重要农

产品安全供给的迫切需要，是推进农业绿色发展的重要支撑，是实现农业农村现代化的有力抓手，因此，要强化责任担当，提升农业资源高效利用的战略定力，全力建设以节地节水为中心的资源节约高效利用型的现代农业，提高资源利用率、产出率等。

（一）严格控制非农占用耕地资源，确保耕地数量

海南省耕地面积从 2012 年的 83.72 万公顷下降到 2021 年的 48.69 万公顷，而城区面积由 2012 年的 1 363.08 千米^2 增加到 2021 年的 1 684.7 千米^2，城市建成区面积由 2012 年的 358.66 千米^2 增加到 2021 年的 558.89 千米^2，城市规划建设面积由 2012 年的 353.79 千米^2 增加到 2021 年的 933.95 千米^2。城市的延伸以及其他交通运输、水利等的建设，势必会造成耕地面积的减少或者新补耕地质量不佳等。因此，应该严格控制非农占用耕地资源，同时，对占农业地补地不只是用数量标准衡量，更应该注重质量，补偿的新垦耕地应由占用单位承担新开耕地改造，提高耕地占用成本，进一步约束对耕地的占用，确保耕地数量。

（二）因地制宜，科学种植，提高耕地利用效率

海南光热资源充足，作物高产潜力较大，应合理利用科学技术，因地制宜，选择精简高效栽培技术。一是建立科技入户新机制，坚持科研院校与地方政府及企业的合作，建立专家组和科技入户信息平台，开展远程和现场指导，开展产前、产中、产后服务，实施"良壤、良种、良制、良法"配套，提高单产和品质；二是利用海南坡地丘陵的特征，开发利用以坡地水保型立体生态农业模式为主，配合坡地旱田和坡地"三田"（坑田、条田、垄槽田）的水土保持型立体种植模式，提高土地利用率；三是发挥光热水资源优势，发展高效多熟农作物种植模式，提高耕地复种指数，提升耕地单位面积产出量。

（三）强化农业用水管理，提高水资源利用效率

海南水资源丰富，但利用率较低，大部分水资源无法用于农业生产，单位面积耕地供水量低，水资源供需矛盾依然较突出。第一，要利用农业节水技术保水，以地膜和秸秆等覆盖土壤，减少无效蒸发；第二，要建设土壤水库，增加土壤储水量；第三，优化种植结构，选用抗旱高产品种；第四，大力推广雨水集储节水，旱坡地集雨补灌工程是开源节流、提高区域降水资源化程度、实现降水时空调配、增强旱地农业抵御自然灾害能力的有效途径；第五，在缺水地区实施水地的有限灌溉、精准灌溉和抗旱灌溉，充分利用灌溉水资源；第六，加强生物节水和农艺节水，开展耐旱超级种培育及产业化、常规育种与分子育种、提高生物体水利用效率等基础性研究。

（四）充分利用有机肥资源，提高肥料利用效率

2021 年海南每亩耕地化肥施用量高达 322.87 千克，远高于全国平均水平和世界平均水平。海南有机肥不能充分利用，化肥利用率较低。目前主要以肥换高产，高消耗、高排放、低效率，建议转为土壤培肥资源循环利用生产经营方式，有机无机配施，从而

减少化肥施用量,力争节肥高效。首先,通过秸秆直接或间接还田,提高土壤有机质含量,促进土壤和作物间对养分的供需平衡,改善土壤团粒结构和理化性状,补充有效钾与培肥地力,提高粮食产量。其次,充分利用畜禽粪便,农业废弃物和城市生活垃圾等沤制而成的有机肥,配合氮、磷、钾化肥,发挥有机肥和化肥的优势,相互促进,可使土壤养分缺乏的地块及时补充各种养分,提高土壤肥力,增加作物产量。最后,要充分利用海南的气候资源,冬季发展绿肥生产与生物固氮,扩大有机肥源,解决运肥困难,降低生产成本,从而有效提高有机肥使用量。

(五) 合理利用林草资源

2021年,海南拥有林地面积121.7万公顷,草地117.0万公顷,分别占海南土地总面积的34.7%和33.3%。同时,海南拥有较长的海岸线和丰富的牧草资源,可建设热带人工草地。利用丰富的林地和草地,发展林下经济和草畜业,不但节约土地资源,还可促进森林及草地资源的可持续发展,对保护生态环境、优化农业结构、增加农民收入等都可起到重要推动作用。

第四章 海南县域农业生产变化与供需平衡分析

一、县域农业生产现状与特征

海南省（除三沙市外）共有18个市县，195个乡镇，分为东部、中部和西部3个大的区域。东部包括海口市、三亚市、文昌市、琼海市、万宁市、陵水黎族自治县；中部包括五指山市、定安县、屯昌县、琼中黎族苗族自治县、保亭黎族苗族自治县、白沙黎族自治县；西部包括儋州市、东方市、澄迈县、临高县、乐东黎族自治县、昌江黎族自治县。

（一）三大区域食用农作物播种面积呈下降趋势

2012年以来，海南岛粮食、蔬菜、油料、瓜果等主要食用农作物播种面积总体上逐年下降，由2012年的92.05万公顷下降到2021年的77.25万公顷。其中，东部和中部地区下降幅度较大，分别下降22.93%和23.77%；西部地区仅下降6.5%（表4-1）。

表4-1 2012—2021年主要食用农作物播种面积变化情况　　单位：万公顷

年份	海南岛	东部	中部	西部
2012	92.05	38.61	14.33	39.11
2013	90.52	38.22	14.51	37.78
2014	88.17	37.46	14.02	36.69
2015	87.73	36.08	14.08	37.57
2016	86.09	34.97	13.88	37.24
2017	85.05	34.16	13.74	37.15
2018	77.88	30.85	12.16	34.87
2019	75.95	30.31	11.94	33.70
2020	77.80	30.26	11.30	36.24
2021	77.25	29.75	10.93	36.57

（数据来源：海南省统计年鉴）

1. 三大区域粮食作物、油料作物播种面积下降，东部下降尤为显著

海南粮食作物播种面积逐年下降，从2012年的43.86万公顷下降到2021年的27.14万公顷，减少了38.12%。从不同区域来看，东部地区从2012年的17.80万公顷下降到2021年的9.96万公顷，减少44.03%；中部地区从2012年的7.58万公顷下降到2021年的4.65万公顷，减少38.59%；西部地区从2012年的18.48万公顷下降到2021年的12.53万公顷，减少32.22%（表4-2）。从不同县域来看，各市县粮食播种面积全部下降，其中海口、三亚、陵水、五指山、琼中、白沙、儋州、昌江等市县降幅均超过50%，降幅最大的是昌江县，减少58.84%；澄迈县降幅较小，仅减少2.10%。

表4-2 2012—2021年各市县粮食作物播种面积变化情况

地区		粮食作物播种面积/万公顷										年均增长率/%
		2012年	2013年	2014年	2015年	2016年	2017年	2018年	2019年	2020年	2021年	
东部地区	海口市	4.19	4.09	4.10	3.84	3.53	3.36	2.58	2.54	2.08	1.99	-52.38
	三亚市	1.43	1.34	1.23	1.02	0.95	0.91	0.90	0.78	0.65	0.65	-54.34
	陵水县	2.10	2.10	1.91	1.94	1.82	1.78	1.12	1.06	0.92	0.97	-54.08
	文昌市	4.76	4.54	4.41	3.86	3.59	3.26	2.58	2.44	2.43	2.60	-45.49
	琼海市	2.99	2.93	2.84	2.58	2.44	2.21	1.86	1.82	1.91	1.84	-38.39
	万宁市	2.33	2.15	2.12	2.13	2.11	2.14	1.78	1.73	1.98	1.91	-17.90
	合计	17.80	17.15	16.61	15.38	14.45	13.66	10.82	10.36	9.97	9.96	-44.03
中部地区	定安县	2.46	2.47	2.41	2.43	2.49	2.51	2.12	2.07	1.88	1.82	-26.12
	屯昌县	2.03	1.99	1.92	1.90	1.88	1.89	1.43	1.37	1.31	1.30	-35.81
	五指山市	0.51	0.50	0.42	0.42	0.42	0.37	0.29	0.25	0.24	0.22	-56.40
	琼中县	1.05	1.09	0.94	0.90	0.87	0.85	0.64	0.59	0.44	0.45	-56.84
	保亭县	0.67	0.67	0.64	0.62	0.61	0.57	0.49	0.45	0.42	0.43	-35.52
	白沙县	0.85	0.87	0.67	0.65	0.62	0.58	0.50	0.43	0.44	0.42	-50.47
	合计	7.58	7.58	6.99	6.92	6.89	6.77	5.47	5.16	4.73	4.65	-38.59
西部地区	澄迈县	3.84	3.63	3.64	3.64	3.69	3.68	3.33	3.32	3.61	3.76	-2.10
	临高县	2.79	2.67	2.45	2.34	2.39	2.45	1.92	1.94	2.08	2.07	-25.71
	儋州市	4.17	3.86	3.88	3.73	3.21	3.09	2.64	2.33	2.10	1.97	-52.83
	东方市	3.03	3.06	1.93	1.86	1.75	1.67	1.72	1.58	1.81	1.92	-36.58
	乐东县	3.46	3.05	2.78	2.73	2.79	2.67	2.13	2.04	2.26	2.32	-32.98
	昌江县	1.20	1.19	1.12	0.91	0.86	0.84	0.58	0.54	0.51	0.49	-58.84
	合计	18.48	17.45	15.80	15.21	14.69	14.40	12.32	11.74	12.37	12.53	-32.22

（数据来源：海南省统计年鉴）

海南油料播种面积较小，且逐年减少，从2012年的3.97万公顷下降到2021年的3.05万公顷。从不同区域来看，东部地区从2012年的1.50万公顷下降到2021年的

1.08万公顷，减少28.43%；中部地区从2012年的0.87万公顷下降到2021年的0.85万公顷，减少2.08%；西部地区从2012年的1.60万公顷下降到2021年的1.12万公顷，减少30.04%。从不同县域来看，其中除了定安县略有增加外，其他市县均下降，降幅最大的是陵水县，减少94.34%，文昌市降幅最小，仅减少6.27%（表4-3）。

表4-3　2012—2021年各市县油料作物播种面积变化情况

地区		油料作物播种面积/万公顷										年均增长率/%
		2012年	2013年	2014年	2015年	2016年	2017年	2018年	2019年	2020年	2021年	
东部地区	海口市	0.41	0.43	0.40	0.33	0.31	0.36	0.32	0.31	0.28	0.28	-31.34
	三亚市	0.02	0.02	0.02	0.01	0.01	0.01	0.01	0.01	0.01	0.01	-64.19
	文昌市	0.65	0.69	0.68	0.65	0.66	0.13	0.64	0.63	0.60	0.61	-6.27
	琼海市	0.17	0.18	0.17	0.14	0.15	0.65	0.10	0.11	0.13	0.13	-27.84
	万宁市	0.10	0.11	0.11	0.11	0.11	0.11	0.08	0.08	0.07	0.04	-55.91
	陵水县	0.15	0.15	0.14	0.14	0.14	0.12	0.06	0.06	0.02	0.01	-94.34
合计		1.50	1.57	1.53	1.39	1.38	1.39	1.21	1.20	1.10	1.08	-28.43
中部地区	五指山市	0.03	0.03	0.03	0.04	0.05	0.05	0.03	0.03	0.02	0.03	-4.39
	定安县	0.33	0.34	0.38	0.39	0.42	0.43	0.39	0.41	0.41	0.40	21.97
	屯昌县	0.30	0.30	0.30	0.32	0.30	0.31	0.29	0.29	0.27	0.26	-13.36
	琼中县	0.15	0.17	0.17	0.16	0.16	0.16	0.12	0.13	0.14	0.13	-17.32
	保亭县	0.04	0.04	0.04	0.03	0.04	0.03	0.03	0.28	0.02	0.02	-47.06
	白沙县	0.01	0.02	0.02	0.01	0.02	0.02	0.01	0.02	0.01	0.01	-23.61
合计		0.87	0.90	0.94	0.96	0.99	1.00	0.87	1.15	0.87	0.85	-2.08
西部地区	澄迈县	0.23	0.24	0.24	0.24	0.25	0.25	0.21	0.22	0.21	0.22	-6.73
	临高县	0.11	0.10	0.08	0.08	0.08	0.08	0.07	0.06	0.06	0.05	-50.85
	儋州市	0.49	0.45	0.47	0.60	0.61	0.57	0.39	0.30	0.30	0.31	-36.94
	东方市	0.34	0.35	0.37	0.36	0.35	0.21	0.18	0.26	0.30	0.32	-6.37
	乐东县	0.38	0.38	0.36	0.35	0.31	0.31	0.19	0.19	0.20	0.20	-47.07
	昌江县	0.05	0.05	0.06	0.03	0.03	0.03	0.03	0.02	0.02	0.02	-56.30
合计		1.60	1.57	1.58	1.66	1.63	1.45	1.07	1.06	1.09	1.12	-30.04

（数据来源：海南省统计年鉴）

2. 三大区域蔬菜种植面积小幅增长，西部增长明显

海南岛蔬菜种植面积小幅增长，从2012年的22.95万公顷增加到2021年的26.29万公顷。从不同区域来看，东部地区从2012年的9.74万公顷小幅增加到2021年的9.90万公顷，年均增幅1.63%；中部地区从2012年的3.38万公顷增加到2021年的3.95万公顷，年均增加16.95%；西部地区从2012年的9.83万公顷增加到2021年的12.44万公顷，年均增长26.49%。从不同县域来看，海口、三亚、文昌、保亭、白沙、儋州等市县蔬菜种植面积下降，其他市县均不同程度的增加，其中万宁、昌江地区增长幅度较大（表4-4）。可见，除三亚外，其他市县均倾向于蔬菜种植。

表4-4 2012—2021年各市县蔬菜种植面积变化情况

地区		蔬菜种植面积/万公顷										年均增长率/%
		2012年	2013年	2014年	2015年	2016年	2017年	2018年	2019年	2020年	2021年	
东部地区	海口市	2.63	2.72	2.64	2.84	2.81	2.59	2.65	2.59	2.68	2.52	-4.39
	三亚市	1.53	1.57	1.59	1.37	1.26	1.25	1.19	1.19	1.01	0.97	-36.35
	文昌市	2.32	2.46	2.39	2.42	2.32	2.13	2.04	2.04	2.01	2.01	-13.29
	琼海市	1.43	1.49	1.52	1.60	1.62	1.49	1.43	1.47	1.52	1.54	8.28
	万宁市	0.76	0.88	0.96	1.02	1.08	1.07	1.05	1.10	1.36	1.68	121.80
	陵水县	1.07	1.07	1.09	1.17	1.24	1.31	1.29	1.25	1.22	1.17	9.27
	合计	9.74	10.20	10.19	10.42	10.34	9.83	9.64	9.63	9.79	9.90	1.63
中部地区	五指山市	0.22	0.22	0.23	0.24	0.25	0.25	0.27	0.30	0.34	0.35	57.13
	定安县	0.83	0.96	1.03	1.07	1.12	1.15	1.16	1.18	1.31	1.36	62.72
	屯昌县	1.01	1.01	1.02	1.04	1.09	1.09	1.05	1.12	1.10	1.16	14.80
	琼中县	0.36	0.45	0.49	0.50	0.39	0.40	0.39	0.38	0.38	0.38	5.19
	保亭县	0.49	0.53	0.54	0.56	0.52	0.46	0.41	0.43	0.44	0.43	-11.77
	白沙县	0.46	0.43	0.46	0.45	0.48	0.48	0.49	0.34	0.27	0.27	-40.60
	合计	3.38	3.59	3.78	3.86	3.85	3.83	3.78	3.75	3.83	3.95	16.95
西部地区	澄迈县	2.05	2.17	2.30	2.46	2.61	2.75	2.74	2.87	3.00	3.04	48.40
	临高县	1.07	1.00	1.06	1.13	1.20	1.15	1.09	1.12	1.11	1.13	6.23
	儋州市	1.89	1.92	1.97	2.13	1.63	1.68	1.60	1.64	1.70	1.62	-14.37
	东方市	1.42	1.46	1.57	1.89	2.45	2.20	1.93	1.47	1.41	1.60	12.37
	乐东县	2.35	2.40	2.67	3.01	3.01	2.95	2.94	2.98	3.06	3.14	33.26
	昌江县	1.05	1.20	1.35	1.51	1.70	1.92	2.05	2.18	1.99	1.91	81.67
	合计	9.83	10.15	10.91	12.13	12.59	12.65	12.35	12.27	12.28	12.44	26.49

（数据来源：海南省统计年鉴）

3. 东中部瓜类种植面积下降，西部大幅增长

海南岛瓜类种植面积总体小幅增长，从2012年的3.29万公顷增加到2021年的4.25万公顷。其中，东部和中部地区面积减少，分别减少14.70%、77.41%，西部地区增长较为明显，年均增长88.41%，尤其是昌江地区增长幅度较大，从2012年的0.11万公顷增加到2021年的0.38万公顷，增幅超过200%（表4-5）。可以看出，海南瓜类作物主要集中向东方市、乐东县、昌江县转移。

表4-5 2012—2021年各市县瓜类种植面积变化情况

地区		瓜类种植面积/公顷									年均增长率/%
		2012年	2013年	2014年	2015年	2016年	2017年	2018年	2019年	2020年	2021年	
东部地区	海口市	570	767	432	464	401	485	656	552	499	365	-35.96
	三亚市	3 241	2 965	2 863	2 080	1 083	904	779	897	1 087	1 306	-59.70
	文昌市	4 437	3 839	3 829	3 385	2 778	2 899	2 702	2 837	3 111	3 495	-21.23
	琼海市	659	260	187	129	70	12	58	47	64	14	-97.88
	万宁市	3 591	3 586	3 432	3 370	3 549	3 503	3 309	3 272	3 482	3 503	-2.45
	陵水县	5 563	5 583	5 306	5 643	6 184	6 528	6 546	6 377	6654	6723	20.85
合计		18 060	17 000	16 048	15 070	14 065	14 331	14 050	13 982	14 897	15 406	-14.70
中部地区	五指山市	0	0	0	0	0	5	3	3	0	0	0
	定安县	157	85	121	124	110	64	75	48	48	39	-75.16
	屯昌县	304	308	354	394	250	24	179	115	58	48	-84.21
	琼中县	1	13	14	3	5	0	0	1	1	1	0
	保亭县	0	4	1	9	12	11	0	0	1	0	0
	白沙县	56	53	69	121	139	85	85	37	32	29	-48.21
合计		518	465	559	652	516	189	342	204	140	117	-77.41
西部地区	澄迈县	997	939	995	1 032	1 083	1 027	962	1 014	1 058	935	-6.22
	临高县	524	210	351	260	255	16	290	198	197	256	-51.15
	儋州市	1129	802	541	882	1 117	965	568	687	528	1 035	-8.33
	东方市	5 168	5 660	6 005	7 866	5 475	5 873	5 772	7 805	9 776	11 367	119.95
	乐东县	5 357	6 193	7 199	8 546	8 343	8 653	8 462	8 549	8 824	9 507	77.47
	昌江县	1 118	1 143	1 394	1 544	1 697	2 037	2 207	2 329	3 797	3 831	242.67
合计		14 294	14 947	16 485	20 131	17 970	18 571	18 261	20 582	24 180	26 931	88.41

（数据来源：海南省统计年鉴）

4. 东部和西部园林水果种植面积基本平稳，中部减少趋势明显

海南岛园林水果种植面积总体小幅下降，从2012年的17.97万公顷下降到2021年的16.52万公顷。从不同区域来看，东部地区从2012年的7.75万公顷小幅下降到2021年的7.28万公顷，年均减少6.15%；中部地区从2012年的2.45万公顷下降到的1.45万公顷，年均减少40.72%；西部地区从2012年的7.77万公顷增加到2021年的7.79万公顷，年均增长0.25%。从不同县域来看，三亚、万宁、陵水、定安、澄迈、东方、乐东等市县增加，其他各市县均不同程度减少。其中五指山市、屯昌、琼中、白沙等中部市县大幅下降（表4-6）。

表 4-6　2012—2021 年各市县园林水果种植面积变化情况

地区		园林水果种植面积/万公顷										年均增长率/%
		2012年	2013年	2014年	2015年	2016年	2017年	2018年	2019年	2020年	2021年	
东部地区	海口市	2.10	2.06	1.98	1.81	1.76	1.88	1.71	1.65	1.76	1.40	-33.59
	三亚市	2.22	2.18	2.16	2.12	2.13	2.53	2.55	2.55	2.57	2.53	14.10
	文昌市	0.78	0.78	0.83	0.82	0.82	0.80	0.80	0.80	0.82	0.70	-10.33
	琼海市	1.05	1.01	0.95	0.98	0.97	0.93	0.95	0.96	0.93	0.83	-20.48
	万宁市	0.83	0.81	0.82	0.83	0.88	0.88	0.91	0.91	0.98	0.97	17.04
	陵水县	0.77	0.76	0.79	0.82	0.82	0.83	0.85	0.85	0.84	0.84	9.19
合计		7.75	7.60	7.53	7.38	7.39	7.85	7.77	7.71	7.91	7.28	-6.15
中部地区	五指山市	0.41	0.39	0.39	0.39	0.27	0.15	0.16	0.09	0.07	0.07	-83.22
	定安县	0.40	0.41	0.38	0.42	0.44	0.50	0.51	0.50	0.54	0.47	16.20
	屯昌县	0.36	0.36	0.37	0.38	0.38	0.39	0.34	0.30	0.26	0.15	-57.43
	琼中县	0.43	0.42	0.39	0.38	0.33	0.36	0.29	0.29	0.33	0.21	-50.95
	保亭县	0.57	0.55	0.53	0.52	0.48	0.47	0.47	0.49	0.49	0.41	-28.09
	白沙县	0.28	0.27	0.20	0.19	0.20	0.25	0.24	0.19	0.16	0.14	-49.12
合计		2.45	2.40	2.25	2.28	2.10	2.11	2.01	1.86	1.85	1.45	-40.72
西部地区	澄迈县	1.07	1.09	1.12	1.14	1.15	1.14	1.14	1.20	1.17	1.35	25.69
	临高县	0.67	0.60	0.53	0.58	0.50	0.52	0.50	0.54	0.52	0.56	-16.21
	儋州市	0.65	0.60	0.61	0.63	0.54	0.61	0.65	0.67	0.71	0.50	-23.80
	东方市	2.01	1.66	1.57	1.47	1.57	1.70	2.08	2.07	2.21	2.19	8.76
	乐东县	2.14	2.12	2.03	1.94	1.95	1.94	1.97	2.03	2.23	2.16	0.82
	昌江县	1.23	1.04	0.89	0.80	0.81	0.87	0.96	0.07	1.24	1.04	-15.18
合计		7.77	7.11	6.75	6.56	6.53	6.79	7.30	6.58	8.08	7.79	0.25

（数据来源：海南省统计年鉴）

（二）主要农产品产量稳步增长

2012—2021 年，海南省农产品稳步增加。2021 年，海南省粮食、油料、蔬菜、瓜菜、水果总产量 1 256.41 万吨，较 2012 年增长 10.45%，蔬菜、水果增加较快；肉类、水产总产量 230.15 万吨，较 2012 年下降了 8.77%（表 4-7）。

表 4-7　2012—2021 年海南农产品产量变化情况　　　　　　　　单位：万吨

项目	2012年	2013年	2014年	2015年	2016年	2017年	2018年	2019年	2020年	2021年
主要植物性农产品	1 137.57	1 166.08	1 162.63	1 175.23	1 164.12	1 169.55	1 152.74	1 177.58	1 221.54	1 256.41

(续表)

项目	2012年	2013年	2014年	2015年	2016年	2017年	2018年	2019年	2020年	2021年
畜禽肉产品	79.54	82.86	79.47	78.03	76.35	78.27	79.77	64.63	57.50	66.06
水产品	172.73	183.14	194.36	207.29	214.64	201.19	175.82	172.16	166.79	164.09

（数据来源：海南省统计年鉴）

1. 三大区域粮食产量大幅下降，东部和西部油料产量下降明显

随着粮油作物种植面积的减少，产量下降明显，东、中、西三大区域粮食产量分别由2012年的77.47万吨、34.66万吨、87.36万吨下降到2021年的51.7万吨、25.31万吨、69.02万吨，降幅分别达到33.27%、26.99%、21.00%，下降趋势明显（图4-1）。从各市县来看，除了澄迈县小幅增长外，其他各市县均明显下降（表4-8）。同期，东、西部油料产量分别下降26.48%、46.17%，中部油料产量增加22.66%，变化趋势明显（图4-2）。从各市县来看，陵水县、三亚市、万宁市、昌江县降幅超过60%，定安县产量增幅达到70.59%（表4-9）。油料生产重心有逐步向中部转移的迹象。

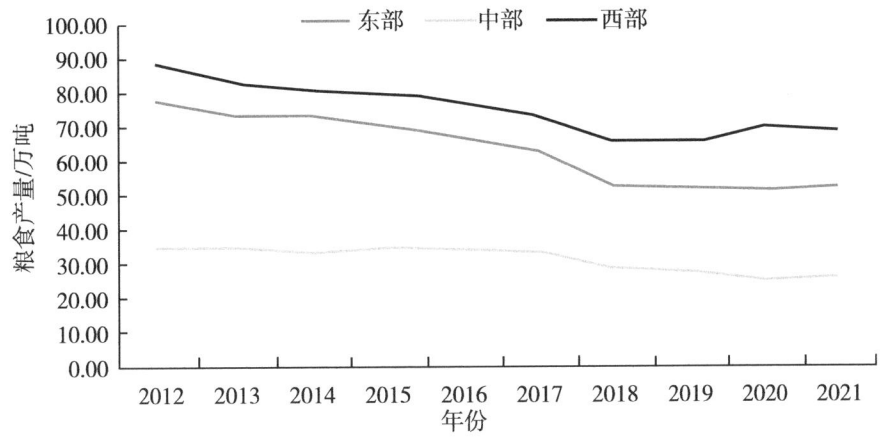

图4-1　2012—2021年粮食产量变化趋势

表4-8　2012—2021年各市县粮食产量

地区		粮食产量/万吨										年均增长率/%
		2012年	2013年	2014年	2015年	2016年	2017年	2018年	2019年	2020年	2021年	
东部地区	海口市	18.46	18.16	16.78	16.53	15.10	14.80	12.05	12.23	10.45	10.23	-44.57
	三亚市	6.79	6.30	5.98	5.03	4.68	4.49	4.83	4.26	3.63	3.74	-44.90
	文昌市	17.94	16.58	17.29	16.59	15.43	13.68	11.15	11.27	11.34	11.92	-33.56
	琼海市	14.40	13.89	14.31	13.12	12.69	11.44	10.06	9.90	10.44	10.31	-28.43
	万宁市	10.40	9.37	9.50	9.39	9.38	9.48	8.55	8.48	10.03	10.34	-0.53
	陵水县	9.48	9.06	9.28	9.47	9.36	8.68	5.95	5.66	5.13	5.15	-45.64

(续表)

地区		粮食产量/万吨										年均增长率/%
		2012年	2013年	2014年	2015年	2016年	2017年	2018年	2019年	2020年	2021年	
	合计	77.47	73.36	73.14	70.13	66.64	62.57	52.57	51.80	51.01	51.70	-33.27
中部地区	五指山市	2.52	2.38	2.20	2.17	2.17	1.94	1.63	1.37	1.34	1.31	-48.07
	定安县	11.17	11.33	11.27	12.03	12.23	12.08	10.70	10.32	9.63	9.29	-16.84
	屯昌县	9.22	9.38	8.96	9.71	9.66	9.43	8.16	8.14	7.77	7.75	-16.00
	琼中县	4.84	4.93	4.59	4.51	4.35	4.06	3.29	3.19	2.50	2.56	-46.99
	保亭县	3.12	3.13	2.96	3.00	2.92	2.59	2.36	2.25	2.06	2.21	-29.28
	白沙县	3.79	3.74	3.32	3.12	3.12	2.93	2.77	2.31	2.36	2.19	-42.20
	合计	34.66	34.90	33.30	34.53	34.45	33.03	28.91	27.57	25.66	25.31	-26.99
西部地区	澄迈县	20.15	18.82	20.40	21.03	21.32	20.63	19.14	19.11	20.79	21.38	6.09
	临高县	13.15	12.72	12.07	11.62	11.70	12.72	10.46	11.18	12.09	12.38	-5.91
	儋州市	20.22	18.46	19.37	18.79	17.20	15.78	14.49	13.53	12.50	11.42	-43.52
	东方市	13.22	14.06	10.13	10.38	9.29	8.26	8.75	8.88	9.79	10.04	-24.05
	乐东县	15.02	13.11	12.87	12.79	13.09	11.82	9.91	10.20	11.04	11.24	-25.19
	昌江县	5.59	5.47	5.33	4.46	4.16	3.91	2.88	2.68	2.57	2.57	-54.11
	合计	87.36	82.64	80.17	79.07	76.77	73.13	65.63	65.59	68.79	69.02	-21.00

（数据来源：海南省统计年鉴）

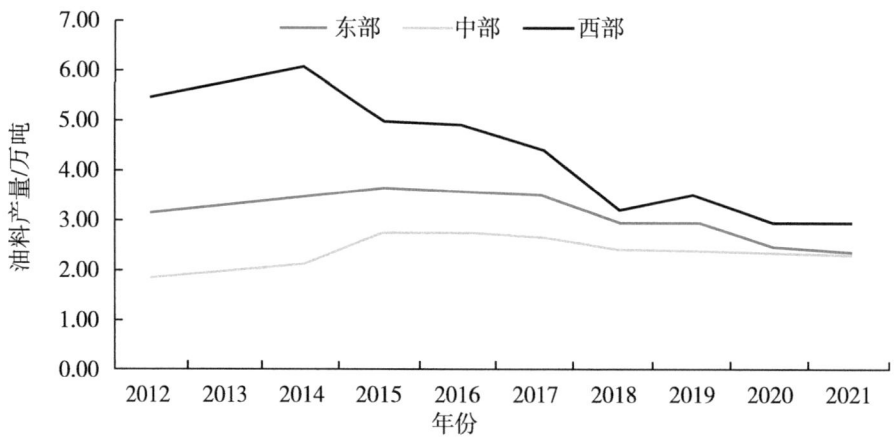

图 4-2　2012—2021 年油料产量变化趋势

表 4-9　2012—2021 年各市县油料产量

地区		油料作物产量/万吨										年均增长率/%
		2012年	2013年	2014年	2015年	2016年	2017年	2018年	2019年	2020年	2021年	
东部地区	海口市	0.65	0.64	0.64	0.72	0.76	0.81	0.76	0.79	0.67	0.59	-9.54
	三亚市	0.08	0.07	0.07	0.03	0.03	0.03	0.03	0.02	0.01	0.02	-71.71
	文昌市	1.10	1.21	1.37	1.52	1.42	1.34	1.33	1.32	1.23	1.27	15.34
	琼海市	0.38	0.36	0.36	0.32	0.30	0.29	0.27	0.25	0.28	0.27	-27.91
	万宁市	0.34	0.40	0.42	0.43	0.43	0.43	0.30	0.31	0.18	0.10	-68.96
	陵水县	0.57	0.59	0.58	0.57	0.57	0.54	0.24	0.22	0.07	0.04	-93.74
	合计	3.11	3.27	3.43	3.59	3.50	3.44	2.89	2.91	2.44	2.29	-26.48
中部地区	五指山市	0.09	0.09	0.10	0.11	0.13	0.13	0.06	0.07	0.05	0.07	-21.59
	定安县	0.78	0.82	0.96	1.51	1.51	1.49	1.35	1.37	1.34	1.33	70.59
	屯昌县	0.47	0.48	0.50	0.54	0.56	0.57	0.55	0.53	0.52	0.49	5.12
	琼中县	0.38	0.41	0.42	0.41	0.37	0.36	0.26	0.29	0.31	0.30	-21.45
	保亭县	0.11	0.10	0.11	0.10	0.11	0.10	0.11	0.08	0.07	0.06	-40.98
	白沙县	0.04	0.05	0.04	0.04	0.04	0.00	0.03	0.04	0.03	0.03	-31.13
	合计	1.85	1.95	2.12	2.70	2.72	2.65	2.34	2.37	2.32	2.27	22.66
西部地区	澄迈县	0.57	0.60	0.61	0.62	0.59	0.65	0.56	0.58	0.58	0.60	5.20
	临高县	0.26	0.29	0.24	0.24	0.24	0.23	0.15	0.19	0.18	0.18	-31.35
	儋州市	1.83	1.91	1.91	1.55	1.71	1.60	1.06	0.80	0.79	0.78	-57.61
	东方市	1.33	1.51	1.85	1.39	1.40	0.96	0.81	1.25	0.77	0.75	-43.80
	乐东县	1.16	1.16	1.13	1.03	0.81	0.79	0.50	0.49	0.52	0.52	-55.41
	昌江县	0.25	0.24	0.26	0.14	0.15	0.16	0.12	0.11	0.10	0.09	-64.10
	合计	5.40	5.70	6.02	4.96	4.89	4.38	3.21	3.41	2.93	2.91	-46.17

（数据来源：海南省统计年鉴）

2. 三大区域蔬菜产量较大，东部和西部果蔬产量明显高于中部

三大区域蔬菜产量明显高于其他农产品产量，且处于增长态势，西部增长趋势显著。2021年相比2012年，东部、中部、西部分别增长8.04%、21.91%、28.32%，增长趋势显著（图4-3）。从各市县来看，海口、三亚、文昌、保亭、白沙、儋州等市县蔬菜产量下降，其他市县均有所增加，尤其是万宁市、五指山市增幅超过100%（表4-10）。园林水果产量西部领先，东部增幅较大，年均增幅达到26.99%，中部年均增幅达9.92%（图4-4）。从各市县来看，海口、屯昌、琼中、白沙、临高、儋州、东方、乐东等市县产量下降，其他市县均有所增加，尤其是保亭县、万宁市、定安县增幅分别达127.38%、90.18%、52.37%（表4-11）。

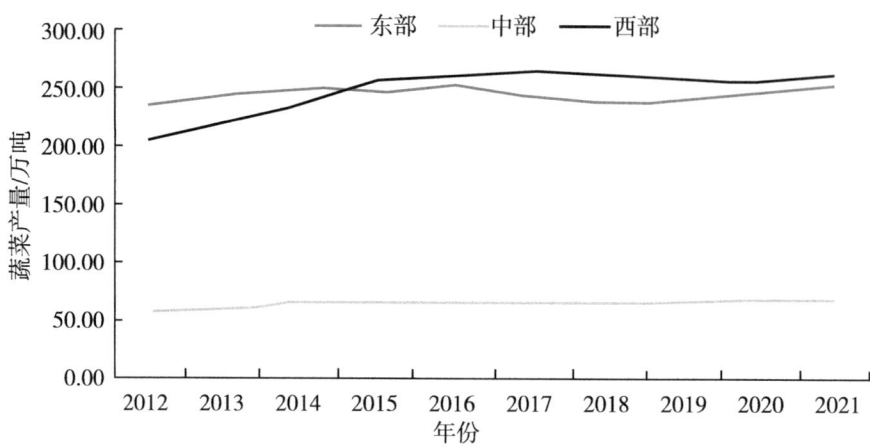

图 4-3 2012—2021 年蔬菜产量变化趋势

表 4-10 2012—2021 年各市县蔬菜产量

地区		蔬菜产量/万吨										年均增长率/%
		2012年	2013年	2014年	2015年	2016年	2017年	2018年	2019年	2020年	2021年	
东部地区	海口市	53.00	54.62	53.87	56.61	55.63	51.47	51.71	49.24	54.00	50.26	-5.17
	三亚市	45.28	47.83	50.94	43.07	43.12	43.69	42.34	43.71	37.92	36.37	-19.67
	文昌市	45.22	48.11	47.45	47.35	48.90	46.79	45.03	44.50	43.58	44.59	-1.38
	琼海市	51.48	55.21	56.38	56.36	56.33	52.37	49.81	49.82	51.71	52.83	2.62
	万宁市	19.70	22.76	24.46	27.58	28.50	30.12	29.93	31.80	37.27	45.69	131.88
	陵水县	20.71	16.88	17.51	18.77	19.74	21.02	20.75	22.51	23.64	24.56	18.60
	合计	235.40	245.41	250.62	249.74	252.22	245.46	239.57	241.58	248.13	254.32	8.04
中部地区	五指山市	2.11	2.20	2.39	2.85	3.10	3.60	3.51	4.20	5.04	5.83	176.19
	定安县	19.01	20.37	22.69	23.47	24.56	25.67	25.45	26.58	29.01	30.16	58.61
	屯昌县	16.06	17.06	17.90	18.79	19.19	19.41	18.72	19.51	19.16	19.56	21.78
	琼中县	2.90	3.64	3.96	4.54	3.87	3.90	3.60	3.35	3.30	3.32	14.59
	保亭县	10.65	11.09	11.48	10.64	10.30	9.08	8.44	8.57	8.46	7.91	-25.70
	白沙县	6.28	4.69	5.04	5.00	5.31	5.35	5.53	3.62	2.67	2.72	-56.67
	合计	57.01	59.04	63.46	65.30	66.33	67.01	65.25	65.82	67.64	69.51	21.91
西部地区	澄迈县	52.48	58.21	62.47	67.86	71.86	75.66	74.81	78.29	81.75	84.14	60.32
	临高县	20.95	19.63	19.99	21.75	24.28	24.77	22.93	24.21	24.48	26.69	27.41
	儋州市	46.72	48.94	51.49	55.29	39.61	41.48	39.21	36.75	34.96	36.79	-21.26
	东方市	20.21	21.84	23.55	28.18	39.45	39.76	36.78	34.38	27.15	23.73	25.45	25.92
	乐东县	47.07	49.81	55.14	56.29	54.80	53.15	53.46	54.24	55.63	57.01	21.13
	昌江县	19.16	21.91	24.74	27.79	31.20	35.06	37.17	39.73	36.44	35.02	82.73
	合计	206.59	220.33	237.38	257.15	261.20	266.90	261.95	260.38	256.98	265.09	28.32

(数据来源：海南省统计年鉴)

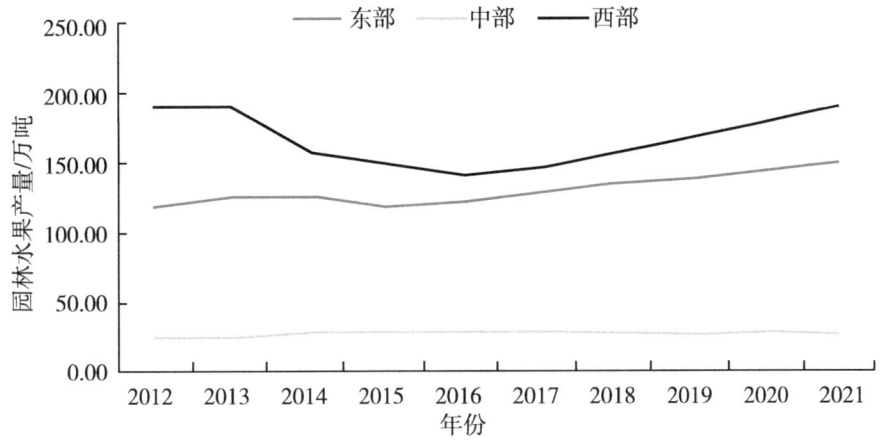

图 4-4 2012—2021 年园林水果产量变化趋势

表 4-11 2012—2021 年各市县园林水果产量

地区		园林水果产量/万吨										年均增长率/%
		2012年	2013年	2014年	2015年	2016年	2017年	2018年	2019年	2020年	2021年	
东部地区	海口市	28.88	29.74	27.52	20.82	21.11	23.35	24.59	22.80	24.25	24.30	-15.85
	三亚市	32.93	34.05	31.81	32.49	31.34	33.87	37.18	39.13	42.56	46.20	40.29
	文昌市	10.15	11.87	12.01	11.36	12.39	12.51	12.80	13.08	13.29	12.71	25.16
	琼海市	23.27	25.50	25.98	24.54	24.14	24.88	26.48	27.29	27.38	26.97	15.91
	万宁市	14.57	15.64	16.66	17.66	18.37	19.21	19.78	20.39	25.23	27.71	90.18
	陵水县	8.58	9.58	12.43	12.98	13.47	14.09	14.83	15.27	11.58	12.44	44.96
	合计	118.38	126.37	126.41	119.86	120.82	127.91	135.65	137.95	144.27	150.33	26.99
中部地区	五指山市	2.15	2.31	2.44	2.71	2.84	2.80	2.94	3.06	3.15	2.56	18.87
	定安县	5.84	6.05	6.53	7.17	7.86	8.47	9.03	8.72	9.00	8.89	52.37
	屯昌县	3.05	3.18	3.25	3.82	3.94	4.00	4.15	3.83	2.90	3.00	-1.77
	琼中县	4.90	5.15	5.15	5.04	4.71	4.26	3.26	2.87	3.16	3.56	-27.38
	保亭县	2.65	3.51	4.31	4.80	4.95	5.40	5.59	5.78	5.83	6.03	127.38
	白沙县	5.76	5.13	3.97	4.18	3.78	4.09	3.46	2.92	2.15	2.73	-52.55
	合计	24.36	25.33	25.65	27.72	28.07	29.02	28.43	27.18	26.19	26.77	9.92
西部地区	澄迈县	28.52	30.78	30.08	33.27	34.09	35.09	35.40	37.01	38.64	40.50	42.01
	临高县	25.59	20.07	9.17	16.05	15.29	15.33	14.48	13.19	13.97	16.95	-33.77
	儋州市	15.94	16.37	16.58	15.23	12.59	12.09	13.30	13.33	13.45	12.66	-20.56
	东方市	48.21	40.30	32.32	24.50	19.50	20.59	28.65	35.81	41.04	43.88	-8.97
	乐东县	47.66	51.59	44.83	39.79	38.68	38.71	39.48	40.57	41.79	43.92	-7.86
	昌江县	25.97	31.73	26.29	20.26	22.49	25.06	26.74	27.88	30.39	32.76	26.15
	合计	191.89	190.84	159.28	149.10	142.64	146.88	158.04	167.79	179.29	190.68	-0.63

(数据来源:海南省统计年鉴)

3. 三大区域畜禽肉、水产品产量均下降

受养殖结构调整和环保要求，2012—2021 年，三大区域畜禽肉产量和水产品产量总体均呈下滑趋势。尤其是受非洲猪瘟的影响，各区域 2018—2020 年畜禽肉产品产量下降明显，2020 年之后有所回升（图 4-5），其中海口、临高较 2012 年下降幅度超出 50%（表 4-12）。三大区域水产品自 2016 年到达高峰后，东部、中部区域先下降后缓慢上升，西部区域快速下降（图 4-6），其中白沙、三亚、乐东下降幅度较大，分别下降 88.09%、48.44%、48.21%（表 4-13）。

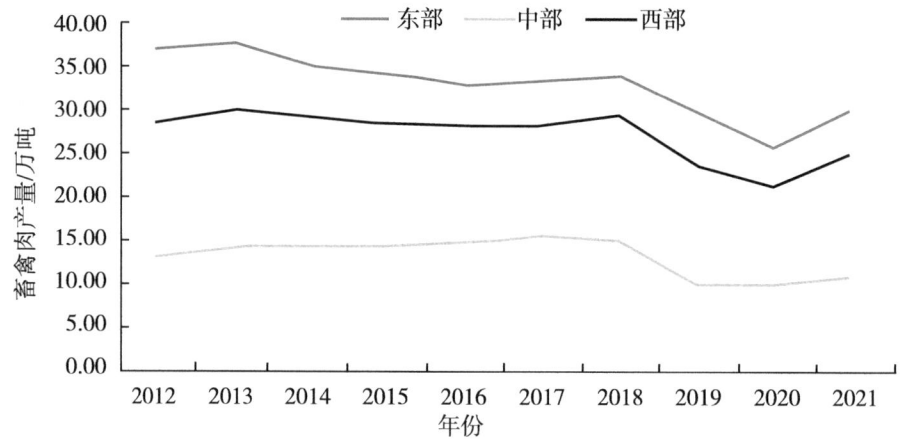

图 4-5　2012—2021 年畜禽肉产量变化趋势

表 4-12　2012—2021 年各市县畜禽肉产量

地区		畜禽肉产品产量/万吨									年均增长率/%
		2012 年	2013 年	2014 年	2015 年	2016 年	2017 年	2018 年	2019 年	2020 年	2021 年	
东部地区	海口市	11.02	11.27	10.02	9.23	8.59	8.78	8.69	6.27	4.16	5.40	-50.97
	三亚市	2.62	2.75	2.83	2.82	2.81	2.82	2.83	1.72	1.10	1.36	-48.03
	文昌市	8.30	8.49	7.63	8.03	7.71	7.84	8.36	9.92	10.15	10.61	27.91
	琼海市	8.07	8.24	7.90	7.71	7.55	7.82	7.75	7.33	6.83	7.51	-6.91
	万宁市	5.27	5.24	5.09	4.95	4.74	4.87	5.17	4.08	2.94	4.08	-22.53
	陵水县	2.06	2.20	2.15	2.05	1.77	1.86	1.83	1.10	0.74	1.17	-43.13
	合计	37.34	38.19	35.62	34.80	33.16	33.99	34.64	30.42	25.91	30.14	-19.27
中部地区	五指山市	0.53	0.56	0.57	0.60	0.66	0.70	0.55	0.52	0.40	0.30	-43.04
	定安县	5.22	5.61	5.63	5.67	5.65	6.23	6.23	5.72	4.48	4.77	-8.66
	屯昌县	3.03	3.17	3.18	3.22	3.35	3.56	3.49	0.27	1.93	2.25	-25.87
	琼中县	1.53	1.60	1.66	1.65	1.62	1.68	1.61	1.37	1.57	1.55	0.74
	保亭县	1.39	1.50	1.51	1.50	1.55	1.65	1.68	1.16	0.69	1.07	-22.98
	白沙县	1.64	1.77	1.80	1.83	1.87	1.87	1.87	1.44	1.05	0.98	-40.19

(续表)

地区		畜禽肉产品产量/万吨										年均增长率/%
		2012年	2013年	2014年	2015年	2016年	2017年	2018年	2019年	2020年	2021年	
	合计	13.35	14.20	14.34	14.47	14.69	15.69	15.43	10.47	10.11	10.92	-18.22
西部地区	澄迈县	8.08	8.51	8.14	7.98	8.49	9.00	9.18	8.54	8.69	9.58	18.55
	临高县	3.56	3.56	3.50	3.41	3.08	3.13	2.90	1.70	1.23	1.42	-60.29
	儋州市	10.47	11.20	10.53	10.19	9.77	9.08	10.01	8.07	7.61	9.58	-8.56
	东方市	2.49	2.68	2.69	2.44	2.45	2.55	2.62	1.69	1.00	1.31	-47.25
	乐东县	2.60	2.69	2.79	2.88	2.84	2.83	2.86	2.34	1.98	1.96	-24.58
	昌江县	1.65	1.83	1.85	1.86	1.87	2.01	2.13	1.40	0.96	1.16	-29.96
	合计	28.86	30.47	29.51	28.76	28.50	28.59	29.70	23.74	21.48	25.00	-13.36

(数据来源：海南省统计年鉴)

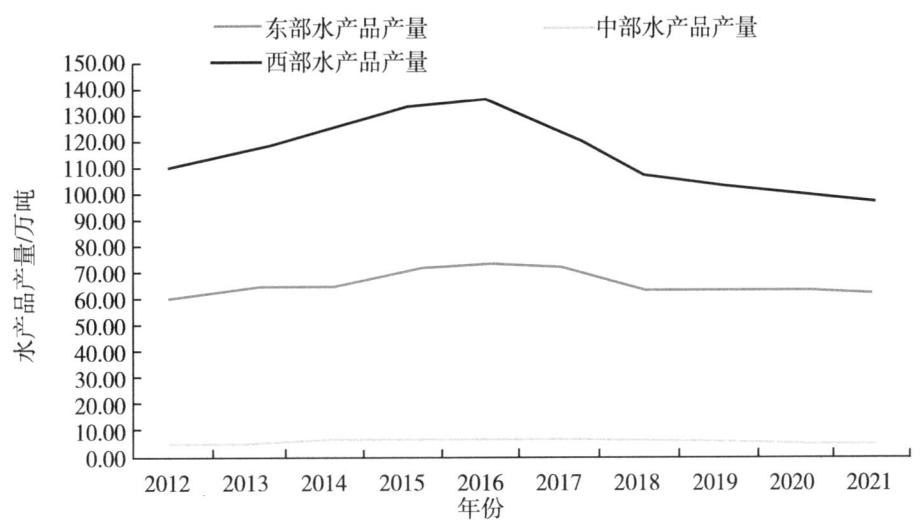

图4-6 2012—2021年水产品产量变化趋势

表4-13 2012—2021年各市县水产品产量

地区		水产品产量/万吨										年均增长率/%
		2012年	2013年	2014年	2015年	2016年	2017年	2018年	2019年	2020年	2021年	
东部地区	海口市	5.37	6.00	6.19	6.88	7.32	7.31	6.67	5.34	4.87	5.07	-5.74
	三亚市	8.05	8.10	8.56	8.89	9.25	7.60	5.26	5.99	6.08	4.17	-48.21
	文昌市	20.27	23.31	20.99	23.92	25.92	27.10	24.82	26.51	27.97	29.08	43.49
	琼海市	9.32	10.03	11.18	11.97	12.19	11.63	9.59	8.89	8.38	8.65	-7.18
	万宁市	5.71	5.91	6.55	7.06	7.58	7.73	7.39	7.50	6.98	7.49	31.19
	陵水县	9.49	9.53	10.49	10.61	10.91	10.04	8.95	9.08	7.62	7.72	-18.60

(续表)

地区		水产品产量/万吨									年均增长率/%
		2012年	2013年	2014年	2015年	2016年	2017年	2018年	2019年	2020年	2021年	
合计		58.20	62.89	63.95	69.33	73.17	71.41	62.68	63.31	61.91	62.17	6.82
中部地区	五指山市	0.22	0.19	0.20	0.22	0.23	0.23	0.22	0.23	0.22	0.23	4.71
	定安县	0.88	1.01	1.29	1.14	1.22	1.30	1.15	1.22	1.28	1.33	51.82
	屯昌县	1.07	1.07	1.16	1.26	1.38	1.53	1.37	1.45	1.02	1.04	-3.29
	琼中县	0.57	0.62	1.16	1.23	1.28	1.31	1.01	1.16	1.20	1.42	147.77
	保亭县	0.50	0.43	0.45	0.46	0.46	0.46	0.37	0.38	0.40	0.42	-14.42
	白沙县	0.93	1.02	1.70	1.61	1.69	1.75	1.47	1.43	0.51	0.11	-88.09
合计		4.16	4.35	5.96	5.92	6.26	6.57	5.59	5.86	4.63	4.55	9.33
西部地区	澄迈县	9.62	10.68	11.61	12.37	12.83	13.56	12.36	11.95	11.36	10.76	11.89
	临高县	43.80	45.98	56.60	59.58	61.66	50.46	45.05	42.65	43.05	43.11	-1.58
	儋州市	43.09	45.31	41.29	44.47	44.55	42.26	35.12	33.89	32.37	31.68	-26.48
	东方市	3.73	3.81	3.93	4.04	4.06	3.70	3.23	2.99	2.77	2.74	-26.56
	乐东县	3.63	3.44	3.79	3.98	4.11	4.11	3.45	3.31	2.75	1.87	-48.44
	昌江县	6.50	6.67	7.22	7.61	7.99	9.11	8.34	8.21	7.95	7.20	10.85
合计		110.37	115.90	124.44	132.05	135.20	123.20	107.55	102.99	100.25	97.37	-11.78

(数据来源：海南省统计年鉴)

二、影响县域农业生产的主要因素分析

区域间自然因素和人文因素不同，农业产业结构存在较大差异，也是决定农产品生产的主要因素。

（一）经济水平

通常情况，经济水平较高的县域农业主要以蔬菜、水果等经济作物和养殖业为主，对粮食生产重视程度不够，对于经济水平较低的县域，对粮食作物相对重视，但一般生产条件较差、交通不够便利、农业投入相对较低，制约了农业生产。近年来，海南经济水平逐渐增强，粮食生产量也逐渐减少，而且经济发展越快粮食生产量减少幅度越大，蔬菜、水果等经济作物则有所增加。例如，海南经济较好的东部地区粮食生产量从2012年到2021年下降33.27%，而西部下降21.00%；蔬菜、水果生产量均不同程度的增加。

（二）生产资源

土地、水、劳动力等资源条件是影响农业生产的重要因素。土地资源的丰富程度直接影响粮食、蔬菜、水果、油料等农作物的播种面积和畜禽养殖量。以耕地面积与海南主要农作物粮食和蔬菜生产量的关系为例来看,2021年海南东部、中部、西部区域耕地面积分别为15.96万公顷、6.79万公顷、21.14万公顷(表4-14),粮食产量分别为51.7万吨、25.31万吨、69.02万吨(表4-8),蔬菜产量分别为254.32万吨、69.51万吨、265.09万吨(表4-10),可以看出,耕地面积和粮食产量及蔬菜产量成正向关系。水资源对于农业生产有着重要影响。海南岛受五指山的影响,使东部与西部自然资源差异明显,主要是由于水资源不同,引起东湿西干。东部因雨量丰富,水源充足,而西部区域特别是西部沿海,雨量稀少,温度高,水源缺乏,水热严重失调,土壤质地砂瘦,保水性差。对于用水量较大的海南主要作物蔬菜来说,水资源不足会显著影响单产,海南省统计年鉴显示,如东部的琼海2021年蔬菜单产为35.22吨/公顷,西部的儋州为22.73吨/公顷。另外,劳动力资源也是影响农业发展的主要因素,随着城镇化发展,大量的劳动力转移,从事农业生产的基本是妇女和60岁以上的老人,甚至空心村随处可见,对农业生产带来了极大的影响。

表4-14 2021年海南各区域农业生产资源与投入情况

地区		耕地面积/公顷	农作物播种面积/公顷	有效灌溉面积/公顷	旱涝保收面积/公顷	化肥使用量/吨	农药使用量/吨
东部地区	海口市	50 486	51 019	17 409	8 106	84 609	1 144
	三亚市	15 073	18 435	10 523	5 918	46 923	2 411
	文昌市	40 691	56 815	22 185	5 339	83 945	1 037
	琼海市	23 002	37 296	12 389	8 397	125 455	3 044
	万宁市	18 899	41 156	11 936	7 893	66 322	905
	陵水县	11 459	28 897	16 590	15 163	19 652	1 809
	合计	159 610	233 618	91 032	50 816	426 906	10 350
中部地区	五指山市	3 268	9 466	2 546	259	3 244	290
	定安县	25 140	38 344	10 347	6 094	55 277	163
	屯昌县	13 333	29 772	4 205	2 570	30 315	268
	琼中县	9 969	17 277	3 894	1 379	19 599	877
	保亭县	5 940	10 999	4 458	2 579	14 611	532
	白沙县	10 254	14 882	3 149	1 650	19 953	616
	合计	67 904	120 740	28 599	14 531	142 999	2 746
西部地区	澄迈县	29 755	76 410	16 399	8 214	112 987	1 895
	临高县	29 634	34 742	11 724	8 273	58 777	303
	儋州市	49 500	47 800	15 455	8 332	70 635	649
	东方市	48 640	63 305	12 191	7 193	76 009	381
	乐东县	30 292	73 979	14 610	9 753	118 047	2 322
	昌江县	23 625	34 180	8 163	5 599	49 404	123
	合计	211 446	330 416	78 542	47 364	485 859	5 673

(数据来源:海南省统计年鉴)

（三）基础设施

农田水利、农产品流通等农业基础设施对农业生产产生重要影响，尤其是农业灌溉水利设施对农业防汛抗旱等具有决定性作用。海南省农业生产基础设施建设依然较弱，2021年全省农田水利有效灌溉面积为19.82万公顷，旱涝保收面积11.27万公顷，分别占农作物播种总面积的28.94%和16.46%，抵御农业灾害风险的能力仍然不强，且由于投资方向和地方政府财力不同，农业基础设施建设区域间差异较大，东部经济基础较好，农业基础设施也相对完善，中部地区经济基础较弱，相应的农业基础设施也较弱。例如，东部地区有效灌溉面积为9.10万公顷，西部地区为7.85万公顷，中部地区2.86万公顷，分别占播种面积的38.97%、23.77%、23.69%；东部地区旱涝保收面积为5.08万公顷，西部地区4.74万公顷，中部地区1.45万公顷，分别占播种面积的21.75%、14.33%、12.03%（表4-14）。

（四）农业生产投入

农业投入是农业生产的必要条件，直接影响农业产出水平，包括农药、化肥、农用机械等物质投入以及农业发展资金投入。2021年海南省投资260.71亿元用于农林水利建设，仅占总预算支出的13.22%。从化肥、农药等投入方面看，2015年前海南省化肥、农药投入量持续增加，2015年达到峰值后，由于大量投入对环境污染较为严重，因此2015年后化肥农药的投入逐年下降，且区域间经济发展水平不同，区域间农业投入也存在差距。以2021年为例，东部地区每公顷耕地化肥投入量为2.674吨、每公顷耕地农药投入量为0.065吨，中部地区每公顷耕地化肥投入量为2.298吨、每公顷耕地农药投入量为0.012吨，西部地区每公顷耕地化肥投入量为2.105吨、每公顷耕地农药投入量为0.011吨。

三、县域农业生产预测

农业生产预测的方法较多，有多因素回归预测法、年均增长率法、霍尔特双参数线性指数平滑法、时间序列回归法等，但不同的方法都有不同的优缺点，本研究针对每种农产品的生产根据海南省实际情况，参考相关文献采用不同的方法进行预测。

（一）不同区域粮食生产预测

1. 年均增长率法

根据东部、中部、西部区域粮食产量历年增长情况，计算出东部、中部、西部区域年均增长率分别为-4.39%、-3.43%、-2.58%。按照粮食年均增长率法对东部、中部、西部区域粮食产量预测结果见表4-15。

表 4-15　粮食产量预测结果　　　　　　　　　单位：万吨

地区	2025 年	2030 年	2035 年	2040 年
东部	43.19	34.50	27.56	22.01
中部	22.01	18.48	15.52	13.03
西部	62.16	54.53	47.84	41.97
全省合计	127.35	107.51	90.91	77.00

2. 霍尔特（Holt）双参数线性指数平滑法

根据海南省东部、中部、西部区域粮食产量历年增长情况（2012—2021 年），利用 SPSSAU 软件，运用霍尔特双参数线性指数平滑法，得到预测结果见表 4-16。

表 4-16　粮食产量预测结果　　　　　　　　　单位：万吨

地区	2025 年	2030 年	2035 年	2040 年
东部	48.83	46.26	42.40	39.20
中部	19.66	12.91	6.16	2.12
西部	71.20	73.98	76.76	79.54
全省合计	140.57	135.60	128.14	121.92

3. 预测结果分析

根据国家粮食稳产保供的要求，各区域粮食产量不可能大幅减少，根据年均增长率法预测值相对偏低，因此取两者的平均值作为海南各区域粮食预产值见表 4-17。

表 4-17　粮食产量预测结果　　　　　　　　　单位：万吨

地区	2025 年	2030 年	2035 年	2040 年
东部	46.01	40.38	34.98	30.61
中部	20.84	15.70	10.84	7.58
西部	66.68	64.26	62.30	60.76
全省合计	133.96	121.56	109.53	99.46

(二) 不同区域蔬菜生产预测

1. 年均增长率法

根据东部、中部、西部区域蔬菜产量历年增长情况，计算出东部、中部、西部区域年均增长率分别为 0.86%、2.23%、2.81%。按照蔬菜年均增长率法对东部、中部、西部区域蔬菜产量预测结果见表 4-18。

表 4-18　蔬菜产量预测结果　　　　　　　　　　单位：万吨

地区	2025 年	2030 年	2035 年	2040 年
东部	263.20	274.75	286.81	299.40
中部	75.90	84.73	94.59	105.60
西部	296.16	340.17	390.72	448.77
全省合计	635.26	699.65	772.12	853.77

2. 霍尔特（Holt）双参数线性指数平滑法

根据海南省东部、中部、西部区域蔬菜产量历年增长情况（2012—2021 年），利用 SPASSAU 软件，运用霍尔特双参数线性指数平滑法，得到预测结果见表 4-19。

表 4-19　蔬菜产量预测结果　　　　　　　　　　单位：万吨

地区	2025 年	2030 年	2035 年	2040 年
东部	251.43	254.43	257.44	260.44
中部	76.90	86.16	95.41	104.66
西部	288.85	318.69	348.53	378.37
全省合计	617.18	659.28	701.38	743.47

3. 预测结果分析

冬季瓜菜作为海南热带农业的重要组成部分，每年会有所增加，但是随着北方设施农业的发展，冬季瓜菜销往省外的量减少，不可能长期维持现在的年均增长速度，因此蔬菜产量预测值按照霍尔特（Holt）双参数线性指数平滑法预测结果更为合理一些。

（三）不同区域油料生产预测

根据东部、中部、西部区域油料产量历年增长情况，计算出东部、中部、西部区域年均增长率分别为-3.36%、2.30%、-6.65%。油料作物并非海南省的优势和重点产业，东部、西部区域将逐年弱化，在按照霍尔特（Holt）双参数线性指数平滑法时，预测值出现负值，因此本研究按照油料年均增长率法对东部、中部、西部区域油料产量预测更加合理，其预测结果见表 4-20。

表 4-20　油料产量预测结果　　　　　　　　　　单位：万吨

地区	2025 年	2030 年	2035 年	2040 年
东部	2.00	1.68	1.42	1.20
中部	2.48	2.78	3.12	3.50
西部	2.21	1.56	1.11	0.79
全省合计	6.69	6.02	5.65	5.49

(四)不同区域园林水果生产预测

1. 年均增长率法

根据东部、中部、西部区域水果产量历年增长情况,计算出东部、中部、西部区域年均增长率分别为 2.69%、1.06%、-0.07%。按照水果年均增长率法对东部、中部、西部区域水果产量预测结果见表 4-21。

表 4-21　园林水果产量预测结果　　　　单位:万吨

地区	2025 年	2030 年	2035 年	2040 年
东部	167.17	190.89	217.99	248.93
中部	25.95	25.08	24.21	23.34
西部	190.14	189.47	188.80	188.14
全省合计	383.26	405.44	431.00	460.41

2. 霍尔特(Holt)双参数线性指数平滑法

根据海南省东部、中部、西部区域水果产量历年增长情况(2012—2021 年),利用 SPSSAU 软件,运用霍尔特双参数线性指数平滑法,得到预测结果见表 4-22。

表 4-22　园林水果产量预测结果　　　　单位:万吨

地区	2025 年	2030 年	2035 年	2040 年
东部	169.57	194.39	219.20	244.02
中部	27.92	29.43	31.02	32.69
西部	235.53	291.64	347.74	403.85
全省合计	433.02	515.46	597.96	680.56

3. 预测结果分析

热带园林水果是海南特色产业,不会大幅减少,但也不可能长期增长,采用霍尔特(Holt)双参数线性指数平滑法预测值相对偏高,年均增长率法预测值更为合理。

(五)不同区域畜禽肉类生产预测

1. 年均增长率法

根据东部、中部、西部区域畜禽肉类产量历年增长情况,计算出东部、中部、西部区域年均增长率分别为-2.35%、-2.21%、-1.58%。按照年均增长率法对东部、中部、西部区域畜禽肉产量预测结果见表 4-23。

表 4-23 畜禽肉产量预测结果　　　　　　　　　单位：万吨

地区	2025 年	2030 年	2035 年	2040 年
东部	27.41	24.34	21.61	19.19
中部	9.98	8.93	7.98	7.14
西部	23.46	21.66	20.03	18.47
全省合计	60.85	54.93	49.62	44.8

2. 时间序列回归法

根据东部、中部、西部区域畜禽肉产量历年数据，对海南省东部、中部、西部区域分别建立时间序列回归方程，方程如下：

东部：$Y=2189.252-1.069\times T$，T 为时间，通过 SPSS 分析，模拟方程的拟合程度 R^2 值为 0.767，即方程通过检验。下同。

中部：$Y=819.225-0.400\times T$，模型 R^2 值为 0.336，方程通过检验。

西部：$Y=1537.379-0.749\times T$，模型 R^2 值为 0.579，方程通过检验。

预测结果见表 4-24。

表 4-24 畜禽肉产量预测结果　　　　　　　　　单位：万吨

地区	2025 年	2030 年	2035 年	2040 年
东部	24.33	18.99	13.64	8.30
中部	9.97	7.97	5.97	3.98
西部	21.10	17.35	13.61	9.86
全省合计	55.40	44.31	33.22	22.14

3. 预测结果分析

2015 年以来，由于生态环境限制和非洲猪瘟的影响，近年来，畜禽养殖持续下降，海南自贸港叠加 RCEP 等经贸规则下，畜禽产品进口量会增加，影响海南畜禽养殖可能会下降一段时期，但是不可能持续大幅度下降，根据预测结果，年均增长率法更为合理一些。

（六）不同区域水产品生产预测

1. 年均增长率法

根据东部、中部、西部区域水产品产量历年增长情况，计算出东部、中部、西部区域年均增长率分别为-1.78%、-0.21%、-4.06%。按照水产品年均增长率法，对东部、中部、西部区域水产品产量预测结果见表 4-25。

表 4-25　水产品产量预测结果　　　　　　　　　　单位：万吨

地区	2025 年	2030 年	2035 年	2040 年
东部	2.17	1.98	1.81	1.65
中部	0.63	0.63	0.62	0.62
西部	1.34	1.09	0.88	0.72
全省合计	4.14	3.70	3.31	2.99

2. 霍尔特（Holt）双参数线性指数平滑法

根据海南省东部、中部、西部区域水产品产量年增长情况（2012—2021 年），利用 SPSSAU 软件，运用霍尔特双参数线性指数平滑法，得到预测结果见表 4-26。

表 4-26　水产品产量预测结果　　　　　　　　　　单位：万吨

地区	2025 年	2030 年	2035 年	2040 年
东部	2.15	1.93	1.72	1.50
中部	0.59	0.58	0.58	0.57
西部	2.04	1.83	1.62	1.41
全省合计	4.78	4.34	3.92	3.48

3. 时间序列回归法

根据东部、中部、西部区域水产品产量历年数据，建立时间序列回归方程：

东部水产品产量（吨）= 985 960.661−476.303×年份，通过 SPSS 分析，模拟方程的拟合度 R^2 值为 0.716，即：方程通过检验；

中部水产品产量（吨）= 210 617.424−101.321×年份，同上 R^2 值为 0.178，即方程通过检验；

西部水产品产量（吨）= 2 808 425.455−1 380.673×年份，同上 R^2 值为 0.123，即方程通过检验。

预测结果见表 4-27。

表 4-27　水产品产量预测结果　　　　　　　　　　单位：万吨

地区	2025 年	2030 年	2035 年	2040 年
东部	2.14	1.91	1.67	1.43
中部	0.54	0.49	0.44	0.39
西部	1.26	0.56	0.33	0.00
全省合计	3.94	2.96	2.44	1.82

4. 预测结果分析

2015 年以来，由于海洋环境整治，海南省各区域海水养殖面积下降，导致海南水产品产量下降幅度较大,但是海洋渔业是海南省重点发展产业,不可能一直下降,从预测结果来看,年均增长率法和时间序列回归法的预测值均有所偏低,采用霍尔特(Holt)双参数线性指数平滑法更趋向合理。

四、县域居民人均农产品生产与消费现状分析

(一)人均粮食产量和消费量呈下降趋势

2012—2021年,各区域居民人均粮食生产量和消费量都出现了不同程度的下降。其中中部地区人均产量下降幅度最大。从各市县来看,东部区域陵水县、中部区域定安县、西部区域昌江县人均粮食生产量下降最快(表4-28)。各区域人均产量均大于全岛人均消费量,东部地区人均产量最接近人均消费量(图4-7)。

表4-28 人均粮食产量情况　　　　　　　单位:千克/人

地区		人均粮食产量				
		2012年	2015年	2017年	2019年	2021年
东部地区	海口市	86	74	65	53	35
	三亚市	94	67	59	54	35
	文昌市	331	299	243	196	117
	琼海市	294	261	224	190	210
	万宁市	189	166	165	145	193
	陵水县	294	289	262	168	137
合计人均产量		215	193	170	134	121
中部地区	五指山市	241	205	182	127	118
	定安县	391	413	410	343	187
	屯昌县	357	368	353	300	323
	琼中县	277	435	227	175	142
	保亭县	212	200	170	145	140
	白沙县	225	182	170	132	133
合计人均产量		284	301	252	204	174
西部地区	澄迈县	426	435	420	382	303
	临高县	304	362	284	245	425
	儋州市	212	195	159	134	293
	东方市	321	247	194	204	223
	乐东县	325	270	247	209	239
	昌江县	249	195	169	113	110
合计人均产量		306	284	246	215	266

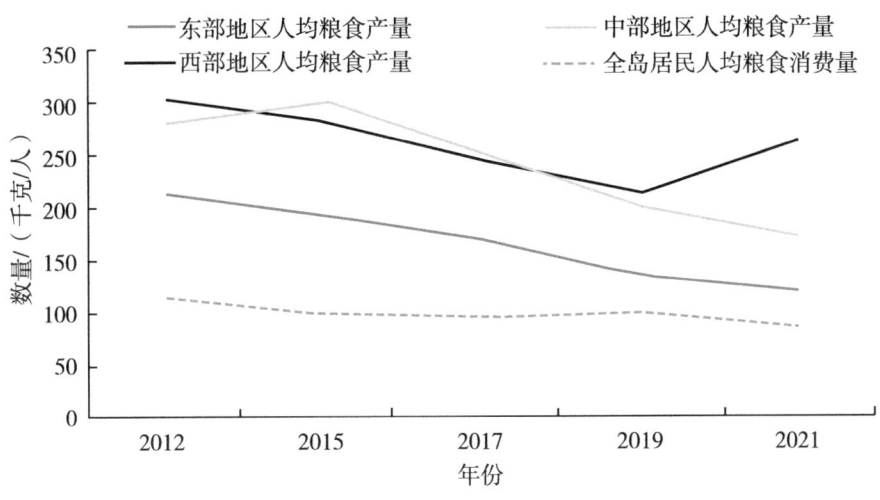

图 4-7 人均粮食产量与消费量变化趋势

(二) 人均油料产量下降，消费量增加

2012—2021 年，海南油料生产量总体较少，各区域居民人均油料生产量不同程度的下降，其中东部、西部区域下降趋势明显。从各市县来看，仅有东部区域屯昌县和西部地区澄迈县、临高县有所增加，其他市县均下降（表 4-29）。全岛人均消费量逐年增加，其中东部地区人均产量低于消费量，中部和西部区域人均产量略低于人均消费量（图 4-8）。

表 4-29 人均油料产量情况　　　　　　　　　　单位：千克/人

地区		人均油料产量				
		2012 年	2015 年	2017 年	2019 年	2021 年
东部地区	海口市	3	3	4	3	2
	三亚市	1	0	0	0.2	0
	文昌市	20	27	24	6	6
	琼海市	8	6	6	5	2
	万宁市	6	8	8	5	5
	陵水县	18	17	16	7	1
合计人均产量		9	10	10	4	3
中部地区	五指山市	8	10	12	6	8
	定安县	27	52	51	46	2
	屯昌县	18	20	21	19	46
	琼中县	22	23	20	16	16
	保亭县	7	7	7	5	4
	白沙县	2	2	2	2	2
合计人均产量		14	19	19	16	13

(续表)

地区		人均油料产量				
		2012 年	2015 年	2017 年	2019 年	2021 年
西部地区	澄迈县	12	13	13	12	19
	临高县	6	5	5	4	12
	儋州市	19	16	16	8	4
	东方市	32	33	23	29	17
	乐东县	25	22	16	10	11
	昌江县	11	6	7	5	4
合计人均产量		18	16	13	11	11

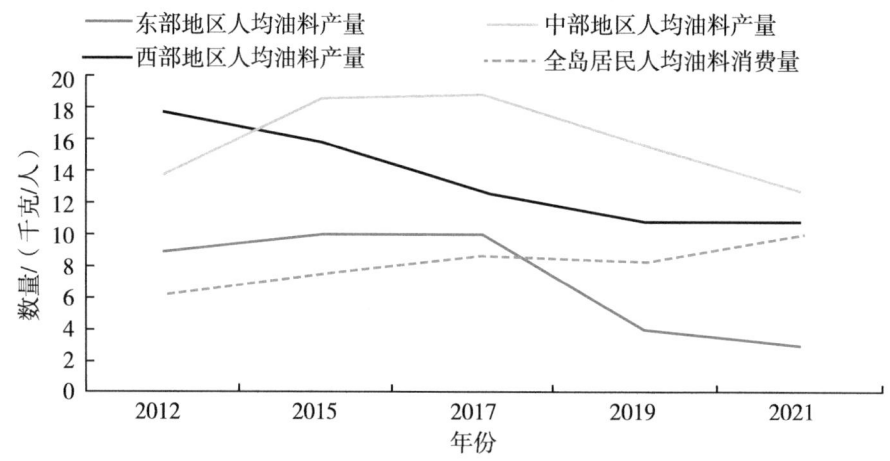

图 4-8　人均油料产量与消费量变化趋势

（三）人均牛羊猪肉产品产量下降趋势

2012—2021 年，受养殖结构调整和非洲猪瘟疫情的影响，各区域居民人均牛羊猪肉生产量不同程度的下降，东部、中部、西部区域分别下降了 46%、29%、38%，尤其是 2019 年后，下降幅度较大。从各市县看，东部地区各市县人均产量均下降，海口、三亚下降幅度最大，均超过 60%；中部地区五指山市、琼中县人均产量增加，其他市县均下降；西部地区临高县人均产量略有增加，其他均有所下降（表 4-30）。全岛人均消费量逐年增加，其中 2020 年起东部地区人均产量略低于人均消费量（图 4-9）。

表 4-30　人均牛羊猪肉产品产量情况　　　　　　　　单位：千克/人

地区		人均牛羊猪肉产量				
		2012 年	2015 年	2017 年	2019 年	2021 年
东部地区	海口市	41	32	28	17	13
	三亚市	30	30	30	14	9
	文昌市	40	40	39	40	15
	琼海市	87	79	72	60	46
	万宁市	68	63	61	36	64
	陵水县	52	52	46	20	24
合计人均产量		53	49	46	31	29
中部地区	五指山市	40	45	45	31	66
	定安县	127	127	120	95	39
	屯昌县	85	88	87	60	65
	琼中县	71	75	73	59	73
	保亭县	75	77	77	50	51
	白沙县	82	88	85	60	46
合计人均产量		80	83	81	59	57
西部地区	澄迈县	85	81	77	47	56
	临高县	52	46	41	22	72
	儋州市	80	69	63	50	20
	东方市	43	41	40	25	20
	乐东县	46	48	46	33	28
	昌江县	55	60	60	33	26
合计人均产量		60	57	55	35	37

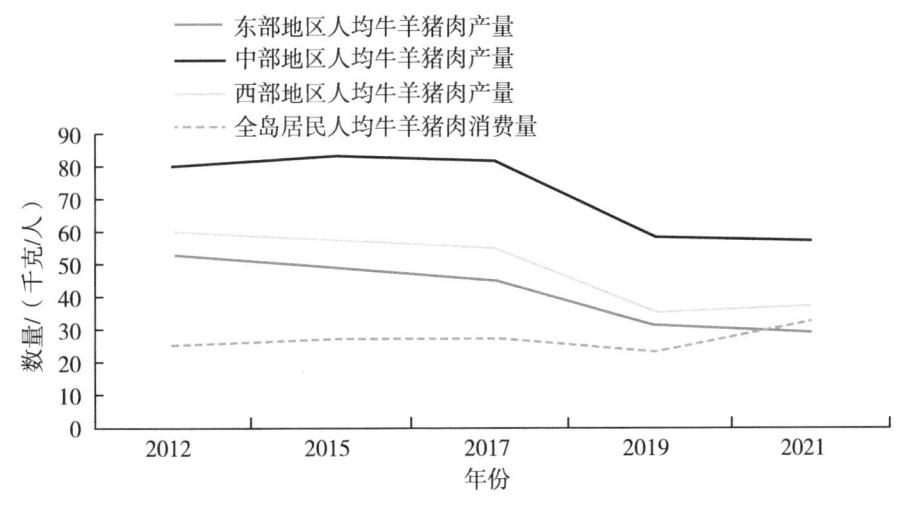

图 4-9　人均肉类生产量和消费量变化趋势

(四) 人均水产品产量呈现下降趋势

2012—2021 年，人均产量先升高后下降，尤其是西部和东部区域变化较为明显。从各市县来看，东部地区琼海市、万宁市人均水产品产量增加，海口市、三亚市、文昌市、陵水县等市县均不同程度的下降；中部地区定安县、琼中县人均水产品产量增加，其他不同程度下降，尤其是白沙下降幅度较大，从 2012 年的 55 千克/人，下降到 2021 年的 7 千克/人；西部地区除昌江县增加外，其余均有所下降，但变化幅度较小（表 4-31）。全岛居民人均水产品消费量小幅增加，各区域人均产量均高于人均消费量（图 4-10）。

表 4-31 人均水产品产量情况　　　　　　　　单位：千克/人

地区		水产品人均产量				
		2012 年	2015 年	2017 年	2019 年	2021 年
东部地区	海口市	25	31	32	23	17
	三亚市	111	119	99	77	39
	文昌市	374	431	481	461	513
	琼海市	190	238	228	170	162
	万宁市	104	125	135	128	135
	陵水县	295	324	303	269	205
合计人均产量		183	211	213	188	179
中部地区	五指山市	21	21	21	21	20
	定安县	31	39	44	40	46
	屯昌县	42	48	57	53	41
	琼中县	33	69	73	64	78
	保亭县	34	30	30	24	27
	白沙县	55	94	101	82	7
合计人均产量		36	50	54	47	37
西部地区	澄迈县	203	256	276	239	214
	临高县	1 012	1 345	1 124	935	1 020
	儋州市	423	455	425	336	327
	东方市	91	96	87	69	61
	乐东县	79	84	86	68	40
	昌江县	289	332	392	348	343
合计人均产量		349	428	398	333	334

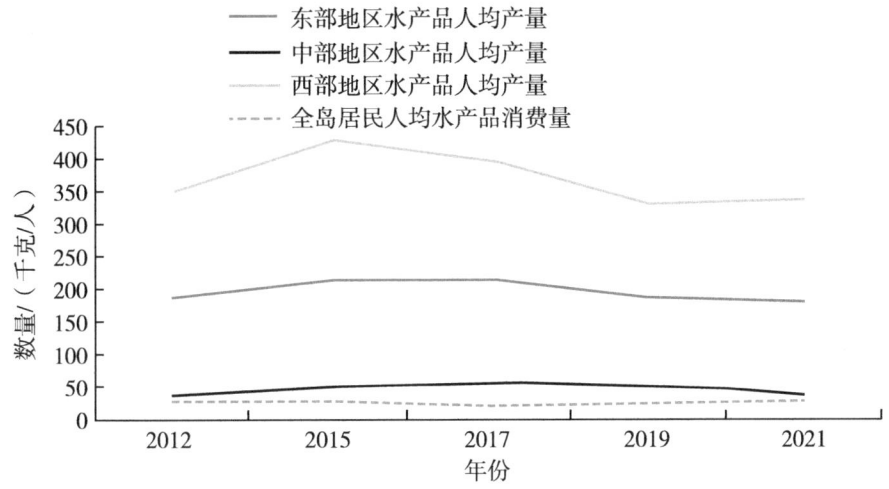

图 4-10 人均水产品生产量和消费量变化趋势

五、农产品可持续发展对策

（一）因地制宜制定区域农产品发展目标，合理引导生产

各区域应结合当地农业农村资源禀赋和特点，制订科学合理的农业农村发展规划，确定明确的发展目标。海口市、三亚市、陵水县等东部区域的社会经济发展水平较高，土地资源丰富，产业基础扎实，应在确保粮食产量不再下降的情况下，建设高端优质稻米生产基地，高标准建设莲雾、荔枝、香蕉等精品水果基地等，增强优质农产品生产能力。儋州市、临高县、昌江县、东方市等西部区域经济社会发展水平处于全省中等水平，农业资源丰富，但缺水问题突出，是全省主要农业区域，应在稳粮生产的基础上，进一步加强渔业和生猪生产。五指山市、白沙县、琼中县等中部区域是全省生态屏障，经济社会发展基础较差，农业规模小、特色产品多，应在适当增加粮食产量的基础上，加大五指山红茶、琼中山兰稻、白沙绿茶、五指山山柚（油茶）等特色农产品的发展。

（二）强化科技支撑，全面提升农产品质量

一是依托省内外农业院校和科研院所，培育海南各区域专用品种和良种良法配套技术，提升产品品质。二是加大对新、优、特农产品品种及技术的推广力度，让更多的农业生产者接受新品种新技术。三是要对各区域农产品生产制定相应的标准、生产规程等，提高产品生产标准。四是组织专家团队在产前、产中和产后的关键环节，进行现场指导和科技培训，提高农产品生产水平。五是建立覆盖生产、加工、销售、物流等全产业链的农产品质量安全和追溯制度，加强农产品的市场监测监管能力，确保农产品质量安全。

(三）提高精深加工水平，发展差异化农产品

以"粮头食尾""农头工尾"为抓手，切实推进农产品精深加工，延长产业链，实现由"原字号"农产品向专用特色、精深加工终极产品转变。一方面深入挖掘各区域特色农产品发展优势，提升农产品就地转化增值能力；另一方面提高精深加工比例，形成特色化、差异化农产品，满足不同消费者需求，如蔬菜可以加工成腌渍、酱制、脱水等产品；肉类可加工成高档小包装肉、半成品肉、熟肉制品等，以提高农产品附加值。

（四）建立全产业链物流体系，降低运输损耗

加强发展冷链物流产业，立足热带特色农产品生产。一是加强田头预冷设施建设，为生鲜农产品运输、储藏及配送等环节提供前提基础。二是加快冷藏、冷冻、运输等冷链物流基础设施建设，完善现代冷链设施配套。三是以信息技术带动农产品物流体系的建设，构建全链条监管追溯体系。四是全力打造农产品采集、预冷、加工、冷藏、运输、销售及配送等一体化冷链物流体系，避免"断链"或"失温"，有效降低农产品储运过程中的损耗。

（五）健全社会化服务体系，提高生产效率

立足服务热带农业生产产前、产中、产后全过程，围绕农资供应、技术集成、市场信息、农机作业及维修、疫病防控、农业废弃物资源化利用、农产品营销、仓储物流和初加工等生产环节，针对不同区域地形地貌和特色产业发展，培育个性化的农业社会化服务组织，健全农业社会化服务体系，为农业经营主体提供有偿服务，提高效率、降低生产成本、增加效益。

第五章　海南农业功能分区与布局优化

农业具有多功能性，即农业具有经济、社会、生态、政治、文化等多种功能，其功能发挥水平是通过土地资源边际效用所决定的土地资源价值量来进行衡量的。随着现代社会城市化、信息化进程加快，尤其是贸易全球化、自由化以及后疫情时代的到来，许多国家和地区农业面临不利的处境甚至出现不同程度萎缩，影响了农业在这些国家政治、社会、生态及文化等方面的功能效益，进而威胁到农村地区甚至是整个国家的可持续发展，农业非经济功能重要性逐步凸显，并越来越被人们所认识和利用。农业结构的战略性调整应当以最有效地实现农业各类功能为目的，而合理的农业功能分区是确定不同地区农业功能目标的重要基础。作为自贸港建设背景下的海南农业，如何更好地根据区域间农业功能的差异性，来科学划分海南农业多功能综合区，优化其功能分区与布局优化，充分发挥农业的正功能性，激发农业的潜功能，对于规范海南自贸港农业发展空间秩序，促进农业区域分工与区域协调发展至关重要，尤其是对于封关后海南农业可持续发展具有重要意义。

一、农业多功能综合分区与区域功能定位

（一）农业的多功能地域分异特性

研究农业多种功能的地域分异特性是进行多功能综合分区的基础。农业多功能性具有公共产品特性，市场无法体现其完整价值。从海南省实际情况出发，主要研究以下 4 个方面的功能及其地域分异特点，以及制约其功能发挥的主要影响因素。

1. 农产品供给功能

农产品生产目的主要有商品性供给和非商品性供给，其供给范围可以划分为全省性供给和区内消费供给，两者共同保障着国家的食物安全和经济安全。

海南省粮食供给型生产地域集中分布于澄迈、临高、文昌、儋州、乐东、万宁、琼海、海口、东方，上述市县粮食总产量占海南省粮食总产量的 74.82%；甘蔗供给型生产地域集中分布于儋州、昌江、澄迈，这些地区的甘蔗总产量占海南省甘蔗总产量的 78.33%；瓜菜供给型生产地域集中分布于乐东、澄迈、东方、文昌、万宁、琼海、海口，上述市县瓜菜总产量占海南省瓜菜总产量的 63.62%；茶叶供给型生产地域集中分布于白沙、澄迈、五指山，上述市县茶叶总产量占海南省茶叶总产量的 85.38%；园林水果供给型生产地域集中分布于三亚、乐东、东方、澄迈、昌江、万宁、琼海、海口，

上述市县园林水果总产量占海南省水果总产量的77.83%；天然橡胶供给型生产地域集中分布于儋州、白沙、澄迈、琼海、琼中、屯昌，上述市县天然橡胶总产量占海南省总产量的66.19%；椰子供给型生产地域集中分布于琼海、文昌、万宁、定安，上述市县椰子总产量占海南省总产量的79.83%；咖啡供给型生产地域集中分布于澄迈、万宁、白沙，上述市县咖啡总产量占海南省总产量的95.67%；槟榔供给型生产地域集中分布于琼海、万宁、三亚、定安、琼中、保亭，上述市县槟榔总产量占海南省总产量的59.60%；胡椒供给型生产地域集中分布于文昌、琼海、万宁、海口，上述市县胡椒总产量占海南省总产量的89.44%；益智供给型生产地域集中分布于白沙、保亭、琼中、五指山、万宁、乐东，上述市县益智总产量占海南省总产量的93.42%；猪牛羊肉类供给型生产地域集中分布于儋州、澄迈、海口、琼海、文昌、万宁、定安、屯昌、琼中、乐东，上述市县猪牛羊肉类总产量占海南省总产量的82.37%；禽类供给型生产地域集中分布于文昌、澄迈、琼海、儋州、定安、万宁，上述市县禽类总产量占海南省总产量的80.64%；海水产品类供给型生产地域集中分布于临高、儋州、文昌，上述市县猪牛羊肉类总产量占海南省总产量的66.35%；淡水产品类供给型生产地域集中分布于文昌、澄迈、琼海、儋州、海口、琼中、万宁、定安、屯昌，上述市县猪牛羊肉类总产量占海南省总产量的91.22%。

区内消费型生产地域集中分布在人口较多的海口、三亚、儋州3个中心城市。这3个城市中，海口、儋州既是消费型生产地域也是供给型生产地域；三亚作为国际旅游城市，是典型的消费型生产地域，其上述产品中仅有园林水果和槟榔产量在全省居前三位。

2. 生态功能

农业的生态功能主要通过人工植被（绿地）和人工湿地两类载体实现。与其他用地方式不同，农业用地的主要形态是保持有一定的植被覆盖，水田需保有一定时期的淹水量。因此，与农业用地相关的农业生产活动均具有相应的生态功能。农业用地的城市人工绿地功能主要体现在城市地区。人工湿地功能主要分布在水稻主产区如澄迈、临高、乐东、万宁、琼海、儋州、海口、定安、文昌、东方、屯昌等水稻种植区和沿海红树林保护区。

3. 文化功能

（1）农业文化遗产保护功能

该功能主要考量其独特性，如海口羊山荔枝种植系统、海南琼中山兰稻作文化系统、海南五指山牙胡梯田稻作生态系统、白沙茶文化系统等，其中海口羊山荔枝种植系统、海南琼中山兰稻作文化系统已被认定为第四批中国重要农业文化遗产，海南儋州的千年古盐田传承着我国古代海水制盐的历史文化和高超的制盐技术，其古老的晒盐技艺已被列入第二批国家非物质文化遗产名录，这些文化物质遗产其实际尺度较小，且散布在较大的地域空间内。

（2）文化多样性保护功能

海南传统农耕文化大约产生于3 000年前，由汉、黎、苗、回等多民族共同创造发展，受自然环境、生产力要素及文化心理等影响，既呈现出历史演变的延续性和复杂性,又具有共时结构的多元性和多态性,生产方式和生活方式兼具,是许多民族文化和地域文化形成和存续的基础。而且保护少数民族文化,以及维护边疆民族地区民族团结、社会安全稳定、边疆繁荣发展等重要政治意义。农业文化多样性保护功能目前重点考虑少数民族文化中与农业关系密切的部分。

(3) 教育、休闲、审美功能

在海南国际旅游岛、自由贸易港相关政策支持下,海南农业的教育、休闲、审美功能被充分激发,普遍存在于海南省全域,而突出表现在滨海城市带和海南国家热带雨林公园。

4. 社会保障和就业功能

虽然中国已是全球第二大经济体,但是在许多农村地区,农民的生存保障和就业仍然需要由农业来承担。海南是一个热带农业资源丰富、农业经济总量和农业人口占比较高的省份,约有80%的土地在农村,60%的户籍人口是农民,20%的GDP来自农业,对海南而言,农业不仅是国民经济的基础,也是高质量推进自贸港建设的重要支撑。目前,承担社会保障和就业功能的区域主要分布在海口经济圈、三亚经济圈、儋洋经济圈、滨海城市带。

上述农业各项功能能否有效、稳定地实现,必然受到外部的自然条件和社会因素的正反向影响。对制约农业功能实现的外部因素,可以从其基本动因差异划分为城镇化资源压力、土地退化压力和资源环境保护三大类型。

(二) 农业多功能综合分区原则与分区方案

1. 分区原则与依据

(1) 分区原则

区内相似性与区间分异性相结合原则:是指根据地域分异规律,区内相似性最小和区间分异性最大是任何区划中都必须要遵循的原则,即在同一个分区中,各个区域的判别指标具有非常大的相似性特征,特别是综合性特征,而在不同的分区中,各因素应相差很大。即水土流失类型分区既要做到区内分异性最小,又要做到区间分异性最大。地域分异分为4个等级:全球性规划的地域分异(如以热量带划分的全球性地域分异)、大陆和大洋规模的分异(如以横贯整个大陆的纬度自然地带和海洋上的自然带的地域分异)、区域性规模的地域分异(其表现为湿度省性或经度省性和带段性,如在热带大陆东岸、大陆内部和大陆西岸分布不同的区域性地带。垂直带性也是区域性的分异规律)、地方性的地域分异(分为两类:一是由地方地形、地面组成物质和地下水埋藏深度的不同所引起的系列性地域分异;二是由地方地形的不同所引起的坡向上的地域分异)。

综合分析与主导因素相结合原则:综合分析原则是强调在进行某一级区划时,必须全面考虑构成环境的各组成成分和其本身综合特征的相似和差别,然后挑选出一些具有相互联系的指标作为确定区界的根据。贯彻综合性原则,目的是要保证所划分的单位,是一个具有特点的自然综合体。主导因素原则强调选取反映区域分异的主导因素的某一主导标志来作为确定区界的主要根据,并且特别强调在进行某一级区划时,必须按统一的指标来划分。在进行分区时，首先要对各种指标进行综合性分析，在此基础上再找出区域分异的主导因素。

区域共轭性原则：又称空间连续性原则、地域完整性原则，即每个具体的区划单位都要求是一个连续的地域单位，不能存在着独立于区域之外而又从属于该区的单位。区划的这一属性，称为区域共轭性。这一原则决定了区划单位永远是个体的，不能存在着某一区划单位的分离部分。例如，山间盆地与周围山地在自然特征上有明显差别，但根据区域共轭性原则，两者同属于更高一级的区划单位。

发生学原则：发生学原则应理解为区域单位成因的一致性和区域发展性质的共同性原则。由于地域分异是长期发展的结果，具有一定的继承性，追溯发展历史以论证其发生、发展的异同是十分重要的。在追溯发展历史的同时，应当认识到，区划的对象是区域形成和发展的自然地理过程所产生的现阶段的自然综合体，区划最终要落实在现代自然特征上，因而必须注意古今之间发生发展过程上的联系；另外，作为区划依据的发生也只可能是一个区划单位所以不同于同级其他单位的基本特点的发生。在高级单位的区划中大多采用生物气候原则。区划的低级单位是处在同一水热条件下，同级各单位之间基本特点的不同，常常是因地貌条件的差异而引起的。

多级续分原则：区域相似性与差异性是相对的，根据其相似性与差异性程度进行逐级的区域划分是必要的。多级续分可以客观揭示区域的现状结构特点，以及地域分异由普遍到特殊、由大同到小异的等级差异性。

定性分析与定量研究相结合原则：自上而下的定性分析可以把握全局，不易造成总体上的分区失误，但区域界线不易确定；而自下而上的定量研究可以提出明确的分区界线，用定量物标反映区域利用格局，但容易迷失组合方向。因此，在分区时，有必要将定性分析和定量研究相结合，互相补充，相得益彰。

（2）分区依据

主要依据区域农业多功能构成特征的相对一致性、实现功能的外部制约因素的相对一致性；采用自上而下与自下而上两种途径，定性定量相结合，并参考中国农业综合区划、中国经济区划、土地利用区划、生态区划、我国热带作物种植业分区、海南自由贸易港统筹区域协调发展意见等已有成果，并根据海南省地形地貌划分为大起伏山地、中起伏山地、小起伏山地、高丘陵、中丘陵、低丘陵、高台地、中台地、低台地、起伏平原、倾斜平原、平坦平原。

2. 功能分区方案

本方案划分为6个一级区、12个二级区（表5-1、图5-1）。一级区反映全省农业多功能地域分异的基本格局，主要由大的地理界线、大的区域经济发展不平衡性所控制。二级区则更具实用性，反映从全省角度出发的各项功能的具体特征及外部制约因素。由于2012年国务院批准了《海南省海洋功能区划（2011—2020年）》，其中渔业方面划定了农渔业区，非渔业方面划定了港口航运、工业与城镇用海区、矿产与能源区、旅游休闲娱乐区、海洋保护区、特殊利用区、保留区，共8个一级类海洋功能区及188个基本功能区，故本章未对海洋渔业进行二级分区。

第五章 海南农业功能分区与布局优化

表 5-1　海南农业多功能综合分区方案

一级功能区	二级功能区
1. 海口经济圈农业区	1.1 海澄文都市农业区
	1.2 定屯农牧区
2. 三亚经济圈农业区	2.1 三亚种业创新区
	2.2 乐陵热带高效农业区
	2.3 保亭农旅融合区
	2.4 三沙战略保障区
3. 儋洋农业区	3.1 儋州农牧区
	3.2 洋浦滨海区
4. 东部滨海农业区	4.1 琼海外向农业区
	4.2 万宁精品农业区
5. 西部台地农业区	5.1 临高农业区
	5.2 东（方）昌（江）农业标准化示范区
6. 中部生态农业区	6.1 五指山区

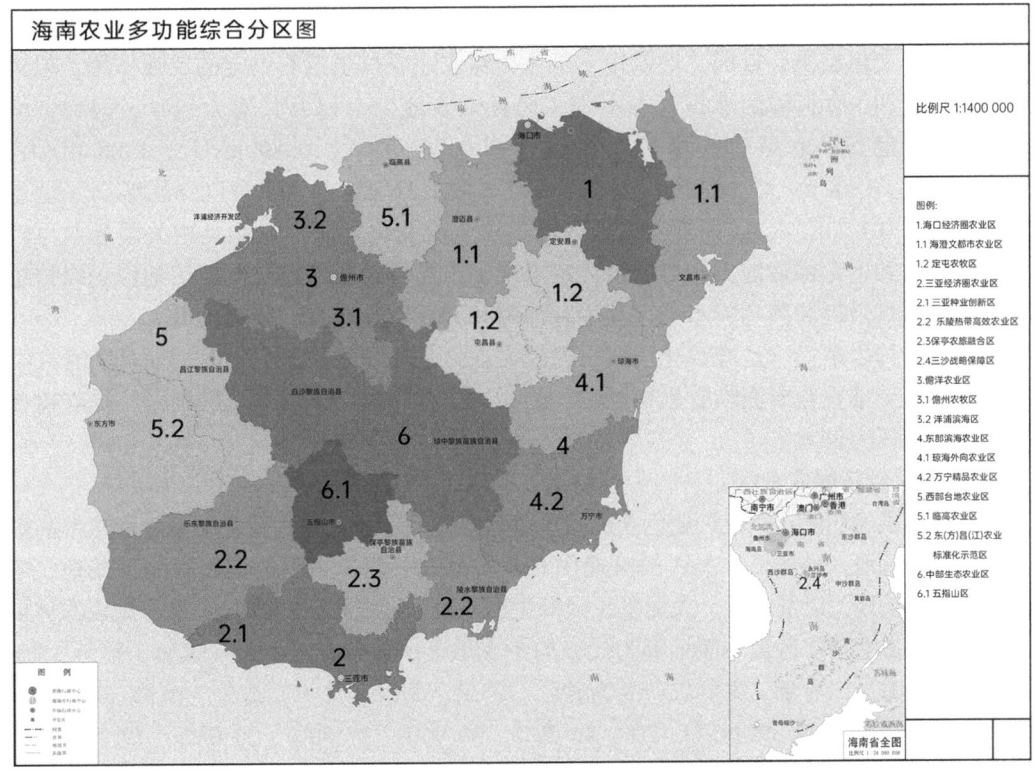

图 5-1　海南农业多功能综合分区图

(三) 各功能区农业主体功能定位

1. 海口经济圈农业区

农产品供给功能：海口、澄迈、文昌是都市农业发展区，其模式主要有设施农业、观光休闲农业、农业科技园区、循环农业等，该区域是海口及周边城市主要农产品供给基地。凭借精品化、特色化的现代都市农业，海口、澄迈、文昌分别形成各具特色的都市产业，形成众多农业品牌。海澄文地区主要农产品为禽肉类、禽蛋、猪牛羊肉类、水产品、胡椒、椰子、蔬菜、粮食、园林水果，分占全省总产量的48.73%、42.68%、29.19、27.37%、46.46%%、32.97%、30.39%、29.81%、21.08%。

生态功能：都市农业作为绿色植物产业，具有替代城市建设绿地的生态功能，尤其是海口获评全球首批国际湿地城市，有保护红树林景观的人工和自然相结合的湿地功能。而且，位居全省产量第一的水稻田具有人工湿地功能。

文化功能：都市农业具有"窗口农业"的作用，由于现代化程度高，对其他地区起到样板、示范作用，并可为城市居民进行农业知识教育和休闲娱乐。同时，还具有文化传承功能，主要包括海口羊山荔枝种植系统、红树林湿地景观保护等功能。

社会保障和就业功能：农业作为城市文化与社会生活的组成部分，通过农业活动满足市民与农民之间的社会交往、精神文化生活的生活保障需要，如观光休闲农业和农耕文化与民俗文化旅游。目前，城镇化、工业化对农业农村虽然有一定的反哺作用，但对农村的就业和生存保障的承担能力不强，而且人多地少（以常住总人口计，海口、澄迈、文昌、定安、屯昌的人均耕地面积分别0.26亩/人、0.89亩/人、1.08亩/人、1.31亩/人、0.78亩/人，均低于全国的平均水平1.36亩/人，除海口外均略高于全省的平均水平0.65亩/人）。而海澄文地区通过农业产业化发展，农业及相关服务业可以提供的就业和生存保障能力相对较强；定屯地区人均耕地虽然略高，但该地区仍以传统农业为主，难以提高其功能水平，其生存保障和就业压力较大、能力较低。

外部制约因素：一是城镇化用地压力较大；二是环境保护压力较大，而且随着人类活动增加，土壤重金属面临着累积风险，矿物风化程度大，土壤易呈酸性；三是红树林等生态保护压力较大。

2. 三亚经济圈农业区

农产品供给功能：三亚种业创新区与乐陵热带高效农业区是种业创新高地和热带高效农产品供给基地，是海南首个"国家现代农业示范区"以及重要的南繁育制种基地、冬季瓜菜生产基地，以及芒果、火龙果、槟榔生产基地，形成了以芒果、龙眼为代表的林果产业带，以圣女果、苦瓜、西瓜等为代表的冬季瓜菜产业带，以带鱼、鱿鱼、鲲鱼、虾、蟹等为主的海洋产业带。主要农产品为砂仁、芒果、龙眼、瓜类、蔬菜、槟榔（鲜），分别占全省总产量的99.39%、77.47%、49.22%、36.96%、27.89%、20.03%、19.20%。

生态功能：陵水、保亭被纳入海南国家热带雨林公园范围。该公园为全国首个完成自然资源确权登记的国家公园，是全球重要的种质资源基因库，是中国热带生物多样性保护的重要地区，也是全球生物多样性保护的热点地区。在此发展生态优先的绿色农业，增加了人工绿地功能。

文化功能：具有为居民提供休闲教育，以及疍家文化保护功能。

社会保障和就业功能：城镇化、工业化对农业农村虽然有一定的反哺作用，但对农村的就业和生存保障的承担能力不强，而且人多地少（以常住总人口计，三亚、乐东、陵水、保亭的人均耕地面积分别为 0.21 亩/人、0.97 亩/人、0.46 亩/人、0.57 亩/人，均低于全国的平均水平 1.36 亩/人，除乐东外均低于全省的平均水平 0.65 亩/人）。而三亚地区虽然人均耕地面积少，但通过旅游业等第三产业带动农业发展，可以提供较强的就业和生存保障能力；乐东地区人均耕地面积较大，通过农业产业化发展，农业保障能力中等；其他地区人均耕地面积较小，其就业和生存保障压力较大、能力较弱。

外部制约因素：一是城镇化用地、用电压力较大；二是环境保护压力加大，并且随着农旅融合项目的增加，对滩涂等的环境保护压力加大；三是疍家文化保护的压力较大。

3. 儋洋农业区

农产品供给功能：儋州农牧区和洋浦滨海区是海南省天然橡胶、生猪等主要农产品供给基地和农产品进出口基地，热带作物种植面积位居全省第一，主要农产品为牛羊猪肉类、甘蔗、天然橡胶、水产品、花生、禽肉、禽蛋，分占全省总产量的 48.64%（位居全省第一）、32.26%（位居全省第一）、18.82%（位居全省第一）、19.31%（位居全省第二）、10.56%（位居全省第三）、9.75%（位居全省第四）、9.67%（位居全省第四），其中水产品类主要产品为虾蟹类（产量占全省的 27.27%，位居全省第一）、贝类（产量占全省的 29.47%，位居全省第二）、藻类（产量占全省的 20.99%，位居全省第三）、江蓠（全省唯一产地）。

生态功能：该区域的橡胶、甘蔗、花生等人工植被有涵养水源、防止水土流失功能，并能促进土壤质地和养分改善的功能。

文化功能：具有为居民提供休闲教育，以及国家非物质文化遗产儋州千年古盐田制盐工艺及景观的保护功能。

社会保障和就业功能：城镇化、工业化对农村生存保障和就业承担能力弱。人均耕地面积（0.77 亩/人）虽然较全省平均水平（0.65 亩/人）高，但仍较全国的平均水平（1.36 亩/人）低，而且主要产业效益不高，难以提高功能水平，该区域的就业和生存保障压力较大、能力较弱。

外部制约因素：儋州是全省种植桉树面积最大的地区，由于缺乏科学经营，导致土地表面板结，容易出现土地沙化现象，而且桉树会分泌一种化学物质，这种物质会抑制和排斥其他植物的生长，使得桉树底下的植物都长不起来，对本地乡土、原产、原生的物种有极大的抑制性，生态遭受颠覆性的破坏，且难以恢复。

4. 东部滨海农业区

农产品供给功能：琼海外向农业区与万宁精品农业区是外向农业和精品农业基地。近年来，琼海市充分发挥热带地区气候优势，利用博鳌亚洲论坛的平台和影响力，加快基地规模化、品牌化发展，提高产品知名度。琼海市通过多渠道引进全球热带水果种质资源，对引进热带水果品种进行研发改良，实现优良品种更新换代，开发具有国际竞争力的优势品种，并逐步扩大优良品种示范种植，实现热带水果产业转型升级，打造全世界热带水果品种、种子交流汇聚地,并建设国际热带水果交流合作中心,培育集生产定制、采摘加工、观光科普等于一体的新产业新业态,推动农旅融合发展,打造4A级旅游景区,建成世界热带水果观光旅游胜地,推动农业高质量发展。目前,该市主要农产品为椰子、槟榔、胡椒、菠萝、蔬菜、天然橡胶、荔枝、禽肉、猪牛羊肉类、淡水产品、藻类,分占全省总产量的33.45%(位居全省第一)、13.55%(位居全省第一)、27.73%(位居全省第二)、26.06%(位居全省第二)、8.97%(位居全省第三)、8.47%(位居全省第四)、7.36%(位居全省第四)、12.68%(位居全省第三)、10.12%(位居全省第四)、8.09%(位居全省第三)、7.93%(位居全省第四)。万宁市着力打造热带高效乡村产业带、海洋蓝色产业带、乡村休闲旅游态康养产业带、乡村振兴示范区、农业绿色发展先行区等"三带两区",打造优势特色乡村产业、海洋渔业等"百亿元级"农业产业,积极谋划海洋渔业、槟榔产业、东山羊产业、兴隆咖啡产业、休闲渔业等产业与国际现代农业示范区、国家现代农业产业园、国家优势特色产业集群、国家农村三产融合发展示范园、国家休闲农业重点县和农业产业强镇等项目对接,推动乡村产业的集聚融合发展,构建乡村产业发展的新格局。目前,该市主要农产品为咖啡、槟榔、胡椒、椰子、荔枝、蔬菜、海水养殖产品(主要是海养对虾)、羊肉,分占全省总产量的33.72%(位居全省第一)、30.04%(位居全省第二)、11.92%(位居全省第二)、16.98%(位居全省第三)、11.23%(位居全省第三)、9.24%(位居全省第四)、7.76%(位居全省第四)、13.16%(位居全省第三)、9.55%(位居全省第三)。

生态功能:万宁被纳入海南国家热带雨林公园范围,该公园为全国首个完成自然资源确权登记的国家公园,是全球重要的种质资源基因库,是中国热带生物多样性保护的重要地区,也是全球生物多样性保护的热点地区之一。在此发展生态优先的绿色农业,增加了人工绿地生态功能。

文化功能:具有为居民提供休闲教育,以及疍家文化保护功能。

社会保障和就业功能:城镇化、工业化对农业农村虽然有一定的反哺作用,但对农村的就业和生存保障的承担能力不强,而且人多地少(以常住总人口计,琼海、万宁人均耕地面积分别0.65亩/人、0.51亩/人,低于全国的平均水平1.36亩/人,持平或低于全省的平均水平0.65亩/人),其就业和生存保障压力较大、能力较弱。

外部制约因素:一是城镇化用地压力较大;二是环境保护压力较大,尤其是槟榔初级加工对环境污染较严重;三是红树林等生态保护压力较大。

5. 西部台地农业区

农产品供给功能:临高农业区、东(方)昌(江)农业标准化示范区是海南省水产品、热带水果等主要农产品供给基地。近年来,临高深入推进农业供给侧结构性改革,加强农业全产业链建设,以海洋渔业和热带特色高效农业为抓手,积极融入全省四大主导产业布局,加快农业规模化、标准化、品牌化建设,推动精深加工、物流、营销等热带特色高效农业业态发展,并扩大远洋捕捞产业规模、加快打造工厂化、现代化渔业产业园。目前,临高县的主要农产品为水产品、粮食(以水稻为主)、柑橘橙柚、香蕉,分占全省总产量的26.27%(位居全省第一,以单一市县计)、8.48%(位居全省第二)、12.36%（位居全省第三）、9.18%（位居全省第三）；作为农业标准化示范区，东方、昌江加大了农业标准化种养殖力度，目前，东方、昌江两市县主要农产品有瓜类、甘蔗、水果、油料、蔬菜、粮食，分占全省总产量的40.00%、34.55%、20.84%、11.23%、10.27%、8.64%。

生态功能：东方、昌江均被纳入海南国家热带雨林公园范围，该公园为全国首个完成自然资源确权登记的国家公园，是全球重要的种质资源基因库，是中国热带生物多样性保护的重要地区，也是全球生物多样性保护的热点地区之一。在此发展生态优先的农业标准化生产，有利于在保护生态环境的同时发展经济，实现了热带雨林保护的可持续发展。

文化功能：具有为居民提供休闲、教育，以及黎苗族文化如东方黎族船形屋（其营造技艺列入了国家非物质文化遗产保护名录）保护功能。

社会保障和就业功能：城镇化、工业化对农业农村虽然有一定的反哺作用，虽然人均耕地较多（以常住总人口计，临高、东方、昌江人均耕地面积分别1.05亩/人、1.62亩/人、1.51亩/人，东方、昌江的人均耕地面积高于全国的平均水平1.36亩/人，三市县均高于全省的平均水平0.65亩/人），但产业效益未能支撑农村的就业和生存保障，其就业和生存保障压力较大、能力较弱。

外部制约因素：一是环境保护压力较大，尤其是水产品养殖业对环境污染较严重；二是湿地保护和热带雨林的森林资源保护和生物多样性保护压力较大。

6. 中部生态农业区

农产品供给功能：该区域主要包括五指山市、琼中县、白沙县。该区域是全省生态屏障，经济社会发展基础较差，农业规模小、特色产品多。近年来，该区域着力打造五指山红茶、琼中山兰稻、白沙绿茶、五指山山柚（油茶）等产业基地，立足特色资源潜力，因地制宜发展中药材、食用菌、山野菜等林下种植业和林下特色养殖业，提升林特产品加工能力。目前，该区域主要农产品为茶叶、益智，分别占全省总产量的69.70%、58.04%，白沙的茶叶、益智产量居全省第一位，还有天然橡胶、柑橘橙柚类、槟榔，分别占全省总产量的24.42%、15.56%、13.34%。

生态功能：该区域为海南国家热带雨林公园核心区，该公园为全国首个完成自然资源确权登记的国家公园。海南热带雨林占全国热带雨林总量的近1/3，是我国唯一的大陆性岛屿型热带雨林，其生态优势不可替代，具有涵养水源、保育土壤、固碳释氧等生态功能。

文化功能：具有为居民提供康养、休闲、教育，以及维护黎族苗族传统村落，保护传承黎苗文化，形成具有海南特色的热带山水乡村风貌的保护功能。

社会保障和就业功能：城镇化、工业化对农业农村虽然有一定的反哺作用，但对农村的就业和生存保障的承担能力弱，而且人多地少（以常住总人口计，五指山、琼中、白沙人均耕地面积分别0.44亩/人、0.83亩/人、0.94亩/人，低于全国的平均水平1.36亩/人，高于或相近全省的平均水平0.65亩/人），其就业和生存保障压力较大、能力较弱，发展林下经济等特色农产品生产有提高功能水平的潜力。而作为海南的生态屏障，承担了重要的生态保障功能。

外部制约因素：一是城镇化用地压力较大；二是热带雨林生态保护压力较大。在总面积约 640.3 万亩的海南热带雨林国家公园里，人工林就有 123.6 万亩。与完全自然演替形成的栖息地相比，这些人工林形成的栖息地很多都是经过森林采伐、农业开垦或者人工造林的，对野生动物种群的承载力有限，严重影响到海南热带雨林生态系统的原真性和完整性。人工林的退出和改造，是海南热带雨林国家公园加强热带雨林生态系统保护与修复，实现其生态系统的原真性和完整性，有效解决海南长臂猿等珍稀野生动物栖息地破碎化问题的主要措施。

二、种植业区域布局态势与优化

（一）种植业区域布局态势

1. 粮食作物

海南省粮食作物布局具有 3 个基本特点。一是粮食总播种面积呈现从逐渐扩大到急剧缩小，又波动式增长之后再次下滑的趋势（图 5-2）。二是粮食作物主产区生产优势地位进一步加强，其他产区生产地位略微提升或弱化。海南省现行粮食主产区为海口经济圈，1989 年建省初期该粮食主产区生产粮食占全省比重为 22.67%，2021 年增长为 36.17%，净增长 13.50%；西部融合提升区生产粮食占全省比重从 1989 年的 13.63% 增长为 2021 年的 17.11%；三亚经济圈生产粮食占全省比重从 1989 年的 15.47% 减少为 2021 年的 15.30%；儋洋经济圈生产粮食占全省比重从 1989 年的 8.73% 减少为 2021 年的 7.19%；东部沿海区生产粮食占全省比重从 1989 年的 16.52% 减少为 2021 年的 14.14%；中部保育区生产粮食占全省比重从 1989 年的 6.20% 减少为 2021 年的 4.15%。三是海南省粮食生产重心保持不变。

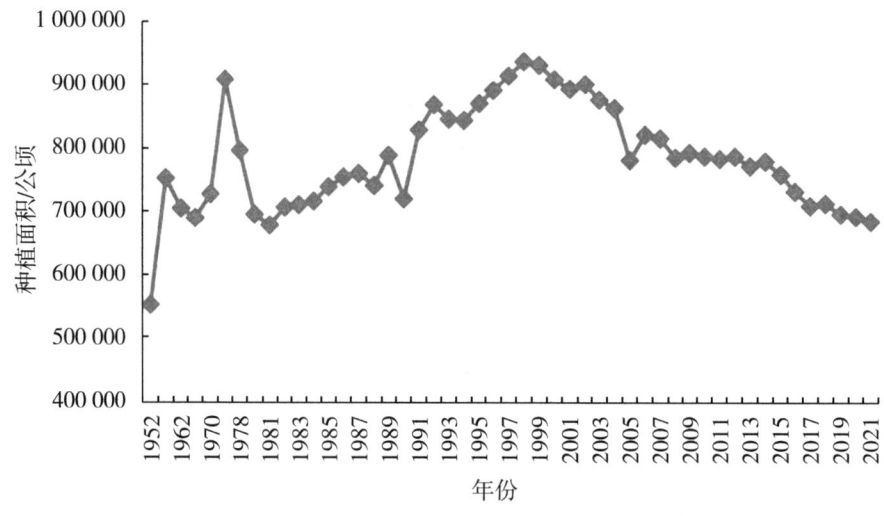

图 5-2 粮食作物种植面积变化趋势

2. 经济作物

2017 年，国务院印发《国务院关于建立粮食生产功能区和重要农产品生产保护区的指导意见》，文件要求在全国划定 120 万公顷天然橡胶生产保护区，海南省天然橡胶生产保护区确定为 56 万公顷。海南省已于 2019 年 6 月完成了天然橡胶保护区的划定工作，天然橡胶目前已形成中南部（白沙、琼中、乐东、琼海、屯昌及保亭、万宁、定安的部分）与西北部产区（儋州、澄迈、临高的部分）两大产业优势区。2021 年，中南部产区生产天然橡胶占全省比重从 1989 年的 57.15% 略微降至 53.12%，西北部产区生产天然橡胶占全省比重从 1989 年的 28.17% 增至 34.61%。

棕榈科植物是热带地区最具代表性的树种之一，其中椰子是海南省的标志性植物，主要产区从 1989 年的东部产区和南部产区两大产区向单一的东部产区集中，目前主要集中在文昌、琼海、万宁和定安的部分，其他市县均有种植。2021 年，主产区占全省比重从 1989 年的 54.20% 增至 79.83%；槟榔作为目前海南效益最高的作物，其主要产区从 1989 年东部产区（琼海、万宁）和南部产区（乐东、三亚、陵水、保亭）扩大为 2021 年的东部产区（琼海、万宁和海口、文昌、定安的部分）和中南部产区（乐东、三亚、陵水、保亭、屯昌、琼中）。东部产区生产槟榔占全省比重从 1989 年的 25.07% 增至 2021 年的 44.99%，南部产区生产槟榔占全省比重从 1989 年的 64.66% 降至 2021 年的 42.25%，重心逐渐从南部向东部转移。2020 年，国家市场监督管理总局最新修订的《食品生产许可分类目录》中没有列入槟榔，这意味着槟榔不再作为食品来管理，槟榔生产加工企业以后不能申领食品生产许可证。2021 年，国家市场监督管理总局办公厅发布的《关于槟榔制品监管有关事项的通知》指出，对槟榔不再按食品进行监管。这些政策将限制槟榔产业发展，槟榔产区有可能萎缩。

海南香辛饮料作物主要以胡椒、咖啡、茶叶为代表。其中，胡椒产区主要分布于东部沿海地区，从 1989 年的文昌、琼海、万宁扩大至 2021 年的海口、文昌、琼海、万宁和定安的部分。主产区占全省比重从 1989 年的 80.31% 增至 2021 年的 96.33%。咖啡产区从 1989 年的 14 个市县（为保持数据的连续性，海口、琼山合计为一个市县）逐渐向 2021 年的 5 个市县集中，主产区也从海口、文昌、琼海、万宁向万宁、澄迈、白沙转变。主产区占全省比重从 1989 年的 57.83% 增至 2021 年的 95.67%。茶叶产区从 1989 年的 9 个市县向 2021 年的 8 个市县集中，主产区也从海南西北部（海口、定安、澄迈）向海南中西部（白沙、五指山、澄迈）转移，主产区占全省比重从 1989 年的 93.34% 略减至 2021 年的 85.38%。

海南南药作物以益智、砂仁为主。其中，益智产区主要分布在海南的中东部和南部，中东部主产区从琼中、五指山、万宁、琼海向琼中、五指山、万宁、白沙转移，南部主产区从保亭、乐东、陵水、三亚向保亭、乐东集中。2021 年，中东部主产区占全省比重从 1989 年的 57.48% 增至 69.22%，南部主产区占全省比重从 1989 年的 13.58% 增至 26.23%。

3. 园艺作物

经过规划引导和实施，海南省蔬菜产业逐渐形成了两大基地（冬季瓜菜生产基地、常年蔬菜生产基地）、四类瓜菜（瓜类、茄果类、豆类以及叶菜类等）和五大区域布局。五大区域主要包括有：南部三亚、陵水、乐东等地区，主要产品是甜瓜、豇豆、樱桃番茄等；东部琼海、文昌等地，主要产品为黑皮冬瓜、泡椒、线椒等；西部东方、昌江、儋州等区域，其主要产品包括有南瓜、辣椒、樱桃番茄、茄子、黑皮东瓜等；北部区域有海口、澄迈、定安等，其主要产品有丝瓜、菜豆、苦瓜、樱桃番茄、叶菜类等；中部屯昌、保亭等区域，其主要产品为苦瓜。蔬菜类主产区从1989年的乐东、三亚、海口、儋州扩大至2021年的乐东、三亚、海口、文昌、定安、澄迈、琼海、万宁、儋州、昌江等（年产量30万吨以上），主产区占全省比重从1989年的56.39%增至2021年的83.43%，生产重心有从南部向东北部转移的趋势（1989年产量最高是乐东县，2021年产量最高为澄迈县）；瓜类主产区从1989年的陵水、乐东、三亚、文昌、定安、澄迈扩大至2021年的陵水、乐东、文昌、万宁、东方、昌江等（年产量10万吨以上），主产区占全省比重从1989年的81.59%增至2021年的84.04%，生产重心有从南部向西部转移的趋势（1989年产量最高是陵水县，2021年产量最高为东方市）。

海南省园林水果以香蕉、芒果、菠萝、荔枝、柑橘橙柚、龙眼为主，这些产业生产及销售专业化协作性强，主要分布在两大增长极和西部地区，三亚经济圈产区占全省比重为29.53%，西部融合提升区产区占全省比重为25.45%，海口经济圈产区占全省比重为23.49%，三大主产区合计占全省比重78.47%，而1989年的三大主产区分别是海口经济圈、三亚经济圈和东部沿海区，占全省比重分别为29.86%、19.62%、19.24%，说明海南省园林水果整体生产重心从东北部向西南部转移。从海南园林水果的分布面积来看，全省种植面积从1989年的40 593公顷快速增长到2021年的191 005公顷，年均增长率达到4.96%；从各品种在海南的分布来看，芒果种植面积从1989年的5 193.47公顷增至2021年的66 169公顷，年均复合增长率为8.28%（在园林水果中增速最快），龙眼种植面积从1989年的1 420.60公顷增至2021年的9 914公顷，年均复合增长率为6.26%，荔枝种植面积从1989年的4 037.47公顷增至2021年的21 539公顷，年均复合增长率为5.37%，香蕉种植面积从1989年的8 059.4公顷增至2021年的29 940公顷，年均复合增长率为4.19%，柑橘橙柚种植面积从1989年的3 118.87公顷增至2021年的10 256公顷，年均复合增长率为3.78%，菠萝种植面积从1989年的15 577.27公顷减少至2021年的15 322公顷，年均复合增长率为-0.06%。

分品种区域分布来看，目前，香蕉是海南产量最高的园林水果，其产区分为4个产区，分别为琼南-西南部香蕉优势区、琼西-西北-北部香蕉优势区、中部山地蕉重点发展区、东部特色香蕉区，重点产区主要是在乐东、昌江、临高和澄迈，而1989年的重点产区是东方、昌江和三亚，说明海南香蕉生产主产区由西南单一产区扩大至西北和西南两个产区；芒果是海南产量居第二位、种植面积最大、种植规模扩增最快的园林水果，重点产区从1989年的西南地区的东方、三亚、白沙、乐东、昌江等集中到2021年的三亚、乐东、东方，重点产区占全省比重在1989年和2021年分别为94.37%和87.87%。菠萝是海南产量居第三位的园林水果，也是唯一种植规模在缩减的主要园林水果，重点产区从1989年的北部和东部地区（海口、文昌、琼海、万宁）向2023年的东部地区（琼海、万宁）集中，东部产区占全省比重从1989年的28.76%增至2021年的59.79%。荔枝重点产区从1989年东北部、中西部产区向2021年的北部和东南部转移，1989年最大产区为中西部产区（儋县、白沙），占全省比重达42.17%，2023年最大产区为海口经济圈，占全省比重达61.61%。龙眼重点产区从1989年东北部产区（文昌、琼海）向2021年的南部产区（乐东、保亭、陵水）转移，东北部产区占全省比重从1989年的65.09%降至2021年的3.10%，南部产区从1989年的2.12%增至2023年的65.67%。1989—2021年，柑橘橙柚重点产区一直是海口经济圈，占全省比重从1989年的63.03%略降至2021年的50.43%。

新奇特水果中，西番莲、火龙果、莲雾产量位居前三，而海南是我国红毛丹的唯一产区。目前，海南省百香果大面积栽培品种有紫香1号、台农1号，少量试种品种有满天星、大黄金、小黄金，种植面积约为2 000公顷、产量达3.2万吨，主要产区为东方市（100公顷）、五指山市（86.67公顷）、三亚市（53.33公顷），保亭、澄迈等市县初步形成了成片种植，文昌、临高、白沙等其他市县还处于零星分散种植。海南省种植的火龙果品种主要有金都一号、软枝大红、大红二号、临家红韵等（其中，金都一号种植面积最大），种植面积为8 933.33公顷、产量达30.9万吨，已形成以东方市（2 200公顷）为主产区，乐东（1 330公顷）、琼海市（600公顷）为新兴产区的发展格局，东方（4 860公顷）、乐东（2 133.33公顷）、琼海（1 666.67公顷）、儋州（280公顷）、三亚（133公顷）与陵水（40公顷）6个市县的火龙果多是大规模基地化生产。莲雾最适宜区包括昌江黎族自治县、万宁市、陵水黎族自治县的大部分地区，琼海市中部地区，东方市、白沙黎族自治县和儋州市的部分地区，以及三亚市的部分沿海地区，适宜区包括海口市、文昌市、澄迈县等的部分地区，目前种植面积达到2 380公顷、产量达到7.09万吨。保亭是海南红毛丹的唯一产区，2021年种植面积、产量分别达到1 800公顷、1.7万吨。

经过近十年快速发展，海南省花卉产业逐步形成了区域化、集聚化、专业化发展格局，目前已形成了东北部花卉产业区、南部花卉产业区、中部花卉产业区和西部花卉产业区。东北部花卉产业区重点发展区域为海口、文昌、临高，海口重点发展以散尾葵、鱼尾葵、龙血树、富贵竹等为主的鲜切叶（切枝），以热带兰花、红掌、睡莲等为主的鲜切花，以蝴蝶兰、红掌、凤梨、三角梅、一品红等为主的盆花，以海南博兰、福建茶、九里香等为主的盆景，以棕榈科植物、海南乡土树种、优稀植物等为主的观赏苗木。文昌重点发展以散尾葵、富贵竹、文心兰为主的鲜切花（枝/叶），以盆架子、椰子、大王棕、霸王桐、五味子等为主的观赏苗木，以台湾草、夏威夷草为主的草坪类植物。临高重点发展以火焰木、风铃木、鸡蛋花、凤凰木、龙血树、垂叶榕等为主的观赏苗木；南部花卉产业区重点发展区域为三亚和乐东。三亚重点发展以玫瑰、菊花等为主的鲜切花，以石斛兰、蝴蝶兰等为主的盆花，以三角梅、中东海枣、小叶榄仁、花旗木、酸角树等为主的观赏苗木，以玫瑰为主的药用和食用植物。乐东重点发展以金钱树、粗肋草、绿萝、平安树等为主的盆栽植物；中部花卉产业区重点发展区域为五指山、琼中。五指山重点发展以红掌为主的鲜切花，以凤梨花为主的盆花，以发财树、竹为主的观赏苗木。琼中重点发展以铁皮石斛、金线莲为主的药用和食用植物；西部花卉产业区包括儋州、东方、昌江3个市县。儋州重点发展沙漠玫瑰、凤梨花为主的盆花，以风铃木、重阳木、桃金娘、野牡丹等为主的热带景观苗木。东方重点发展神马白菊、多头彩菊等为主的鲜切花，以绿萝、石斛兰、空气凤梨为主的小盆花，以花旗木等为主的观赏苗木。昌江重点发展以菊花、百合等为主的鲜切花，以三角梅、红掌、朱瑾为主的盆花，以三角梅、木棉等为主的观赏苗木。

（二）种植业区域布局优化

1. 粮食生产布局

为贯彻落实《国务院关于建立粮食生产功能区和重要农产品生产保护区的指导意见》《农业部、国土资源部国家发展改革委关于做好粮食生产功能区和重要农产品生产保护区划定工作的通知》文件精神，海南省于2019年完成了150万亩水稻生产功能区的划定工作。依据两区划定成果及自贸港建设要求，一要加强西部融合提升区临高、东方、昌江的杂交水稻制种区生产，稳定其他地区优质专用稻生产，满足稻米口粮和加工需要，打造"中国热区（海南）特色优质好米"高端品牌；二要继续建设好海口经济圈三角宁地瓜、桥头地瓜，西部融合提升区的东方香薯等品牌番薯生产；三要重视乐东热带大豆的品质改良，增加产量，补充热带地区大豆生产需求。

2. 经济作物生产布局

天然橡胶生产要继续巩固形成中南部（白沙、琼中、昌江、乐东、琼海、屯昌及保亭、万宁、定安的部分）与西北部产区（儋州、澄迈、临高的部分）两大优势产胶区，特别是强化儋州、昌江、白沙、琼中、屯昌、五指山等产胶核心区建设，实现天然橡胶产区规模化、集群化发展；椰子生产要集中抓好海口经济圈和三亚经济圈椰子优势产区，扩大亩产值更高、销量更好的文椰系列2号、3号、4号、5号、6号等水果型椰子品种种植面积，提高水果型椰子产量在全省椰子总产量中的占比，调减高种椰子种植面积；槟榔生产上需要建设好东部产区高产高效高标准种植生产基地，并通过调整低产槟榔园改种其他高效作物来调减槟榔种植面积，加强对槟榔的药用价值的挖掘和深加工健康产业链的培育，避免因国家市场监督管理总局最新修订的《食品生产许可分类目录》中未列入槟榔而影响槟榔产业的健康发展；胡椒生产上继续加强东部重点产区的建设，建立绿色高效生产基地，开展抗病种苗嫁接、水肥一体化、机械耕作、瘟病绿色防控等绿色高效生产技术示范推广，打造高品质原料供应基地；咖啡生产布局上，应重点建设具有加工业基础的万宁、澄迈产区，适当开发中部保育区林下种植咖啡；茶生产布局上，重点建设白沙、五指山产区，实现茶产业集群发展和全产业链发展；南药生产布局上，需要重点建设中部产区，发展林下种植益智、砂仁等高产高效优质标准化基地，改良栽培技术，提高产品加工能力，努力提高产品品质。

3. 园艺作物生产布局

根据内地市场和国际市场对海南原产地蔬菜的需要，发展沿海（鲜菜出境）、沿路（高速公路、旅游公路、铁路）蔬菜产业基地；继续推进冬季瓜菜基地和常年蔬菜基地建设，建设乐东、三亚、万宁的长豆角、青瓜产业带，陵水、昌江、东方、定安的圣女果产业带，三亚、乐东的哈密瓜、茄子产业带，文昌、万宁、陵水、东方的西瓜产业带，万宁、陵水、屯昌的苦瓜产业带，海口、儋州、文昌、琼海、澄迈的辣椒、青皮冬瓜产业带等，大力推广适种适销、与内地保护栽培有互补品种，一方面引导农民调减内地设施大棚已大量种植的品种，如冬季各种椒类、豇豆、茄子、青瓜等，改种一些毛豆、菜豆、蜜瓜或超甜玉米等设施大棚很难种植的品种；另一方面对于容易受暖冬影响的北部地区，可改种广东、广西等地区冬季不能种植的茭白等水生品种，并发展树仔菜和四棱豆等海南地域蔬菜品种，实现蔬菜自给率达到65%以上。

在水果生产布局上，加强海口经济圈与三亚经济圈两大产区，稳定西部融合提升区，恢复东部沿海区，开发中部保育区，推动香蕉、芒果、菠萝、荔枝、龙眼等传统水果的迭代更新，加快发展菠萝蜜、莲雾、红心蜜柚、火龙果、百香果、番荔枝、红毛丹、山竹等特色水果品种，形成"一园一业、一镇一特、一村一品"海南特色水果生产基地（海南土地有限，需要发展适度规模经营的精品水果）。香蕉类应重点建设西部产区；重点扶持和发展西南部早熟芒果产区；扩大龙眼南部早熟产区面积；稳定北部荔枝产区；抓好菠萝优良品种牛奶凤梨、金钻凤梨、手撕凤梨、金菠萝等产区建设；稳定海口经济圈柑橙橘柚产区；重点扶持和发展东部及南部热带珍稀水果产区。

发挥气候条件、人文习惯等地区优势，按因地制宜、适地种花、适地种树原则调整花卉结构布局。在环岛的12个沿海市县，重点发展体现海南岛特色的棕榈科植物（椰子树等）、热带观赏苗木（木棉树、凤凰木、龙血树、垂叶榕等），以散尾葵、鱼尾葵、富贵竹等为主的鲜切叶（切枝），以热带兰花、红掌、睡莲等为主的鲜切花，以蝴蝶兰、红掌、凤梨、三角梅、一品红等为主的盆花，以海南博兰、福建茶、九里香等为主的盆景，建设海口、三亚花卉生产、消费中心和进出口贸易中心；在中部6个市县（国家热带雨林公园核心区），重点发展以红掌为主的鲜切花，以凤梨花为主的盆花，以铁皮石斛、金线莲为主的药用和食用植物盆景，以发财树、竹、海南乡土树种为主的观赏苗木。

三、畜牧业区域布局态势与优化

（一）畜禽产品生产布局态势

从海南省肉类总产量区域变化情况来看，北部增速快于南部（以气候变化临界点划分，北部指海口、文昌、琼海、澄迈、儋州、临高、白沙、琼中、定安、屯昌，南部指昌江、东方、乐东、三亚、陵水、万宁、保亭、五指山）。北部肉类产量占全省肉类总产量的比重从1989年的71.80%增至2021年的81.20%，年均复合增长率为6.22%，尤其海口经济圈是全省的重点产区，肉类产量占全省肉类总产量的比重从1989年的42.71%增至2021年的49.36%；南部肉类产量占全省肉类总产量的比重从1989年的28.20%降至2021年的18.80%，年均复合增长率为-4.48%。

猪肉主产区从东部（琼海、万宁、海口、文昌）向西北部（儋州、临高、澄迈、海口、文昌）迁移。东北部猪肉产量占全省猪肉总产量的比重从1989年的44.98%降至2021年的35.44%，西北部猪肉产量占全省猪肉总产量的比重从1989年的46.86%增至2021年的1.99%。目前，猪肉生产主要集中在海口经济圈、儋洋经济圈和西部融合提升区三大区域。

牛肉主产区为海口经济圈，并且呈增长趋势，牛肉产量占全省牛肉总产量的比重从 1989 年的 40.13%增至 2021 年的 42.60%，年均复合增长率为 3.71%。

羊肉主产区生产优势地位弱化，目前的主产区为海口经济圈与三亚经济圈，东部沿海区目前占全省的比重在不断加强。海口经济圈羊肉产量占全省羊肉总产量的比重从 1989 年的 43.61%降至 2021 年的 35.60%，三亚经济圈羊肉产量占全省羊肉总产量的比重从 1989 年的 31.28%降至 2021 年的 25.50%，东部沿海区羊肉产量占全省羊肉总产量的比重从 1989 年的 4.41%快速增至 2021 年的 16.93%。

禽肉生产布局的变化主要表现在海口经济圈生产地位加强，儋洋地区生产地位提升，东部沿海地区生产地位下降。海口经济圈禽肉产量占全省禽肉总产量的比重从 1989 年的 40.35%升至 2021 年的 60.26%，儋洋地区禽肉产量占全省禽肉总产量的比重从 1989 年的 5.00%升至 2021 年的 9.76%，东南沿海地区禽肉产量占全省禽肉总产量的比重从 1989 年的 19.84%降至 2021 年的 18.64%。

1989 年，海口经济圈、三亚经济圈、儋洋地区、东部沿海地区、西部融合提升区、中部生态保育区的禽蛋产量占全省禽蛋总产量的比重分别为 35.58%、8.47%、9.98%、16.22%、15.02%、1.56%，区间差异较为显著。2021 年，这 6 个地区的禽蛋产量占全省禽蛋总产量的比重分别为 59.98%、8.00%、9.67%、11.53%、7.88%、2.94%，海口经济圈禽蛋第一大产区地位进一步加强。

（二）畜牧业布局优化

1. 畜类生产布局

生猪：充分发挥原料资源优势和海南猪品种资源优势，扩大本地特色猪种养殖规模，加快西部甜玉米主产区生猪发展；稳定海口经济圈主产区产能，调减超载地区养殖规模，按计划关停禁养区内养殖场，确保养殖规模与资源承载力相匹配，并努力提高畜禽养殖废弃物资源化利用和病死畜禽无害化处理能力，在区域消费中心合理布局生猪屠宰点。

牛：要稳定海口经济圈产能，逐步提升优质牛肉在牛肉总产量中的比重。要积极发展西部地区本地小黄牛生产。

羊：要进一步加强东部沿海区尤其是万宁东山羊、海口经济圈石山雍羊等海南优质肉羊优势产区建设。

2. 禽类生产布局

要以海口经济圈和儋洋经济圈为重点，大力提升文昌鸡、儋州鸡、白莲鹅、跑海鸭等知名品牌产品的生产效率和产品品质。

四、渔业区域布局态势与优化

（一）渔业区域布局态势

海南水产养殖主要是虾蟹类、鱼类、贝类、藻类及其他品种，其中虾蟹类占海水养殖的 50%以上；鱼类主要是鲈鱼、军曹鱼、鲷鱼、石斑鱼；虾蟹类主要是南美白对虾、斑节对虾、青蟹；贝类主要是牡蛎、鲍、螺、蚶、扇贝、蛤；藻类主要是江蓠、麒麟菜。淡水养殖主要是养殖罗非鱼、草鱼、鲢鱼、鳙鱼、鲤鱼、鲇鱼等。重点水产品以"三鱼一虾一螺"为主（罗非鱼、石斑鱼、金鲳鱼、南美白对虾、东风螺）。

1. 淡水产品生产区域布局趋于向海口经济圈集中

2021 年，海口经济圈、三亚经济圈、东部沿海区、儋洋经济圈、西部融合提升区、中部保育区淡水渔业产品产量分别占总产量的 70.0%、2.0%、11.90%、5.46%、5.55%、4.82%；1989 年，海口经济圈、三亚经济圈、东部沿海区、儋洋经济圈、西部融合提升区、中部保育区淡水渔业产品产量分别占总产量的 30.12%、16.19%、11.04%、16.95%、16.26%、8.42%。

2. 海水产品主要集中于西部地区

2021 年，海口经济圈、三亚经济圈、东部沿海区、儋洋经济圈、西部融合提升区、中部保育区海水渔业产品产量分别占总产量的 16.94%、10.47%、9.24%、23.30%、40.05%、0；1989 年，海口经济圈、三亚经济圈、东部沿海区、儋洋经济圈、西部融合提升区、中部保育区海水渔业产品产量分别占总产量的 13.37%、29.46%、8.32%、23.31%、25.49%、0。

（二）渔业区域布局优化

结合海南省水产养殖区域优势现状及封关对海南渔业产业影响，在未来的产业布局优化可选择冬季仅能在海南自然繁殖的巴沙鱼、金鲳鱼、罗非鱼、石斑鱼等热带鱼类及马鲛鱼等经济价值高的鱼类，以及南美白对虾、东风螺等特色优势养殖品种，开展金鲳鱼（晨海 1 号）、凡纳滨对虾（渤海 1 号）、罗非鱼（倍速罗）、凡纳滨对虾（海景洲 1 号）等海南新品种认定与推广，科教企联合开展东星斑、老鼠斑、波纹龙虾、黄鳍金枪鱼、黄鲫鱼、象鼻螺等高值品种的驯化养殖和人工繁育，科学开发南海名特优经济品种。在"十四五"期间，大力推动文昌冯家湾水产种苗产业园、万宁海水种苗选育基地、东方南美白对虾种质资源场、东方石斑鱼种苗产业园、三亚水产种苗南繁生态产业园、乐东海洋南繁种质产业园等一批种业基地建设；谋划推动三亚海上现代渔业产业园、东方鳄鱼特色小镇、乐东大角湾生态渔业产业园、临高武莲渔港现代渔业产业园、琼海长坡现代渔业产业园等一批项目尽快落地动工；加快推动乐东龙栖湾、三亚崖州湾、海口东海岸、儋州峨蔓、东方四更、澄迈马袅湾和琼海潭门等在建的现代化海洋牧场项目建设。积极推动集中连片养殖区、养殖基地和养殖大水面（水库、河流、湖泊）创建国家健康养殖和生态养殖示范区。积极组织一级以上渔港创建省级渔港经济区，争创国家级渔港经济区，着力打造三亚市国家级渔港经济区示范标杆并在 2025 年前完成建设，积极推动临高县、东方市国家级渔港经济区创建。加快推动文昌铺前中心渔港、万宁乌场一级渔港、乐东莺歌海一级渔港、昌江昌化一级渔港、海口三联二级渔港、临高美夏二级渔港、临高黄龙二级渔港等项目建设，探索推广八所中心渔港 PPP 建设模式；加快捕捞渔业结构调整，继续实施渔船更新改造工程，积极引导渔民减船转产，控制近海海洋捕捞。鼓励渔民建造新材料和资源友好型渔船，探索推广新能源渔船；结合各市县休闲渔船建造规模，在文昌湖心渔港和万宁港北港、乌场港等渔港码头配套建设足够泊位的休闲渔业码头或休闲渔业接驳点，配套建设游客接待中心、商业服务中心、综合联动管理中心、渔业风情街等基础设施；依托深远海养殖平台、海洋牧场、渔业园区、观赏鱼基地等打造一批休闲渔业精品示范基地。依托渔业小镇和美丽渔村，做深做精"渔业+旅游"文章，发展独具热带海洋风情特色的民宿经济、旅游经济。依托澄迈老城等传统水产品加工地和渔港经济区，推动水产品加工集群发展。加快推进文昌约亭水产品加工产业园、乐东千家农副产品产业园等园区建设。扶持有实力的渔业生产企业（合作社）建设水产品初加工和冷储保鲜设施设备。谋划推动海口市、三亚市、临高县建设大型水产品集散交易中心。

五、林业区域布局态势与优化

（一）林业区域布局态势

海南省森林资源主要分布在中部山区、南部地区三亚市及周边区域，中部山区以天然林为主，南部地区以人工林为主。根据海南省第三次森林资源二类调查结果显示，全省林地面积 2 283 242.74 公顷，全省森林总面积 2 197 626.15 公顷，全省森林蓄积量 16 112.88 万米^3。全省林地中，乔木林地 2 154 942.80 公顷、红树林地 5 613.56 公顷、竹林地 19 297.51 公顷、疏林地 176.27 公顷、灌木林地 17 772.28 公顷、未成林造林地 12 840.49 公顷、苗圃地 5 870.81 公顷、迹地 66 729.02 公顷。全省森林中，天然林 616 909.68 公顷、人工林 1 580 716.47 公顷。按用途划分，防护林 603 699.07 公顷、特种用途林 251 910.98 公顷、用材林 391 991.89 公顷、经济林 950 024.21 公顷。根据国土"三调"结果显示，全省共有湿地面积 12.1 万公顷，其中红树林、海草床、珊瑚礁是最具热带特色的湿地生态系统。全省现有红树林面积 6 533.33 公顷，主要集中分布在一些港湾内，如东寨港、清澜港。我国天然分布的 37 种红树植物在海南均有分布。由于开展多种经营，海南省林业总产值从 1989 年的 11.55 亿元增至 2021 年的 118.25 亿元，产值在 10 万元以上的市县有白沙、儋州、琼海、澄迈，这些地方以橡胶木生产为主。

自然保护区及防护林在全省均有建立，尤其中部山区是自然保护区建设的重点地区，并在此基础上，于 2021 年 9 月经国务院同意设立海南热带雨林国家公园，并于当年 10 月入选第一批国家公园。其中，海南热带雨林国家公园面积 426 900 公顷，主要分布在海南岛中南部的穹窿构造山区，包括中南部山脉东支五指山山脉和西支黎母岭山脉（黎母山-鹦哥岭-尖峰岭、霸王岭-雅加大岭）的大部分区域；现有自然保护区 48 个，总面积 6 658 010.25 公顷，主要分布在海南岛中部山区和滨海区域，国家级自然保护区 10 个（总面积 162 840.68 公顷）、省级自然保护区 23 个（总面积 6 478 417.44 公顷）、市县级自然保护区 15 个；现有地质公园 7 个，总面积 47 357.92 公顷，主要分布在海南北部的海口及西部的儋州、东方、乐东等区域；全省现有海洋公园 2 个，总面积 7 115.87 公顷，占全省自然保护地总面积的 0.10%，分布在万宁市与昌江县；现有省级海洋特别保护区1个，面积2 314.73公顷，占全省自然保护地总面积的0.03%，分布在陵水县；全省现有湿地公园12个，总面积11 113.59公顷，占全省自然保护地总面积的0.16%，主要分布在海口市、海南南部与西北部滨海区域。其中国家级湿地公园7个，总面积8 478.20公顷；省级湿地公园5个，总面积2 635.39公顷；共设立风景名胜区19个，其中国家级1个、省级18个，批复总面积224 128.00公顷、落图总面积223 786.10公顷；海南省公益林总面积1 344.2万亩，其中国家级公益林1 036.23万亩（国有公益林面积798.83万亩，非国有237.4万亩），省级公益林307.97万亩。

（二）林业区域布局优化

中部山区仍是海南省林业产业发展的重要区域。由于在总面积约640.3万亩的海南热带雨林国家公园里，人工林就占有19.30%（123.6万亩）。与完全自然演替形成的栖息地相比，这些人工林形成的栖息地很多都是经过森林采伐、农业开垦或者人工造林产生的，对野生动物种群的承载力有限，严重影响到海南热带雨林生态系统的原真性和完整性。人工林的退出和改造，是海南热带雨林国家公园加强热带雨林生态系统保护与修复，实现其生态系统的原真性和完整性，有效解决海南长臂猿等珍稀野生动物栖息地破碎化问题的主要措施。因此，在中部山区应以林业生态建设为主，有必要采用人工干预措施探索人工林近自然改造修复模式，继续推进天然林的培育与维护力度。在天然橡胶生产核心区如儋州、屯昌等，有必要发展与木材、竹材和林副产品相应的加工业，实现林工贸一体化。其他地区尤其是环岛旅游公路途经的各市县，推广种植良种花卉、椰子、油茶、土沉香、黄花梨等特色经济树种，打造以红树林、滨海沙滩及南渡江入口景观资源、绿色小康村（生态文明村）等为特色，以花卉苗木基地为依托，重点发展热带滨海生态休闲游、乡村体验游，打造生态观光旅游地标工程。

六、农产品加工业区域布局态势与优化

（一）农产品加工区域布局态势

加快农产品加工业发展，是海南自由贸易港构建双循环新发展格局重要交汇点的重要产业支撑。海南省高度重视农产品加工业发展，不断加强农业供给侧结构性改革，农产品加工业在产业规模扩大、增值能力提升、品牌建设、业态创新等方面均取得重要进展。海口经济圈、儋洋地区成为农产品加工业的主要布局区域。

（二）农产品加工区域布局优化

1. 建设热带农产品加工产业集群

截至2022年，海南省正在建设的优势特色农业产业集群只有天然橡胶产业集群、文昌鸡产业集群和芒果产业集群，海南农业产业集群的发展还处于起步发展阶段。由于

省情、地域面积、气候差异等不同，难以照搬国内其他地区成熟农业产业集群的成功经验，海南省的农业产业集群还有很长的路要走。为促进海南农业快速发展，有必要统筹农业产业的区域布局规划，重视农业产业及其物流等配套基础设施的建设，构建高速畅通的农产品交通运输网络体系、经济与法律支持服务体系等，开展水稻、冬季瓜菜、水产养殖、文昌鸡、天然橡胶、槟榔、南繁种业、甘蔗、胡椒、咖啡、芒果、荔枝、火龙果、菠萝、蜜瓜、榴莲、茶叶等17个产业全产业链培育发展任务，在此基础上开展以下农产品加工产业集群建设工作。

（1）完善天然橡胶加工产业集群建设

海南作为我国第二大天然橡胶产区，承担了840万亩天然橡胶生产保护区任务，在当前胶价低迷、产业效益不高的情况下，有必要在澄迈、儋州、白沙、乐东等中西部橡胶主产区重点建设天然橡胶加工集群，加快天然橡胶初加工转型升级，淘汰、改造落后产能，打造高产能自动化核心工厂，提高浓缩乳胶、子午胎胶、特种用胶品种比重，积极拓展天然橡胶新型材料、下游制品等精深加工和胶木加工，提升产业效益和产业竞争力。

（2）创建槟榔加工产业集群

海南是中国唯一实现商品化生产槟榔的产区，但槟榔深加工主要在湖南，部分经湖南深加工后返销海南，精深加工能力弱。虽然因国家市场监督管理总局最新修订的《食品生产许可分类目录》中未列入槟榔而停发了槟榔食品生产许可证，且不能作为食品销售，影响了槟榔产业生产，但作为海南的特色产业、民生产业（涉及种植户70多万户、230多万人，占全省农业人口的41.37%），为促进槟榔产业健康发展，有必要在万宁、琼海、定安、屯昌、琼中等东中部主产区建设槟榔加工集群（内在机制为特色资源带动型，外在机制为综合作用型，组织形式分为"公司+农户"型、"公司+基地+农户"型、"公司+合作社+农户"型、"公司+协会+农户"型4种类型），通过不同规模加工及上下游企业在空间上集聚，可大大降低企业的信息、交易、运输、劳动力等生产成本投入，节约的资金可投入到产品和技术方面，着力开展槟榔加工减害增益技术研究和拓展医药健康产品、兽药等加工，推动槟榔花等副产物的综合利用，加大槟榔加工产业新业态，产品新形式及标准化等研究，通过技术创新实现资源综合利用、循环利用，满足市场需求。发挥自由贸易港试点作用，借鉴烟草监管经验，加快地方立法工作，从"特色产品"和"爱好产品"管理的角度促进槟榔产业健康发展，形成企业竞争优势，促进槟榔中小企业产加销、贸工农一体化发展。开发多样化精深加工产品。推广先进加工制造模式，打造一批智能车间和智能工厂，加强绿色节能关键技术设备应用。

（3）建设热带果蔬加工产业集群

重点建设海口经济圈和三亚经济圈两大瓜菜加工集群，主要以预制菜加工为主，适当开发菜干等加工产品。

海南省热带水果主产区以鲜食为主，需要按照鲜食与加工并举、突出产后加工的发展思路，在三亚、乐东、东方等西南部芒果主产区要巩固芒果浓缩汁、芒果罐头等竞争优势，扩大出口，完善芒果产业集群；在海口经济圈，主攻荔枝早熟鲜食及加工用荔枝品种，积极稳妥发展荔枝酒、荔枝干等加工产业集群，提高荔枝产品加工水平和集聚度，减缓内地及国外进口冲击；西部融合提升区借助火龙果产业集群优势，建设火龙果及其他珍稀浆果加工集群。

(4) 花卉加工产业集群

在海口经济圈、三亚经济圈和儋洋地区建设花卉加工集群。具体布局是，在海口经济圈，积极引进或研发鲜切花适时采收与采后保鲜技术，形成都市型花卉加工产业集群；在三亚经济圈，积极引进或研发鲜切花、盆花、盆景、种球（种苗、种子）、观赏苗木包装技术，花卉冷藏冷链运输技术，形成国际花卉旅游产业集群；在儋洋经济圈，利用自贸港政策，引进或研发插花艺术、花艺装饰技术，花卉保色、着色、干燥技术等，花卉种子包衣技术，研究开发花卉食品、药品、保健品、化妆品及其香精、香料、色素等产品的加工技术，形成一批具有自主知识产权的花卉加工技术和花卉产品，打造外向型花卉加工产业集群。

(5) 畜牧业加工产业集群

重点建设海口经济圈的文昌鸡加工产业集群、儋洋地区猪牛加工产业集群。在海口经济圈，发展文昌鸡精深加工，研发形式多样的文昌鸡加工产品，打造海南知名农产品品牌；在儋洋地区，发展地方猪加工业的同时，吸引一批国内外农业龙头企业在洋浦积极发展牛羊肉精深加工，确保转化增值，着力打造产加销全产业链，并建设技术工艺最先进、质量安全标准最高、进口牛羊肉优质蛋白精深加工基地，搭建国际优质牛羊肉交易平台，将洋浦经济开发区及洋浦港打造成优质蛋白进出口基地和枢纽。

(6) 水产品加工产业集群

重点发展澄迈、文昌、海口、万宁、定安等东北部和临高、儋州、乐东等西南部优势产区建设，构建海南鲷、金鲳鱼、对虾等水产品为主的加工产业集群，大力发展高附加值水产品精深加工和冷链物流，建设渔业出口基地，大力发展水产品进出口贸易。

(7) 林产品加工产业集群

在白沙等中部生态保育区南药核心产区建设南药加工集群，积极发展牛大力、五指毛桃、益智等南药种植及加工业，研发南药保鲜片、南药酒、南药蜂蜜等系列产品。重点扶持一批南药开发企业，开发特色南药的龙头产品；立足海南特色南药开发，以特色加工、深加工、精加工为目标，增加产品的附加值和科技含量。培育海南中药材知名品牌。

在白沙、五指山建设茶叶加工集群，大力发展海南红茶、白沙绿茶、苦丁茶、兰贵人茶、香兰茶、水满茶等具有地方特色的优势茶产品，开展茶叶采摘、加工设备的研发，支持茶叶生产企业采用新装备新工艺改造传统工艺，开展加工技术创新，加强全流程质量精准化管理，推进全省茶叶生产企业转型升级。加大扶持力度，鼓励大型茶叶企业建设规模化茶叶加工厂和应用成套连续加工设备。积极开发茶食品、茶饮料等深加工产品，推动多元化特色风味茶产品开发。

在琼海、澄迈、琼中、定安、屯昌等中东部油茶核心产区建设油茶加工集群（表

5-2），加快扶持并培育有影响力的大型油茶加工企业，完善并提升油茶籽加工工艺，提出并制定海南茶籽油质量标准体系，开发以海南油茶品种为主的油茶油等系列产品。加大对油茶深加工技术的探索，丰富油茶深加工产品，深化技术创新，实现茶粕深加工提取茶皂素、茶壳提取糠醛、栲胶和木糖醇产业化，提升茶粕、茶壳和果皮的综合加工利用率，丰富并延伸油茶加工产业链。

表 5-2 全省各市县农产品加工业布局

地区	重点产业
海口市	荔枝、特色经作、特色畜禽（文昌鸡、生猪等）、粮食、常年蔬菜
三亚市	种业、热带水果、渔业、常年蔬菜、冬季瓜菜
五指山市	茶叶、特色经作、特色畜禽（五指山黑猪等）
文昌市	椰子、特色畜禽（文昌鸡、生猪）、渔业
琼海市	热带水果、特色经作（槟榔）、粮食、常年蔬菜、椰子
万宁市	特色经作（槟榔）、椰子、冬季瓜菜
定安县	特色经作、粮食、生猪
屯昌县	特色经作、特色畜禽（黑猪等）
澄迈县	渔业、生猪、天然橡胶、粮食、冬季瓜菜
临高县	渔业、生猪、热带水果
儋州市	天然橡胶、渔业、热带水果、粮食、生猪、常年蔬菜
东方市	热带水果、种业、特色经作、冬季瓜菜
乐东县	槟榔、天然橡胶等热带作物及渔业
琼中县	特色经作、天然橡胶、热带水果
保亭县	特色经作
陵水县	椰子、热带水果、种业、冬季瓜菜
白沙县	天然橡胶、茶叶、南药、特色经作
昌江县	热带水果、特色经作、渔业

2. 提升农产品加工产业园建设水平

加强现代农产品加工园区建设，提升海口罗牛山、文昌冯家湾、定安塔岭、琼中湾岭、屯昌屯城、万宁槟榔城、昌江太坡、白沙邦溪、琼海大路等农产品加工园区和农垦产业园建设水平，吸引加工企业集聚。以热带果蔬精深加工、肉制品精深加工、植物提取物、粮油深加工、宠物食品等为发展重点，突出食品生产、药用开发、功能性产品开发等。

3. 创建进口来料加工产业基地

海南椰子产量占全国总产的99.89%，是"中国椰子之乡"，但椰子产品加工企业与岛外企业相比，整体规模较小，市场竞争力不强，存在同质化竞争现象，目前全国注册的椰子加工企业达到1 280家,其中海南仅有359家,占比约为28.1%,其中产值过亿的椰子加工企业不超过7家,全省年加工椰子产品综合产值200亿元,不到全国的10%。因此,有必要用好自贸港特殊政策,在儋洋地区筹备创建中国(海南自贸港)国际农产品加工产业基地,落户一批开拓海外市场的外向型加工企业,扩大椰子、咖啡、胡椒、可可、水产品等境外加工原料进口,加快发展国际农产品来料加工业和拓展"一带一路"市场的外向型加工业。同时,围绕建设国际旅游消费中心,在三亚经济圈大力发展农业文化创意型加工业,设计推出一批旅游产品和伴手礼,在黎苗族聚居区建设一批家庭工场、手工作坊、乡村车间,开发海南专属特色产品传承特色技艺,弘扬特色文化,发展黎锦、椰雕、黎陶、苗绣等特色旅游产品手工业。

七、多功能农业区域布局态势与优化

(一) 多功能农业区域布局态势

1. 多功能农业内涵

多功能农业是指基于农业多功能性,在农业生产过程中,通过优化农业资源配置,提高农业生产效益,实现农业生态、经济、社会和文化等多重功能。多功能农业强调农业生产与生态环境保护、农村社会发展和文化传承相融合,旨在实现农业可持续发展。

2. 海南多功能农业区域发展现状

近年来,各地政府纷纷出台政策支持多功能农业的发展。借助海南自贸港建设机遇,海南省出台了共享农庄建设、农村集体用地入市等多项利好政策,为多功能农业发展提供了有力的政策保障;同时,农业信息化、数字农业等,为多功能农业发展提供了技术支撑。海南省充分发挥政策、区位优势,并结合独特的自然景色、文化风俗、生态环境等特色资源,主动求变,因地制宜大力发展有机农产品生产、乡村旅游、休闲农业、共享农庄等多元化农业特色产业,并在各级政府部门的支持下,推进产业融合纵深发展,逐渐走出了一条多功能农业的特色发展路径。海口市依托都市农业,打造五种休闲农业发展模式;三亚市将休闲农业分为五大类型,实行多样化发展;文昌市打造五大休闲产业集群;琼海市着力打造"琼海农味"、国家农业公园、乡村旅游三大品牌。全省涌现出琼海田园城市、琼中奔格内、保亭布隆赛、定安"百里百村"等一批特色鲜明、初显效应的多功能农业品牌,2020年仅休闲农业产值估计超过150亿元;海南全省共创建共享农庄试点200家,正式认定37家。在200家创建单位中,既有农业企业、文化旅游企业、房地产企业,也有村集体经济组织。截至2023年,共享农庄年营业收入13亿元以上,年带动农户4.4万户,带动农民固定就业超6.52万人,已成为乡村振兴工作的主要抓手,在促进农业提质增效、助力乡村产业振兴等方面发挥重要作用。

(二) 多功能农业区域布局优化

海南省多功能农业虽然取得了较大的进展,但仍存在诸多问题与挑战,造成了多功能农业的内涵不够丰富、产业链不够长、开发深度与精细度不够等问题。首先，越来越多的市县和农业经营主体看到了多功能农业的前景，出现了热捧的迹象。但重复引进、同质竞争也愈演愈烈，如200家共享农庄中仅有37家得到认证，多数投产经营的农庄基本以房屋租赁、自行耕种、托管代种、产品认养、采摘、农家乐等小众内容为主，大型互动类、文化体验类、科普研学类的共享农庄较少，存在对当地文化传承、发掘不够、低水平重复现象。其次，多功能农业由单纯生产向综合产业迈进，产业地位开始重塑，农业的发展、研究、指导均面临新的调整，存在用地、融资、规划等方面与当地实际不衔接、不协调的现象，往往导致多功能农业的建设设施，譬如建好的木屋、旅游设施不符合规划而未报批报建被拆除，造成较大损失；再次，传统农业主要定位于生产功能，后续的加工、储藏、销售等往往交给相应环节的从业主体，多功能农业的到来对农民提出了更高要求，而目前在海南从事多功能农业的农民素质普遍较低（以临时用工为主），且因基本上地处乡镇及交通不便之地，人才队伍力量比较薄弱，导致从事多功能农业的载体如共享农庄，因在农庄的营销、本土特色文化的发掘、传承与旅行社的合作、旅游线路的规划等方面缺乏高质量的策划而未能有效融入属地文旅系统一体推进，营销效益较低。最后，多功能农业是经济社会文化生态等多种因素复合作用的结果，注定对农村的发展轨迹产生影响。这要求我们必须进一步改善农村基础设施，缩小城乡差距。而在海南农村，路网、通信、饮水、供电等乡村多功能农业发展的基本环境和服务功能相对欠缺，特别是道路建设质量相对较差，再加上海南多为丘陵山地、地块分散，不利于农业机械化的发展，制约了多功能农业的功能发挥，多功能农业主体规模小、现代化程度较低。

因此，有必要在对政府部门、当地企业、体验者、当地村民和参与集体五大利益相关者进行质性访谈收集有效信息并分析信息的基础上，同时考虑到不同主体产生的成效和收益，旨在调研和文献检索的基础上探索性提出多功能农业区域布局优化的建议。

1. 打造多功能精品海洋渔业基地

充分利用《海南省海洋经济发展"十四五"规划（2021—2025年）》提出的"打造两大海洋经济增长极、提升两翼海洋经济发展水平"的海洋产业空间布局和发展方向，以及海南省人民政府办公厅印发的《加快渔业转型升级 促进海南渔业高质量发展三年行动方案（2023—2025年）》，结合调研分析结果，提出以下优化沿海12个市县多功能精品渔业布局的重点方向和产业分工方案（表5-3）。

表5-3 全省各市县多功能精品渔业布局优化方案

地区	重点方向
海口市	三联二级渔港、东海岸国家海洋牧场示范区、国家级水产品集散交易中心
三亚市	三亚国家级沿海渔港经济区（南繁水产种苗、海洋牧场示范区、水产品集散交易中心等一二三产业）
文昌市	冯家湾现代渔业产业园（水产种苗、罗非鱼养殖加工等）、文昌铺前中心渔港（休闲渔业等）、国家级热带水产种业交易中心
琼海市	琼海长坡现代渔业产业园、潭门现代海洋牧场

(续表)

地区	重点方向
万宁市	万宁国家现代农业（渔业）产业园（东星斑、鲻鱼等种苗选育、养殖等全产业链）、乌场一级渔港（休闲渔业等）
澄迈县	马袅湾现代海洋牧场
临高县	临高国家级沿海渔港经济区（海洋牧场示范区、加工、集散交易中心等）
儋州市	儋州金雨海洋智慧渔业产业园、峨蔓国家海洋牧场示范区
东方市	东方鳄鱼小镇及南美白对虾种质资源场、石斑鱼种苗产业园、四更现代海洋牧场
乐东县	大角湾生态渔业产业园、莺歌海海洋渔业加工园区、海洋南繁种质科技产业园、龙栖湾国家级海洋牧场、莺歌海一级渔港
陵水县	水产种业硅谷（育种+水产+加工+科研+旅游）
昌江县	昌化一级渔港

2. 因地制宜布局多功能种养殖业发展

第一，在政府政策与规划引导下，将海口、三亚等城市疏解产业尤其是农产品加工业向县域延伸，引导产业有序梯度转移，推进各区域种养殖业分层次分类别发展；第二，大力发展县域范围内比较优势明显、带动农业农村能力强、就业容量大的农业跨界产业，推动形成"一县一业"发展格局；第三，利用自贸港优惠政策，加强多功能农业先进技术与装备引进或创新，攻克或引进产业融合过程中关键技术、工艺或设施装备，强化多功能农业产业链与创新链融合；第四，加快完善农业社会化服务功能，促进多功能农业龙头企业、多功能农业经营大户做强做大；第五，依托热带特色农业基地，建设一批集休闲观光、采摘体验、科普教育、红色文化、少数民族文化等为一体的休闲农业示范点，着力培育一批休闲农业与乡村旅游集聚区，打造高端乡村休闲游品牌；第六，推动全域农业+乡村旅游发展，评定一批全国休闲农业与乡村旅游精品示范园区，打造休闲美食之旅、休闲康养之旅、农事体验之旅、研学教育之旅、民俗文化之旅、休闲田园之旅等精品休闲线路，并进一步丰富休闲农业业态，鼓励利用乡村闲置土地、房屋发展共享农庄、精品民宿、度假酒店、主题客栈、汽车旅馆、房车露营等住宿业态，形成具有海南特色的乡村度假品牌。

八、跨界融合农业区域布局态势与优化

（一）跨界融合农业区域布局态势

1. 跨界融合农业内涵

从产业创新和产业发展角度来看，跨界融合农业是指不同产业或同一产业在不同行业间的机制、体制、技术与制度创新的基础上相互渗透、相互交叉，最终融合为一体，逐步形成新型农业产业形态的动态发展过程。跨界农业是以现代农业为主体，以吸引更多的社会资源进入农业为突破口，以现代农业科学技术和信息技术为先导，以现代经营管理制度为手段，促进农工结合、农林交合、一二三产业融合，推动农业与生态产业、旅游产业、健康产业等社会事业相结合的新型农业发展方式。其主要标志是产业联动、城乡互动、创新驱动、市场推动。

2. 跨界融合农业分布现状

近年来，在全面推进乡村振兴的背景下，"跨界"做农业的企业不在少数，从全国来看，有腾讯、阿里巴巴、拼多多、万科、碧桂园等知名企业，以数字技术见长的腾讯卖起了大米等"土特产"，以门业为主导产业的美心集团种起了葡萄，以白酒为主打产品的江小白种起了高粱、油菜，这些企业用自己擅长的商业模式，为农业注入了新活力。庞大的消费群体是这些大型企业"务农"的最大底气，他们利用"大数据+精确农业+其他产业"来获得收益，即通过消费人群的市场大数据分析确定生产什么样的农产品好销，这些农产品最终又以鲜品或加工产品等多种产品形式以何种方式，卖给哪些消费群体能够获利。在海南，多功能农业的发展促进了农业与其他产业的跨界融合发展，如农村电商等新兴产业的发展。目前，跨界融合农业主要分布在海口经济圈与三亚经济圈，如总部在海口的海南冻品云供应链科技有限公司在从事农产品加工（预制菜加工等）、冷链运输、销售的同时，还跨界经营了软件开发与互联网信息服务、增值电信业务等，将农业跨界与这些产业相融合，大大提升了企业的经营效益。

（二）跨界融合农业区域布局优化

随着现代农业集团在全产业链上的布局，农业的投资价值正在提升，除有自己的农业种植、加工基地外，还纷纷纳入了食品营销、教育与培训等跨界产业。诸多迹象表明，农业又将迎来新一轮的投资并购机会和增长。借鉴国内外先进地区经验，根据海南实际，本书探索性提出以下跨界融合农业区域布局优化建议。

1. 打造精品渔业+多业态基地

充分利用《海南省海洋经济发展"十四五"规划（2021—2025年）》提出的"打造两大海洋经济增长极、提升两翼海洋经济发展水平"的海洋产业空间布局和发展方向，推进沿海12个市县渔业产业分工和18个市县陆海资源协调互动。以重要载体如渔船、渔港、渔村、现代化海洋牧场、深水网箱等，在海口经济圈重点发展渔业+渔业旅游（潜水观光、潜捕、海钓、观赏鱼、海事体验、住宿美食、科普、节庆等）、渔业+工程咨询、渔业+金融、渔业+商务服务、渔业+教育培训等"渔业+"产业；在三亚经济圈发展热带渔业+旅游、水产+南繁种业、渔业+科技教育、渔业+海岛旅游等产业，在三亚打造中国热带滨海养生基地和海洋休闲度假区旅游胜地，在乐东打造海南西南部休闲旅游康养度假胜地；在西部重点发展渔业+临港产业、渔业+旅游、渔业+服务业等产业，在儋洋地区打造北部湾国际水产品贸易中心，在临高打造海洋现代渔业创新发展综合体；在东部重点发展渔业+渔业+旅游、渔业+文化、渔业+深层海水利用等产业，在琼海打造一批"南海风情美丽新渔村，在万宁打造以滨海度假、水上运动、生态养生、节庆赛事为特色的滨海旅游度假胜地。完善渔业+多产业融合发展体制机制，全面铺开渔业+试点工作，创建一批全国精品渔业+多业态基地，包括全国精品休闲渔业示范基地、海钓赛事基地、渔业+多业态融合小镇和美丽渔村，组织有影响力的赛事节庆活动，引进或研发一批渔业+多业态融合设施设备（如含清洁能源的新型休闲渔船等）。鼓励渔业企业联合其他企业采取"公司+渔民""旅游+渔业"等模式，建设渔业+试点示范项目，推进渔业全产业链融合发展。

2. 因地制宜布局"种植业养殖业"+多业态发展

第一，在政府政策与规划引导下，将海口、三亚等城市疏解产业尤其是农产品加工业向县域延伸，引导产业有序梯度转移，推进各区域跨界农业分层次分类别发展；第二，大力发展县域范围内比较优势明显、带动农业农村能力强、就业容量大的农业跨界产业，推动形成"一县一业"发展格局；第三，利用自贸港优惠政策，加强跨界农业先进技术与装备引进或创新，攻克或引进产业融合过程中关键技术、工艺或设施装备，强化跨界农业产业链与创新链融合；第四，加快完善农业社会化服务功能，促进跨界农业龙头企业、跨界农业经营大户做强做大；第五，依托热带特色农业基地，建设一批集休闲观光、采摘体验、科普教育、红色文化、少数民族文化等于一体的休闲农业示范点，着力培育一批休闲农业与乡村旅游集聚区，打造高端乡村休闲游品牌；第六，推动全域农业+乡村旅游发展，评定一批全国休闲农业与乡村旅游精品示范园区，打造休闲美食之旅、休闲康养之旅、农事体验之旅、研学教育之旅、民俗文化之旅、休闲田园之旅等精品休闲线路，并进一步丰富休闲农业业态，鼓励利用乡村闲置土地、房屋发展共享农庄、精品民宿、度假酒店、主题客栈、汽车旅馆、房车露营等住宿业态，形成具有海南特色的乡村度假品牌。到2025年，省级休闲农业示范点达到200家，年接待游客超过2 000万人次；海南共享农庄试点项目争取得到认定。

第六章　自贸港等经贸规则下海南农业区域协调发展研究

区域协调是建设和谐社会的重要内容，也是市场经济调控的主要内容。区域协调发展问题受到党和政府的高度重视，区域协调发展战略是党的十六届三中全会提出的"五个统筹"之一。党的十八大以来，国家制定一系列具有全局性意义的区域重大战略，并取得显著成效。2018 年 11 月，中共中央、国务院印发《关于建立更加有效的区域协调发展新机制的意见》，重点提出了 2020 年到 21 世纪中叶的分阶段目标，并提出了建立区域战略统筹机制等八大促进区域协调发展新机制。党的二十大报告再次指出，"深入实施区域协调发展战略、区域重大战略、主体功能区战略、新型城镇化战略，优化重大生产力布局，构建优势互补、高质量发展的区域经济布局和国土空间体系"。尽管党和政府长期高度重视区域协调发展，但受综合国力、发展阶段等多重因素影响，区域发展不平衡不充分问题仍较为突出，集中体现在近年中西部与东部地区经济发展水平差距不断扩大，已从过去 GDP 等指标数量上的差距转变为发展潜力、发展能力等质量上的差距。此背景下，统筹推进区域协调发展与区域高质量发展，构建区域高质量协调发展新格局，已成为当前中国区域发展的核心任务。立足于热带农业为海南自贸港四大支柱产业之一及乡村户籍人口约占总人口 52.9%、农业从业人员占总数的 60%的现实省情，新时代现代化产业体系的基本构成、中国式现代化视域下"四化"同步发展的战略部署以及共同富裕进程中缩小城乡差距的迫切需求，农业跨区域协调发展亦是构建区域高质量协调发展新格局的必要组成部分与关键执行抓手。本章概述了在农业区域协调发展理论基础上，对其内涵和特征进一步界定，并从县域尺度分析评价了海南省农业发展区域协调现状，总结了农业区域协调发展的国际经验及启示，提出促进海南自贸港农业区域协调发展政策建议。

一、农业区域协调发展理论基础

目前来看，国内外学者对农业区域协调发展问题进行了较多的理论探讨，尽管存在方法和观点上的差异，但是已有的相关理论分析也为本研究提供了理论上的有力支撑。归纳和梳理发现，农业区域协调发展水平评价的理论基础主要有：可持续发展理论、系统理论、区域协调发展理论、区域经济差异理论。

1. 可持续发展理论

现代农业协调发展程度是农业可持续发展理念下的一个分支，可持续发展理论是农业协调发展理念的本质源泉。1987年,联合国世界环境与发展委员会(WECD)发布《我们共同的未来》首次提出可持续发展概念,即"满足当代人需求,又不损害子孙后代满足其需求能力的发展",以公平性、持续性、共同性为三大基本原则,其最终是实现协调、共同、公平、高效、多维发展的目标。测评可持续发展度指标体系为协调发展度的测评提供了重要的借鉴。

2. 系统理论

依据系统思想,"系统"的概念日益明晰。贝塔朗菲(1987)从不同的角度对"系统"展开定义,他认为:"'系统'就是相互作用的元素的综合体";同时又指出"系统可定义为彼此关联的元素的集"。闵家胤(1992)综合对"系统"的狭义理解和广义理解,将其表述为"在某一对象上发现的具有某种属性的关系"。目前,系统理论的核心内涵还未形成统一的概述,但是国内外学者尝试分别从社会科学、自然科学、哲学为背景对系统理论进行综合分析。系统理论遵循整体性、最优化、动态性和开放性四大原则,正确认识其四大原则,为深入研究现代农业区域协调发展,合理评估其发展的协调度,以及实现海南省农业区域协调发展提供了方法论。

3. 区域协调发展理论

区域协调发展的前提是缩小区域差距,这种差距包括区域内部差距和区域之间的差距。国家发改委宏观经济研究院(2003)认为,区域经济发展应与资源、环境、社会发展相协调,是一个综合概念。其涵盖了5个方面的内容:①区域与区域之间合理分工,发挥比较优势;②各资源要素自由流动,形成具有开放性、整体性的巨系统;③居民能够公平分享社会发展的成果,实现公共服务水平均等化;④在市场经济的指导下,技术合作与社会发展相匹配,培育新型区域关系;⑤合理利用土地资源,资源开发、人口增长、经济发展在土地承载力范围内。依据区域协调发展理论,其关注的是在产业协调发展基础上,社会、经济、生态得到稳定发展,一般运用区域协调发展理论评估产业协调发展状况,着重研究区域内部各要素的合理配置。现有的研究多从国家角度对农业区域进行划分,本文则从县域角度对现代农业协调发展的水平进行考察。

4. 区域经济差异理论

区域经济协调研究,是以对区域经济差异的评价、成因分析和预测为基础的活动。国外学者对区域经济增长差异问题进行了较多的理论探讨,尽管存在方法和观点上的差异,但是已有的相关理论分析也为本研究提供了理论上的有力支撑。归纳和梳理发现,区域经济增长差异的相关理论主要分为两大类:一类是区域经济增长均衡论,另一类是区域经济增长的非均衡论。

区域经济增长均衡论提出,地区的发展平衡是在发展过程中各种要素的自由流动和平衡的基础之上实现的。为了实现这一目标,需要不断调整供求关系和价格变化。其代表性研究有1943年Rodan的大推进论、1953年Nurkse的贫困恶性循环理论、1956年Solow和Swan的新古典经济增长理论、1995年Barro和Sala-I-Martin及1990年Fisher的新经济增长理论。区域经济增长均衡论有关生产要素流动和技术进步促进增长收敛的探讨,在一定程度上也为我们解释区域农业经济增长差异性提供了理论支撑。

区域经济增长非均衡理论提出,基于地区不同的自然条件、经济发展机制及其对社会的发展力度，相对发达的地区社会经济地位高，体制比较健全，相应的资本、科技等人才资源具备相当的优势，将进一步促进经济的高速增长；经济发展落后的地区，由于上述资源的缺乏，区域经济发展速度远远落后于发展中地区。随着市场机制作用的进一步发挥，劳动力要素呈现向高报酬地区流动的趋势。其代表性研究有1950年Perroux的新增长极理论、1957年Myrdal的循环累积因果关系原理、1958年Hirshman的"极化-涓滴"理论、1965年Williamson的倒"U"型理论、1966年Vernon的区域经济梯度推移理论。区域经济增长非均衡论不仅解释了农业经济增长存在区域差异的原因，而且为区域农业经济增长协调发展路径探索的尝试提供了理论指导。

二、农业区域协调发展概念、内涵及特征

（一）农业区域协调发展概念

农业区域协调是指对全国农业发展通盘筹划，是立足于国家层面来解决区域农业发展中的各种问题，协调地区间的农业分工关系和利益关系，建立合理的分工和协作体系，实现全国农业整体效益提高、农民普遍增收、农民生活水平共同提高，为保障国家粮食安全和社会经济可持续发展提供稳定物质基础。区域农业系统协调发展的本质不是基于牺牲生态价值和破坏生态环境，而是经济发展、社会需求与生态保护和谐有机整体协调发展状态。其内涵包括各区域发展的基础协调、产业协调、环境协调和结果协调。

（二）农业区域协调发展特征

农业区域协调从整体上表现为各区域优势互补、互促共荣和人的全面发展差距趋于缩小的过程和状态，其主要特征包括区域人地和谐发展（资源协调）、各区域农业生产力水平大幅提升（产业协调）、各区域政策环境相对公平（制度协调）、农业生态系统和农民生活水平进行良性发展轨道（社会协调）。

1. 各区域人地和谐发展

通过挖掘农业资源内部发展潜力，或通过人口的区际流动，改善区域人口与资源环境关系，使各区域在农业生产条件、生态环境和农业公共产品供给水平上趋于一致，农村基础设施全面改善，发达地区和不发达地区间、城乡间基本公共服务实现均等化。

2. 各区域农业生产力水平大幅提升

充分发挥区域比较优势，最大限度地提高农业生产效率，实现区域农地和谐发展，形成各具特色、优势互补的农业产业空间格局，以获取分工效益和协作效益。

3. 各区域政策环境相对公平

影响区际差异和城乡差异的政策环境因素已消失，各区域在相对公平的政策环境下竞争与合作，积极参与社会分工，农业生产要素按照市场经济要求，依靠市场力量在区域间自由流动并呈双向型发展趋势。区际间和城乡间融合发展深入推进，发达地区和不发达地区间、城乡间统一的要素市场走向成熟。

4. 农业生态系统和农民生活水平进入良性发展轨道

各区域的农业生态系统步入良性发展轨道；农业经济发展水平稳步发展，农民收入水平、实际购买力和生活水准均衡化，农民收入稳定增长，农民生活水平普遍提高；农业产业份额、农村人口比重和农业就业比重梯次下降；农民形态发生历史性转变，专业农户成为乡村主体居民。

三、农业区域协调度评价指标与模型

学术界关于区域协调发展的评价主要是使用协调度、协调发展指数等判断指标，通过构建综合性的指标体系来进行评价（姜文仙，2017）。评价指标体系的建立是区域协调发展研究的一个热点和难点，一般的研究多集中在经济、社会、人口、资源、环境等几个系统之间协调度的测定上。国内学者设置和筛选评价指标的方法主要有理论分析法、频度统计法和指标评价法。其中，理论分析法主要是依靠理论分析的方法综合评价者或专家的经验判断来进行评价，能够平衡评价者较大主观性的缺点；频度统计法主要是使用概率分析等方法进行综合评价；指标评价法主要分为综合指标体系评价和层次性指标体系评价。另外，还有学者研究区域协调发展定量评价理论模型，主要有协调度模型、发展度模型和协调发展度模型。从研究的趋势来看，区域协调发展的内涵和外延得到不断拓展，因此评价目标出现了多元化，指标选择也从传统的经济指标向经济、社会、环境等多指标的方向演进（孙倩，2012）。由于区域协调发展系统是一个复合系统，只要子系统划分不同，研究结论就会不一样。而且，基于不同的研究视角，对区域协调发展内涵的定义不同，对同一区域的评价结果就会不同。如陈栋生（2005）认为，区域发展的协调性应该从地区发展水平、收入水平、公共产品享用水平和区际分工协作的发育水平几个方面来测定。因此，研究范式的确定是区域协调发展的评价研究需要首先解决的问题。另外，评价指标体系的构建、权重的选择、子系统之间关系的考虑等方面仍是需要进一步改进和完善的领域。区域协调发展的评价研究，一般是从不同的维度，选择不同的指标体系和权重，使用不同的方法，对不同地区的协调发展度进行评价。

农业作为我国国民经济基础，关系到我国国民利益、社会繁荣稳定以及国民经济的可持续发展，同时也关乎我国在国际竞争中能否保持独立自主的地位。海南是国内外唯一包括农村、农民、农业在内的全岛型自贸港，农村面积大（约占海南省总面积总量的90%），乡村人口多（农村户籍人口占总量的52.9%），农业在GDP中的占比较全国的高（占总量的20.1%）（据海南省统计年鉴，2022年）。热带特色高效农业是海南自贸港四大支柱产业之一，也是海南乡村振兴的保障。不同区域间农业发展是否协调，需要通过借鉴前述的研究基础，构建一套评价指标体系和评价模型来加以评价研究。

（一）指标体系构建原则

本书为了准确、直观地反映海南省农业区域协调发展水平及变化趋势，按照《关于海南自由贸易港统筹区域协调发展的若干意见》要求，坚持以新发展理念为理论指导，在指标体系的构建过程中坚持前瞻性、科学性、目标导向性、可操作性、整体与局部相结合的原则。

1. 前瞻性原则

充分发挥指标对农业各区域协调发展的跟踪监测作用，从中发现各区域的农业发展的趋势性和苗头性问题、主要矛盾变化、政策实施效果等，以便及时对当前政策实施的阶段性效果进行反馈。此外，指标结果可以为各级政府下一步调整相关政策提供参考依据。

2. 科学性原则

评价指标概念必须具有特定的科学内涵，能够客观反映当前影响农业区域协调发展的突出问题，着眼于问题的要害之处，适当选择问题的靶向性指标，系统全面地反映农业区域协调发展的主要特征和发展状况。

3. 目标导向性原则

在指标体系的构建过程中，根据《海南自由贸易港统筹区域协调发展三年行动方案（2023—2025年）》《海南省"十四五"推进农业农村现代化规划》主要目标来设定；而在经济发展新常态背景下，坚持新的发展理念，实现协调发展也是最终区域发展的目标。为此，在指标选取和设定过程中，注重农业各区域发展在各个领域所能实现的发展目标。

4. 可操作性原则

在指标和方法选取时，将可得性与代表性相结合，充分考虑指标的数据采集难易程度及其含义，同时选择可行、实用的测算方法，确保结果能够比较准确地反映各区域发展的现实。

5. 整体与局部相结合

分析区域发展差距、区域一体化、城乡协调、社会协调、资源环境协调5个方面的综合协调水平。

（二）农业区域协调度评价指标体系

国内在农业区域发展差异的研究以农业发展阶段划分，评价分类与协同发展方面居多。相关研究者主要利用聚类分析法、灰色系统评估法和层次分析法，对我国农业主产区的发展水平进行测算和评价，结论中均证明了不同区域间农业处于不同阶段，并强调可持续发展才是最终目标。

本书根据海南省农业资源分布、气候特征、地形地貌和农业发展特定的格局，按照区域资源优势和区位优势为导向的区域发展原则，将全省划分为海口经济圈、三亚经济圈、儋洋经济区、东南沿海经济区、西部融合提升区、中部生态观光农业区等六大农业区域（表6-1）。基于农业区域协调发展内涵特征及上述各项原则，设置由4个指标组、12个指标体系构成的评价指标体系，用于科学评价海南农业发展区域协调性水平（表6-2至表6-5）。

表 6-1 海南省农业区域分区的总体格局

区域	范围
海口经济圈农业区（R1）	海口、文昌、定安、澄迈、屯昌
三亚经济圈农业区（R2）	三亚、陵水、乐东、保亭
儋洋农业区（R3）	儋州
东部滨海农业区（R4）	琼海、万宁
西部台地农业区（R5）	东方、昌江、临高
中部生态观光农业区（R6）	五指山、白沙、琼中

表 6-2 海南省六大区域农业资源与经济发展状况

区域	区域面积/万公顷	耕地面积/万公顷	总人口/万人	农业人口/万人	农业总产值/亿元	农村居民人均可支配收入/（元/年）
R1	101.16	15.94	452.18	76.78	305.94	18 713
R2	69.47	6.28	205.87	43.25	405.77	17 883
R3	34.06	4.95	97.01	22.46	216.61	18 550
R4	51.24	4.19	108.76	29.52	324.13	19 597
R5	52.06	10.19	110.65	33.51	359.92	17 405
R6	59.66	2.35	45.76	15.60	94.67	15 774

表 6-3 海南省农业区域协调度（A）的评价指标及指标释义

分类指标（C）	单项指标（S）	指标释义
资源协调指标组（C1）	土地资源空间变异系数（S1）	土地产出率（单位面积农业增加值）
	农业劳动力资源空间变异系数（S2）	农业劳动生产率（单位农业劳动力农业增加值）
	森林资源空间变异系数（S3）	森林覆盖率
产业协调指标组（C2）	农业综合生产能力空间变异系数（S4）	农业增加值
	农业结构空间变异系数（S5）	农业主导产业产值占农业总产值比重
	农产品出口空间变异系数（S6）	农产品进出口额
制度协调指标组（C3）	财政支农资金空间变异系数（S7）	人均农林水财政支出
	商品化水平空间变异系数（S8）	人均社会消费品零售总额
	农业固定资产投入水平空间变异系数（S9）	第一产业固定资产投资
社会协调度指标组（C4）	农村经济水平空间变异系数（S10）	农村居民人均纯收入
	农村非农化水平空间变异系数（S11）	非农劳动力比重
	农业服务业空间变异系数（S12）	农林牧渔服务业产值

注：农业区域协调度用字母 A 来表示。

表6-4 2012年海南省六大区域原始指标值

区域	土地产出率（单位面积农业产值）/（元/亩）	农业劳动生产率（单位农业劳动力农业增加值）/（元/人）	森林覆盖率/%	农业增加值/亿元	农业主导产业（水果）产值占农业总产值比重/%	农副产品进出口额/万元	人均财政支农资金/元	人均社会消费品零售总额/元	第一产业固定资产投资/元	农村居民人均纯收入/（元/人）	非农劳动力比重/%	农林牧渔服务业产值/万元
R1	1 718.37	25 771.00	42.95	2 068 825.00	7.04	5 715.40	764.70	14 188.70	168 729.00	7 880.00	65.59	137 330.00
R2	2 499.34	30 801.00	68.26	1 249 708.00	14.12	168.52	1 701.00	8 268.94	19 828.00	7 210.00	51.83	68 613.00
R3	1 243.23	38 221.00	52.44	899 805.60	3.80	10 482.00	931.90	5 113.42	6 830.00	7 763.00	42.36	17 039.00
R4	2 395.24	36 501.00	53.76	1 009 575.00	7.58	74.60	925.20	8 113.62	3 000.00	8 092.00	48.11	71 606.00
R5	1 848.11	34 542.00	55.19	1 231 271.00	17.47	240.66	1 490.00	4 082.61	15 846.00	6 967.00	35.99	29 027.00
R6	728.58	25 922.00	84.11	382 699.60	6.79	1.53	1 809.00	3 057.01	8 406.00	5 687.00	35.86	8 037.00

表6-5 2021年海南省六大区域原始指标值

区域	土地产出率（单位面积农业产值）/（元/亩）	农业劳动生产率（单位农业劳动力农业增加值）/（元/人）	森林覆盖率/%	农业增加值/亿元	农业主导产业（水果）产值占农业总产值比重/%	农副产品进出口额/万元	人均财政支农资金/元	人均社会消费品零售总额/元	第一产业固定资产投资/元	农村居民人均纯收入/元	非农劳动力比重/%	农林牧渔服务业产值/万元
R1	4 012.75	60 593.70	50.50	3 337 500	9.65	368 800.00	1 201.17	28 876.18	45 762.95	19 011.00	75.74	355 533.00
R2	6 314.33	80 882.50	69.15	2 807 300	20.90	151 122.00	2 562.30	31 828.57	29 360.31	18 793.00	69.13	156 367.00
R3	2 532.78	92 433.90	54.80	1 397 600	5.13	484 700.00	1 511.35	13 548.87	7 944.79	18 550.00	66.60	54 805.00
R4	5 380.43	88 815.10	66.67	1 928 600	12.01	4 300.00	1 235.50	20 973.74	7 289.96	19 561.00	62.92	168 888.00
R5	4 664.96	83 173.20	57.22	2 326 400	21.92	4 740.00	1 962.51	11 306.23	8 955.16	17 489.00	54.78	80 798.00
R6	1 455.59	48 780.60	85.16	1 246 700	2.32	184.20	6 448.78	11 361.91	2 639.25	15 738.00	54.18	25 281.00

四、海南省农业区域协调度评价

（一）评价模型

$$A = 1 - \sum_{i=1}^{n} a_i C_i$$

式中，A 为农业区域协调度；n 为某准则层选取的具体指标数（$i=1, 2, \cdots, n$）；a_i 为第 i 个指标的权重；C_i 为第 i 个指标的无量纲值。

（二）海南省农业区域协调度评价

1. 指标值计算

笔者首先采集12（指标个数）×18（市县）共216项指标，利用非负平移法标准化处理上述指标，利用变异指数公式计算变异系数：

$$CV = \sigma / \mu$$

式中，CV 为第 i 个区域的第 j 项指标的变异系数值；σ 为第 i 个区域的第 j 项指标的标准差；μ 表示第 j 项指标的平均值。归一化处理各项指标后，进行评价指标值测算。由于受数据与资料的限制，本书仅对2021年和2012年海南省六大农业区域协调发展状况进行综合评价，分别见表6-6、表6-7。

表6-6　2021年海南省农业区域协调度（A）的评价指标值

区域	S1	S2	S3	S4	S5	S6	S7	S8	S9	S10	S11	S12
R1	0.279	0.192	0.216	0.442	0.145	1.915	0.389	0.536	0.969	0.052	0.188	0.236
R2	0.433	0.210	0.146	0.418	0.177	1.990	0.465	0.956	1.365	0.111	0.188	0.757
R3	0.001	0.001	0.001	0.001	0.001	0.001	0.001	0.001	0.001	0.001	0.001	0.001
R4	0.204	0.241	0.001	0.222	0.042	0.230	0.174	0.205	0.728	0.036	0.050	0.843
R5	0.314	0.486	0.144	0.597	0.641	1.239	0.456	0.102	0.712	0.034	0.029	0.292
R6	0.324	0.338	0.021	0.747	0.244	1.395	0.195	0.032	1.058	0.020	0.095	0.809

表6-7　2012年海南省农业区域协调度（A）的评价指标值

区域	S1	S2	S3	S4	S5	S6	S7	S8	S9	S10	S11	S12
R1	0.026	0.454	0.248	0.008	0.072	3.147	0.510	1.353	0.545	1.311	0.440	0.456
R2	0.341	0.522	0.137	1.391	0.207	2.188	0.272	0.776	1.785	0.478	0.243	1.445
R3	0.001	0.001	0.001	0.001	0.001	0.001	0.001	0.001	0.001	0.001	0.001	0.001

（续表）

区域	S1	S2	S3	S4	S5	S6	S7	S8	S9	S10	S11	S12
R4	0.178	0.243	0.348	0.280	0.072	0.250	0.135	0.151	1.414	0.014	0.026	0.846
R5	0.257	0.618	0.113	0.693	0.570	0.667	0.274	0.087	0.916	0.069	0.084	0.311
R6	0.163	1.014	0.020	0.554	0.052	1.546	0.091	0.442	1.732	0.024	0.326	0.813

2. 指标权重计算

确定权重的常用方法主要是客观赋权法（熵值赋权法）和主观赋权法（德尔菲法，也称专家调查法），即客观与主观相结合。首先采用熵值赋权法，遵循"差异驱动"原理，客观反映指标信息熵值效应，凸显单个指标在多个指标中的局部差异性；之后应用德尔菲法（也称专家调查法）进行进一步验证。德尔菲法由美国兰德公司于1946年研发，实质是一类反馈匿名函询法，通过对所要预测的问题咨询专家的意见之后，统计、梳理、总结专家意见，再匿名反馈给各专家，又再征求专家意见，再次整理、总结意见反馈回专家，最后获得统一意见。结果见表6-8和表6-9。

（1）客观赋权法（熵值赋权法）

表6-8 2012年海南省农业区域协调度评价指标权重

变异系数	信息熵值	信息效用值	权重系数
S1	0.879 6	0.120 4	0.046 1
S2	0.834 4	0.165 6	0.063 4
S3	0.768 9	0.231 1	0.088 5
S4	0.825 1	0.174 9	0.067 0
S5	0.763 7	0.236 3	0.090 5
S6	0.792 3	0.207 7	0.079 6
S7	0.843 7	0.156 3	0.059 9
S8	0.760 5	0.239 5	0.091 7
S9	0.890 2	0.109 8	0.042 1
S10	0.456 3	0.543 7	0.208 2
S11	0.766 7	0.233 3	0.089 4
S12	0.807 6	0.192 4	0.073 7

表 6-9 2021 年海南省农业区域协调度评价指标权重

变异系数	信息熵值	信息效用值	权重系数
S1	0.884 8	0.115 2	0.050 0
S2	0.865 1	0.134 9	0.058 6
S3	0.684 8	0.315 2	0.136 8
S4	0.861 0	0.139 0	0.060 3
S5	0.739 6	0.260 4	0.113 1
S6	0.820 2	0.179 8	0.078 1
S7	0.858 1	0.141 9	0.061 6
S8	0.658 4	0.341 6	0.148 3
S9	0.884 2	0.115 8	0.050 3
S10	0.811 3	0.188 7	0.081 7
S11	0.793 1	0.206 9	0.089 8
S12	0.835 8	0.164 2	0.071 3

（2）主观赋权法（德尔菲法/专家调查法）

共向 5 位不同领域的农业专家发送咨询意见表，对专家返回意见进行整理，构造判断矩阵，求得各指标权重。结果见表 6-10 至表 6-17。

表 6-10 海南省新型研发机构支持政策评价指标体系及其权重

一级指标	权重	二级指标	权重
资源协调	F_1	土地资源空间变异系数	f_1
		农业劳动力资源空间变异系数	f_2
		森林资源空间变异系数	f_3
产业协调	F_2	农业综合生产能力空间变异系数	f_1
		农业结构空间变异系数	f_2
		农产品出口空间变异系数	f_3
制度协调	F_3	财政支农资金空间变异系数	f_1
		商品化水平空间变异系数	f_2
		农业固定资产投入水平空间变异系数	f_3
社会协调	F_4	农村经济水平空间变异系数	f_1
		农村非农化水平空间变异系数	f_2
		农业服务业空间变异系数	f_3

表 6-11　两两比较赋值标准

序号	重要性等级	C_{ij} 赋值
1	i,j 两元素同等重要	1
2	i 元素比 j 元素稍重要	3
3	i 元素比 j 元素明显重要	5
4	i 元素比 j 元素强烈重要	7
5	i 元素比 j 元素极其重要	9
6	i 元素比 j 元素稍不重要	1/3
7	i 元素比 j 元素明显不重要	1/5
8	i 元素比 j 元素强烈不重要	1/7
9	i 元素比 j 元素极其不重要	1/9

表 6-12　海南省农业区域协调度评价一级指标相对重要程度比较

j	i			
	资源协调	产业协调	制度协调	社会协调
资源协调	1	5	3	1
产业协调	1/5	1	2	1/2
制度协调	1/3	1/2	1	13
社会协调	1	2	3	1

表 6-13　海南省农业资源协调度评价二级指标相对重要程度比较

j	i		
	土地资源	农业劳动力资源	森林资源
土地资源	1	1/3	1/5
农业劳动力资源	3	1	1/3
森林资源	5	3	1

表 6-14　海南省农业产业协调度评价二级指标相对重要程度比较

j	i		
	农业综合生产能力	农业结构	农产品出口
农业综合生产能力	1	1/3	1/5
农业结构	3	1	1/3
农产品出口	5	3	1

表 6-15 海南省农业制度协调度评价二级指标相对重要程度比较

j	i		
	财政支农资金	商品化水平	农业固定资产投入
财政支农资金	1	1/3	1/5
商品化水平	3	1	1/3
农业固定资产投入	5	3	1

表 6-16 海南省社会协调度评价二级指标相对重要程度比较

j	i		
	农村经济水平	农村非农化水平	农业服务业
农村经济水平	1	1/3	1/5
农村非农化水平	3	1	1/3
农业服务业	5	3	1

表 6-17 海南省新型研发机构支持政策评价指标体系及其权重

一级指标	权重	二级指标	权重
资源协调	0.419 8	土地资源空间变异系数	0.265 8
		农业劳动力资源空间变异系数	0.109 4
		森林资源空间变异系数	0.044 6
产业协调	0.142 7	农业综合生产能力空间变异系数	0.090 4
		农业结构空间变异系数	0.037 2
		农产品出口空间变异系数	0.015 1
制度协调	0.103 6	财政支农资金空间变异系数	0.065 6
		商品化水平空间变异系数	0.027 0
		农业固定资产投入水平空间变异系数	0.011 0
社会协调	0.333 9	农村经济水平空间变异系数	0.211 5
		农村非农化水平空间变异系数	0.087 0
		农业服务业空间变异系数	0.035 4

（3）综合权重

通过客观赋权法（熵值赋权法）与主观赋权法（德尔菲法）有机结合，对得出的权重进行综合：

$$G_1 = 2/n(w_1 + 2w_2 + \cdots + nw_n) - (n+1)/n = 0.4147$$

$$t = n/(n-1) \times G_1 = 0.4608$$

式中，G_1 为综合权重；w_1 代表用 AHP 确定的主观权重；n 代表指标个数；t 为权重系数；w 为权重向量。

按照 t 值取值原则，取 $t=0.5$，综合分析法求出权重向量公式为：

$$W = tW_1 + (1-t)W_2$$

（4）分析结果

通过上述公式，计算出海南省农业区域协调度的评价指标权重见表6-18。

表6-18 2021年、2012年海南省农业区域协调度（A）的评价指标权重

年份	W_1	W_2	W_3	W_4	W_5	W_6	W_7	W_8	W_9	W_{10}	W_{11}	W_{12}
2021	0.1579	0.0840	0.0906	0.0763	0.0750	0.0465	0.0636	0.0876	0.0306	0.1466	0.0884	0.0533
2012	0.1589	0.0863	0.0674	0.0697	0.0669	0.0480	0.0644	0.0627	0.0272	0.2114	0.0898	0.0477

3. 海南省农业区域协调度测算

（1）海南省各区际农业区域协调度评价

依照前面建立的海南省农业区域协调度综合评价模型和各指标值及其权重，测算了海南省六大区域间的协调度，具体测算结果见表6-19。

表6-19 2021年、2012年海南省农业区际协调发展水平测算结果

年份	C_1	C_2	C_3	C_4	A
2021	0.1259	0.2323	0.1376	0.0660	0.4381
2012	0.1153	0.2378	0.1354	0.2074	0.3040

从表6-19可知，海南省农业区际协调发展水平呈现上升态势，总协调度从2012年的0.3040提高到2021年的0.4381，表明海南省农业发展地区间的差距逐渐缩小。其中，产业协调度和社会协调度空间变异系数评价指标同时下降，是推动海南省区际间农业协调发展水平提高的主要因素。产业协调度变异系数下降，是海南省实施优势农产品区域布局规划和推进农产品产业带建设，优化了区际产业布局与产业结构的成果；社会协调度变异系数指标下降，是海南省实施乡村振兴战略，促进城乡一体化、社会和谐发展的具体体现。资源和制度实施效果在六大区际差异扩大，表明区际间资源配置和开发效率差异扩大，制度作用于不同区际发挥的效用差距也在扩大，见表6-20、表6-21。

表6-20　2021年海南省农业区域协调发展水平测算结果

项目	S1	S2	S3	S4	S5	S6	S7	S8	S9	S10	S11	S12
标准差	1 806.05	17 248.48	12.6	812 518.35	8.05	210 956.1	2 007.38	9 063.41	16 895.659	1 382.07	8.408	119 565.812
平均差	4 060.14	75 779.85	63.92	2 174 016.67	12	168 974.3	2 486.94	19 649.25	16 992.07	18 190.3	63.892	140 278.667
变异系数	0.445	0.228	0.197	0.374	0.67	1.248	0.807	0.461	0.994	0.076	0.132	0.852

表6-21　2012年海南省农业区域协调发展水平测算结果

项目	S1	S2	S3	S4	S5	S6	S7	S8	S9	S10	S11	S12
标准差	10 146.57	5 340.2	14.54	553 405.7	5.19	4 387.5	450.1	4 050.48	64 774.5	882.28	11.28	48 083.27
平均差	26 082.19	31 960	59.45	1 140 314	9.47	2 780.5	1 270	7 137.38	37 106.5	7 266.5	46.62	55 275.33
变异系数	0.389	0.167	0.245	0.485	0.548	1.578	0.354	0.568	1.746	0.121 8	0.242	0.87

资源协调指标分析。2021年区际资源协调度变异系数高于2012年,主要是土地资源禀赋空间变异系数、农业劳动生产率空间变异系数指标均上升所致,表明六大农业区域间土地资源禀赋、农业劳动生产率区间差距在扩大,森林资源空间变异系数下降,表明六大农业区域间森林覆盖率区间差距在缩小,随着国家生态文明试验区和海南热带雨林国家公园建设,海南省森林面积不断扩大,整体生态环境不断优化。具体来说,2021年和2012年的土地资源大小排序保持一致,即为三亚经济圈>东部滨海农业区>西部台地农业区>海口经济圈>儋洋农业区>中部生态观光农业区;六大农业区域间农业劳动力资源的差距也在扩大,而大小排序略有变化,即儋洋农业区>东部滨海农业区>西部台地农业区>三亚经济圈>海口经济圈>中部生态观光农业区,儋洋农业区>东部滨海农业区>西部台地农业区>三亚经济圈>中部生态观光农业区>海口经济圈;六大农业区域间森林资源禀赋差距在扩大,大小排序略有变化,2021年为中部生态观光农业区>三亚经济圈>东部滨海农业区>西部台地农业区>儋洋农业区>海口经济圈,2012年为中部生态观光农业区>三亚经济圈>西部台地农业区>东部滨海农业区>儋洋农业区>海口经济圈,可以看出,东部滨海农业区加大了植树造林力度。

产业协调指标分析。2021年区际产业协调度变异系数低于2012年,主要是农业综合生产能力空间变异系数和农产品出口空间变异系数下降所致,表明农业综合生产能力和农产品出口区间差距在缩小,农业结构空间变异系数上升,表明农业结构区间差距在扩大。具体来说,六大农业区域间农业综合生产能力区间差异缩小,2021年和2012年区际间大小排序保持一致,即为海口经济圈>三亚经济圈>西部台地农业区>东部滨海农业区>儋洋农业区>中部生态观光农业区;六大农业区域农业结构的区间差距扩大,而大小排序略有变化,即2021年为西部台地农业区>三亚经济圈>东部滨海农业区>海口经济圈>儋洋农业区>中部生态观光农业区,2012年为西部台地农业区>三亚经济圈>东部滨海农业区>海口经济圈>中部生态观光农业区>儋洋农业区,说明儋洋农业区调整了产业结构,加大了主导产业的比重;六大农业区域间农产品出口区间差距在缩小,大小排序略有变化,2021年为儋洋农业区>海口经济圈>三亚经济圈>东部滨海农业区>西部台地农业区>中部生态观光农业区,2012年为儋洋农业区>海口经济圈>西部台地农业区>三亚经济圈>东部滨海农业区>中部生态观光农业区,可以看出,自贸港背景下,三亚经济圈和东部滨海农业区农产品进出口贸易增速快于西部台地农业区。可以看出,农业综合生产能力和农产品出口变异系数比较低且呈下降趋势,说明六大农业区域在自贸港政策支持下,开创了外向型农业新格局,推进了农产品进出口贸易水平的提高。

制度协调指标分析。2021年区际制度协调度变异系数高于2012年,主要是财政支农资金空间变异系数和人均商品化水平空间变异系数上升所致,表明财政支农资金和人均商品化水平区间差距在扩大,农业固定资产投入水平空间变异系数下降,表明区域间农业固定资产投资差距缩小,即各区域间对生产用房屋及建筑物,役畜、种畜及产品畜、大中型铁木农具,以及农林牧渔业机械等农业生产条件的资金投入差距在缩小。具体来说,六大农业区域间财政支农资金区间差异扩大,2021年和2012年区际间大小排序保持一致,即为中部生态观光农业区>三亚经济圈>西部台地农业区>儋洋农业区>东部滨海农业区>海口经济圈;六大农业区域人均商品化水平区间差距扩大,而大小排序略有变化,即 2021 年为三亚经济圈>海口经济圈>东部滨海农业区>儋洋农业区>中部生态观光农业区>西部台地农业区,2012 年为海口经济圈>三亚经济圈>东部滨海农业区>儋洋农业区>西部台地农业区>中部生态观光农业区,说明三亚经济圈、中部生态观光农业区人均社会消费品支出增长速度加快;六大农业区域间农业固定资产投资区间差距在缩小,大小排序略有变化,2021 年为海口经济圈>三亚经济圈>西部台地农业区>儋洋农业区>东部滨海农业区>中部生态观光农业区,2012 年为三亚经济圈>海口经济圈>西部台地农业区>儋洋农业区>中部生态观光农业区>东部滨海农业区,可以看出,海口经济圈和东部滨海农业区加大了农业固定资产投资力度。

社会协调指标分析。2021 年区际社会协调度变异系数低于 2012 年,主要是农村经济水平空间变异系数和农村非农化水平空间变异系数下降所致,表明农村经济水平和农村非农化水平区间差距在缩小,农业服务业空间变异系数上升,表明农业服务产业区间差距在扩大。具体来说,六大农业区域间农村经济水平区间差异缩小,2021 年和 2012 年区际间大小排序略有变化,即 2021 年为东部滨海农业区>海口经济圈>三亚经济圈>儋洋农业区>西部台地农业区>中部生态观光农业区,2012 年为东部滨海农业区>海口经济圈>儋洋农业区>三亚经济圈>西部台地农业区>中部生态观光农业区,表明三亚经济圈农村经济水平超过了儋洋农业区;六大农业区域农村非农化水平的区间差距缩小,大小排序略有变化,即 2021 年为海口经济圈>三亚经济圈>儋洋农业区>东部滨海农业区>西部台地农业区>中部生态观光农业区,2012 年为海口经济圈>三亚经济圈>东部滨海农业区>儋洋农业区>西部台地农业区>中部生态观光农业区,说明儋洋农业区非农劳动力比重加大;六大农业区域间农业服务业区间差距在扩大,大小排序没有变化,均为儋洋农业区>海口经济圈>三亚经济圈>东部滨海农业区>西部台地农业区>中部生态观光农业区。

(2) 海南省县域农业区域协调度评价

根据综合评价模型,计算出海南省 6 个农业发展区域内的协调度,具体结果见表 6-22、表 6-23。

对比表 6-24、表 6-25 及原始指标值,结果表明,海口经济圈、东部滨海农业区、儋洋农业区 2021 年的区域内总协调度呈现上升趋势,其他区域内总协调度呈现小幅下降趋势。

表 6-22 2021 年海南省农业区域协调发展水平测算结果

区域	C1	C2	C3	C4	A
R1	0.079 8	0.236 9	0.101 5	0.036 9	0.544 8
R2	0.099 4	0.153 2	0.155 3	0.073 3	0.518 9
R3	0	0	0	0	0
R4	0.052 6	0.031 7	0.051 4	0.054 7	0.809 5
R5	0.103 4	0.157 9	0.062 5	0.023 1	0.653 1
R6	0.081 5	0.173 4	0.041 3	0.054 4	0.649 4

表 6-23 2012年海南省农业区域协调发展水平测算结果

区域	C1	C2	C3	C4	A
R1	0.067	0.176	0.117	0.223	0.417 0
R2	0.087	0.174	0.11	0.095	0.533 0
R3	0	0	0	0	0
R4	0.073	0.033	0.057	0.046	0.791 0
R5	0.101	0.119	0.052	0.037	0.691 6
R6	0.053	0.125	0.081	0.073	0.668 6

注：儋洋地区因仅有一个市县，故用原始指标与其他市县进行比较。

表 6-24 2021年海南省农业区域协调发展水平分项指标测算结果

区域	S1	S2	S3	S4	S5	S6	S7	S8	S9	S10	S11	S12
R1	0.279	0.192	0.216	0.442	1.522	1.915	0.389	0.536	0.969	0.052	0.188	0.236
R2	0.433	0.210	0.146	0.418	0.385	1.991	0.465	0.956	1.365	0.111	0.188	0.757
R3	0.001	0.001	0.001	0.001	0.001	0.001	0.001	0.001	0.001	0.001	0.001	0.001
R4	0.204	0.241	0.001	0.222	0.056	0.230	0.174	0.205	0.728	0.036	0.050	0.843
R5	0.314	0.486	0.144	0.694	0.638	1.239	0.456	0.102	0.797	0.034	0.029	0.292
R6	0.324	0.338	0.021	0.747	0.694	1.395	0.195	0.032	0.850	0.020	0.095	0.809

表 6-25 2012年海南省农业区域协调发展水平分项指标测算结果

区域	S1	S2	S3	S4	S5	S6	S7	S8	S9	S10	S11	S12
R1	0.200	0.260	0.176	0.548	0.589	2.055	0.362	0.808	1.599	0.840	0.353	0.292
R2	0.394	0.162	0.157	0.422	0.7367	1.995	0.312	0.880	1.280	0.196	0.2728	0.621
R3	0.001	0.001	0.001	0.001	0.001	0.001	0.001	0.001	0.001	0.001	0.001	0.001
R4	0.178	0.249	0.348	0.280	0.032	0.250	0.135	0.151	1.414	0.0139	0.026	0.846
R5	0.257	0.6139	0.113	0.693	0.574	0.667	0.274	0.087	1.049	0.0686	0.083	0.310
R6	0.162	0.294	0.020	0.554	0.184	1.546	0.091	0.442	1.732	0.0241	0.326	0.813

第一，区域内农业资源配置和利用水平有待提高，而生态环境不断优化。2021年各区的农业资源变异系数除东部滨海农业区外，与2012年比较，均呈现上升态势，反映了各区域内农业自然资源的开发利用水平差距加大，农业生产经营者仍以小农户为主，各区域内资源整合和规模化、集约化开发利用仍有待进一步提高，区域内发挥农业多功能性，挖掘跨市县的民俗民族文化资源、自然生态景观、农业文化遗产等仍停留在各自为营的状态，需要加强各区域内农业资源配置和利用效率，而海口经济圈受到不断扩容的影响，其区域内农业资源配置和利用水平差距有待进一步缩小，主要是屯昌与海

口的差距加大。与此同时，在农业生产技术不断取得进步的情况下，六大农业区域除三亚经济圈、中部生态观光农业区农业劳动力资源空间变异系数小幅上升外，其他市县变异系数均下降，反映出四大农业区域内农业劳动力资源市县间差异在不断缩小，而三亚经济圈和中部生态观光农业区区内劳动生产率差距有进一步扩大的趋势。总体来看，六大区域中三亚经济圈、东部滨海农业区森林覆盖率区内差距缩小，海口经济圈、西部台地农业区、中部生态观光农业区森林覆盖率区内差距则有所扩大，但各个市县的森林覆盖率均呈上升态势，各市县的生态环境质量得到不断提升。

第二，区域内农业产业结构协调度仍有待进一步提高，而农业综合生产能力不断提高。2021年六大农业区域中，与2012年比较，除三亚经济圈区内农业结构指标变异系数下降外，海口经济圈区内农业结构指标变异系数上升幅度较大，表明其区内各市县农业主导产业所占比值变化较大，主要是文昌的农业主导产业所占比例从2012年的3.41%大幅提升到2021年的76.33%，拉大了与其他市县的差距，其他区域的农业结构指标变异系数均有不同程度的提升，反映了各市县农业生产协调性有待进一步加强，而三亚经济圈的农业产业结构按照比较优势得到不断优化，区域内差异较2012年缩小。同时，在建设自由贸易港背景下，海南农业基础设施等生产条件日益完善，土地利用效果也在逐年改善，六大区域的农业综合生产能力空间变异系数均呈下降趋势，说明18个市县的农业综合生产能力的差距在缩小，各市县的农业综合生产能力均呈上升趋势，农业生产从追求数量向追求质量与效益并重转变，经济效益逐步提升，产业发展有助于农民增收和乡村振兴。总体来看，六大农业区域内部的农产品出口空间变异系数除西部台地农业区提升外，其他区域均呈下降趋势，说明随着自贸港建设进程加快以及经济社会发展和居民收入水平提高，各市县农产品进出口贸易能力不断提升，各市县间农产品国际贸易水平差距在不断缩小，外向农业格局在不断优化。

第三，区域内财政支农能力差距有待缩小，而农业生产条件不断完善。与2012年比较，2021年18个市县的地方财政支农资金都呈现上升趋势，以中部生态观光农业区增速最快，其次为海口经济圈、儋洋农业区和三亚经济圈，东部滨海农业区和西部台地农业区农业财政支农能力增速较慢，这是由于中部生态保育区自身财政能力与其他区域还有较大的差距，为保障中部生态保育区生产、生活和生态协调发展，本着公共服务均等化的原则，海南省强化了财政支出再分配功能，发挥转移支付对区域发展的调节作用，大力支持中部生态保育区、老少边地区，中央也加大了对中部生态保育区的专项经费支持，有效缓解了中部生态保育区资金不足的情况；同时财政也加大了对儋洋经济圈发展的支持，落实好支持海口经济圈、三亚经济圈等相关财税政策，使上述区域财政支农能力增速加快，而各区域内财政支农资金空间变异系数均呈上升趋势，表明其区内各市县财政支农能力差距呈扩大趋势，海口市人均财政支农资金增速慢于其区内的其他市县是海口经济圈差距拉大的主要原因，三亚经济圈人均财政支农资金差距扩大主要是保亭县加大了其地方财政支农资金投入力度，其2021年的人均财政支农资金比2012年的增长了158.02%，东部滨海农业区和西部台地农业区分别是万宁和昌江加大了本市县的地方财政支农资金投入力度，其2021年的人均财政支农资金分别比2012年的增长了39.23%和103.22%，中部生态观光农业区人均财政支农资金差距加大，主要是琼中的地方人均财政支农资金投入增幅小于五指山和白沙，中部生态观光农业区 3 个市县 2021 年地方人均财政支农资金较 2012 年分别增长了 261.77%、215.75% 和 292.41%。目前，海南省以"共担成本、共享收益"为基本原则，探索建立区域间税收分享制度、个人所得税分享制度、跨行政区域财政结算等方面的跨区域利益调控平衡机制，以实现各方利益均衡，激发区域市场一体化发展的内生动力。与此同时，六大农业区域区内的农业固定资产投入水平差距除三亚经济圈略有扩大外（2021 年的农业固定资产投入水平空间变异系数为 1.365，较 2012 年的 1.280 提升了 0.085），其他区域差距均在缩小，表明海南省通过科学调配农业基础设施等农业固定资产投入推进了各市县基本公共服务均等化，促进了城乡融合发展和共同富裕。最后，随着海南省经济社会发展和人民收入水平提高，全省 18 个市县的人均社会消费品零售总额均呈上升态势，各农业区域内部的商品化水平空间变异系数，2021 年与 2012 年比较，海口经济圈、中部生态观光农业区区内市县之间差距缩小，说明海口市充分发挥了辐射带动周边地区发展的作用，推进了区域内消费水平平稳增长，中部生态观光农业区通过发展林下经济和生态观光业等推进本地区的消费水平共同提升；而三亚经济圈、东部滨海农业区、西部台地农业区的差距有所扩大，主要是三亚、琼海、昌江的人均社会消费品零售总额增速快于其他市县所致，在此时期内，三亚、琼海的 GDP 增速（2021 年较 2012 年分别增长了 152.40%、132.98%）和城乡居民收入水平增速（2021 年较 2012 年分别增长了 101.81%、123.30%）也快于同一区域内其他市县，昌江则是随着木棉观光等旅游业发展带动其社会消费品零售总额增速快于其同区域的临高和东方。

第四，区域内农业服务业水平差异增大，而农村居民人均纯收入差距逐渐缩小。2021 年与 2012 年比较，海南省区际的农业服务业空间变异系数增大，表明各区域间农业服务业水平差距扩大，而在六大区域内部，除三亚经济圈区域内农业服务业空间变异系数增大外，其他区域内的农业服务业变异系数均变小，表明在农业经营主体对农业社会化服务有旺盛需求的背景下，五大区域内各市县农林牧渔服务业水平在不断增强、差距逐渐缩小，而保亭农业服务业增速慢于其他市县是导致三亚经济圈农业服务业水平差距拉大的主要因素。同时，随着市场经济深化改革及农村土地制度改革，区域间市场逐渐统一，公平开放透明区域市场规则逐步形成，资金、技术、土地等要素流动日趋活跃，劳动力开始寻求更高收入的非农就业方式或更高收入的农业生产方式，这一市场配置使得各区域间的非农劳动力数量差距不断缩小，反映在农村非农化水平方面，2021 年与 2012 年相较，六大农业区域间的非农劳动力比重空间变异系数不断下降，区域内的非农劳动力比重空间变异系数除滨海农业区有小幅提升外其他区域均表现为下降趋势。总体来看，在各种资源禀赋条件、环境条件和产业条件综合作用下，农民人均纯收入区域间差距不断缩小，一方面，18 个市县的农村居民人均纯收入都表现为增长的态势，说明乡村振兴战略等各支农政策发挥了良好的政策效应；另一方面，2021 年与 2012 年相较，六大农业区域中，除东部沿海农业区内农村经济水平空间变异系数略微增加但基本保持稳定外，其他区域的区内农村经济水平空间变异系数均下降，表现为海南省区域内各市县农村居民人均纯收入水平差距缩小。

综上，海南省仍有必要完善资源与产业协调发展机制及其配套政策措施，加快主导产业集群化、特色化发展。首先，全省及六大区域内的资源、产业、制度、社会指标组的协调度均高于相应的总协调度，反映出资源、产业、制度、社会等领域间关联度较低，尚未完全融合一体，未能充分体现协调互促、综合发展的倍增效益，整体产业仍存在传统产业效益不高、特色产业规模小、产业链韧性不足、科技创新滞后、经营主体散弱、农艺传承受阻等问题，而且部分市县，受政策、市场等激发的短期利益驱动下，往往不顾自身产业发展规律和农业功能定位，盲目跟风、复制其他市县的产业成功发展模式，不但未能壮大海南本地特色产业，还对特色产业品牌形成造成不利影响。海南农业产业分布仍处于地域空间上的简单集聚，目前正在建设的天然橡胶产业集群、芒果产业集群和文昌鸡产业集群仍存在华而不实的问题，农业产业发展水平处于中低端阶段，不能充分释放资源优势和政策优势。结合自贸港、RCEP等区域自由贸易协定，区域间亟需建立新的资源与产业协调发展机制，同时配套相应的支持政策，推进产业与资源、社会协调发展。其次，除儋洋地区外，2021年的总协调度排序为东部滨海农业区＞西部台地农业区＞中部生态观光农业区＞海口经济圈＞三亚经济圈＞全省，2012年的总协调度排序为东部滨海农业区＞西部台地农业区＞中部生态观光农业区＞三亚经济圈＞海口经济圈＞全省，从全省来说，各区域间产业与资源、制度、社会的关联度仍有待提高，各地产业之间良性互动机制还未产生，差异化协调发展的格局仍未形成，加上部分市县政府有较强的地方保护主义和本地利益导向，多数企业也有较强的地域归属感，多数农业经营者小散弱，要形成区域之间资源共享、产业合作共赢、市场互动、功能互补、政策共通的区域农业协调发展机制面临较大的困难；从各个区域来说，海口经济圈、三亚经济圈仍需强化区内产业发展与资源、制度、社会的关联度，提高区域内总协调度。

五、推进农业区域协调发展的国外典型经验与启示

（一）国外典型经验

1. 将资源禀赋与法律法规相结合

区域农业所拥有的物质资源是农业区域协调发展的物质基础。物质资源既包括土壤、气候、矿藏等自然资源，也包括劳动力、知识技能、资本等非自然资源。分析市场经济发达国家农业区域专业化和经营一体化发展的演化历程发现，地域、气候、土壤、水源等先天禀赋因素对农产品的产量、品质、成本、类型等影响很大，直接影响农业区域专业化发展，是农业区域专业化和经营一体化发展的基础，通过规划等顶层设计配套相关控制性政策、协调性政策、引导性政策和扶持性政策等则是推进基于农业资源禀赋的农业区域专业化发展的必要手段。美国通过《宅地法》《鼓励西部植树法》《沙漠土地法》《太平洋铁路法案》等法案，以低廉的价格，获得长期使用权，鼓励居民去西部定居，这些法案一颁布，就吸引了大量的外国资金，促进了西部的发展。在随后制定的策略中，国家将其支持的主要目标转向了田纳西河谷和阿巴拉契亚州的贫穷连片地带。在田纳西河谷地区，其方法是制定了《田纳西流域管理局法案》，以规范该地区自然资

源的全面发展和管理。由克林顿总统于1993年签署的《联邦受援区和受援社区法案》是其中最有体系、最完整的一部法案。它明确了受助对象、发展措施、立法宗旨和发展目标。另外,这项议案还为落后的国家提供了税务减免,以及为落后的国家提供了25亿美元的激励方案。它被视为美国首部较为系统性地针对落后区域开发的基础性法律。上述多项合理的制度设计,充分发挥了不同区域资源禀赋优势,优化了农业区的制度环境,增强了经营者之间的信任,丰富了本地的社会资本,协调了生产经营者之间共同行动,催生了生产经营者之间的竞争与合作格局,推进了具有农业资源比较优势的农产品在优势区域的集中,形成了南部棉产区、东北部牛奶产区、中北部谷物饲料与牲畜产区,西部和东南部的水果、蔬菜与农牧混合经营区以及北部的小麦与其他谷类作物区等9个特色鲜明的农业区,每个农业区有明确的分工,专门生产一种或少数几种农产品,形成了全国性的农业区域专业化生产体系。依靠优越的气候和地理条件,以及原产地保护制度、土地不可分割原则等支持政策,法国形成了世界著名的十大葡萄酒优势产区。德国通过了《联邦空间布局法》《联邦改善区域结构共同任务法》《联邦财政平衡法》等一系列法律来调整区域经济差异,从而达到实现区域经济均衡发展的目标。日本通过制定《日本国土综合开发法》《国土开发利用法》等支持政策,推进产业区域协调发展,缓解了东京一极化发展现象。

2. 提供有效的公共服务

在推进区域农业发展过程中,国外主要农产品生产国十分注重公务服务的有效性和实效性。主要包括开展农业信息化建设和市场秩序规范、建立公共培训机构、组织联合技术攻关、创建区域品牌、共同制定区域协调发展的远景与战略规划等。美国政府把农业信息资源的开发利用作为农业部的主要职责,并通过国会立法、资金投入、政策扶持和管理协调形成信息资源开发利用的完整体系,通过宪法规定整个国家是一个共同市场,削弱了各州自行其是的可能性,很好地防止了各州对他州的贸易歧视;同时,美国拥有世界上最为高效的农业科研、教育和推广体系,不但承担着培育农业科研人才的任务,而且通过短期培训、职业教育以及媒体宣传和各种咨询推广活动,将农业技术推广到农村10岁以上的所有成员,而且通过技术进步如玉米加工技术进步,带动了全产业链发展,增加了玉米的经济价值,并提供和创造了新的就业机会,促进了整个玉米带经济的发展。法国经过长期的建设和完善,形成了多元信息服务主体(包括国家农业部门,包括大区农业部门和省农业部门等,各种专业技术协会和行业组织等)共生共存的农业信息服务体系。如在葡萄酒流通中,法国政府通过标签管理、授权相关机构(如法国税务总局,消费、竞争与走私处罚委员会等)进行严格监督等方式,一方面保证了国家税收权力,另一方面也对产品质量进行检测,避免了市场欺诈行为的存在。

3. 借助金融工具和基金工具

金融工具和基金工具是许多发达国家重要的农业政策,能够弥补国家投入不足,迅速扩大农业生产规模和提高农业劳动生产率。金融工具中,以补贴(补助)和农业信贷为主。

美国实施以专项补助为主、分类补助和一般目的补助为辅的转移支付体系。其专项补助一般由联邦政府指定用途,规定金额、使用期限,有的项目还要求受补助的州和地方政府拿出一定比例的配套资金，资金配套比率因项目而定，以保证补助金落实到位。从转移支付的受益地区看，第二次世界大战后初期主要集中在南部落后区域，20世纪80年代联邦补助开始从迅猛发展的南部转向日趋衰落的北部老工业区。其财政补助的投向主要是促进就业和保障收入、教育培训、医疗卫生、社会服务、交通等项目；针对农产品收入制度，美国实施了直接补贴、反周期补贴、国家奶制品市场损失补贴、特别灾难补助、交易援助贷款和贷款缺额补贴。①直接补贴是根据历史上的单产和种植面积对生产者提供的收入支持，覆盖的农产品包括小麦、饲料粮食、大米、陆地棉、油菜籽和花生，享受直接补贴的农民有权自主决定种植何种作物，补贴与农民的种植计划无关，每个农场每年最多可获取4万美元的直接补贴。②反周期补贴是指有效价格低于目标价格时对生产者提供的收入支持，覆盖的农产品与直接补贴相同。而目标价格由国家法规确定，有效价格是指生产者所得到的直接补贴加上市场价格或者交易贷款计划所获得的较高一项收入之和，每个农场每年最多可获取6.5万美元的反周期补贴。③国家奶制品市场损失补贴用于给奶制品生产者提供的收入保障。如果某个等级奶的月度价格低于确定价格，可按月获得直接补贴。每个牛奶场每年最多可有240万磅奶（相当于135头奶牛的产奶量）享受这种补贴。④特别灾难援助是用于发生恶劣天气、延期灾害或不利经济形势之时，向生产者提供部分经济补偿。该计划启动年份占过去20年中的10年。⑤交易援助贷款和贷款缺额补贴，覆盖范围较广，允许生产者在市场价格低于贷款本息之时，以市场价格偿还，从而为生产者带来一种被称为"交易贷款收益"的好处。如果不想加入交易援助贷款计划，生产者可获取另一种直接补贴即贷款缺额补贴）。印度建立了多渠道的转移支付制度（财政委员会安排税收返还和补助，计划委员会安排补助和贷款，在成立专门开发机构帮助东北部贫困地区开发），实施了农产品购销补贴制度。从日本政府颁布《北海道开发法》以来，北海道地区一直享受区别于其他地区的开发优惠政策，主要有在国家财政预算中编制北海道开发事业费预算；中央财政给予高于其他地区的补助率和中央财政转移支付的财力补助比例高于其他地区的财政转移支付。法国、意大利政府对国内实行干预价，对国外实行门槛价，稳定农产品价格。

在信贷方面，美国的农业信贷体系分为国家信贷系统和商业信贷系统。国家信贷系统隶属于联邦政府，包括国家农业信贷总局和农业信贷机构两个体系，具有较强的政策性投融资功能，主要为农场主提供长期、中期和短期贷款和生产贷款。美国农业部的农产品信贷公司主要提供农场主以滞销农产品为抵押的短期贷款，进行农产品价格支持，以稳定农业生产者收入，利用这种金融手段对农产品销售和生产实行政府干预和调节，为农场主提供筹措和运用资金提供了十分便利的条件和手段；而在农业生产急需资金的情况下，通过推出政府赞助的信贷、由政府提供保证的信贷和政府直接贷款3种信贷方式，为美国农业发展提供了强有力的资金支持。法国、意大利政府根据发展农业的需要，拨出专项资金，通过银行发放长期低利贷款，支持专项生产和事业的发展，其种类主要包括青年农民立业特别贷款、土地长期贷款、农业现代化特别贷款、畜牧特别贷款、自然灾害特别贷款、普通中期贷款等。农业银行通过吸收存款和发行债券的办法组织资金，对农业、农村的工业、商业、公用事业，发放贷款，支持农业和农村建设事业的发展。此外，美国还实施了作物与收入保险。政府对从事农业保险的机构提供大规模的保费补贴,从而使生产者能以较低的费率普遍参加农业保险。当生产者的单产或者收入低于平均水平之时,为其提供损失补贴。

为缩小区域发展差距和促进区域农业协调发展,欧盟制定并实施了多种区域政策作为区域治理的手段,这些区域政策工具主要体现在区域发展基金、社会基金农业指导和保证基金、渔业指导基金、结构基金、聚合基金等专项基金上。借助以上金融工具,欧盟能够更好地实施区域协调政策,促进区域协调发展,实行问题区域模式、跨境合作模式、创新区域模式和流域治理模式等多样化的区域协调模式共同促进区域协调发展。

4. 高度重视农村基础设施和公共产品供给

互联互通的基础设施和均衡一致的公共服务体系是区域专业化农业经济一体化的重要软硬件环境,也是促进区域经济一体化的重要抓手。各国在构建互联互通的基础设施上,主要在交通、通信、电力、水利和生态环保等方面发力,通过交通、水利、市场、仓储以及农田生态环境、道路等基础设施的建设和完善,降低农产品的生产成本、流通成本,促进农业生产进一步向优势区域集中,并使不同区域的资源优势更好地转化为经济优势,如美国完善西部地区交通体系上做了大量工作,发达的交通体系在降低运输成本的同时突显了中部的土地和自然条件优势,带动农业布局的重大调整,推进玉米、大豆等农产品逐渐向中西部集中;在构建均衡一致的公共服务体系上,主要推动教育、医疗、文化的一体化,以及就业培训、招商引资、研发推广、技术人才、政策中介等服务体系的均衡化。如印度为推进落后地区农业农村发展,加大了农村人力资源和基础设施建设,除提供各种农村发展计划外,为加速农村经济发展,印度首先注意加速农村人力资源开发,其次是加快农村工业化发展,鼓励农民进行农产品加工,增加产品附加值,提高农民收入。此外,还改善农村通信条件,使每村都通电话,加强其与外部市场的联系,并在农村创造一种城市生活环境,缩小城乡差距。

5. 建立经济特区和立法明确区域协调发展资金

为了加快巴西西北部地区的经济发展,开发和利用亚马孙地区丰富的生态资源,1957年,巴西政府在玛瑙斯建立了自由贸易区,加强经济辐射能力,该自贸区在随后的10年间不断发展,以玛瑙斯为圆心,不断向四周辐射,受影响地区面积不断扩大,达到了221万千米^2,建立了免税商业区和农牧业发展区,虽远离巴西经济中心,但拥有便捷的泛美公路和强劲竞争力的产品优势,形成了良好的投资环境,工商业和旅游业优势突出,同时贸易、工业、农业也迅速发展,拉动了中西部地区的发展,为内陆地区的经济发展带来了活力。巴西通过经济特区的建立,带动周边地区发展,协调西北部地区与南部地区之间的差距,促进均衡发展。美国通过组建经济开发区,采取多种措施培养落后地区的自我发展能力,推进了落后地区的产业要素集聚。

美国、德国、日本均有立法规定一定比例的政府财政支出用于支援地方,三国的比例分别为10%、20%和30%。美国、德国政府还为落后地区企业贷款提供担保。为保证各州人均税收相等,德国法律规定州际及州与地方需要重新分配税收,其政府财政支出的10%用于资助落后州。日本设立了专业落后地区经济开发公库,为受资助地区的企业提供优惠贷款。欧盟对区域发展的干预资金占其总预算的1/3,用于帮助农业处于下降趋势的农村地区多样化发展等(罗其友,2010)。

(二) 主要启示

通过对美国、日本、德国等农业区域协调发展的经验比较分析可知，虽然各国国情不同，但在区域协调发展上具有一般的规律可循，以下4点启示对海南省农业区域协调发展有很重要的借鉴作用。

1. 明确发展计划，推进基于自然资源禀赋的农业专业化、一体化发展

农业受自然生态条件的影响很大，具有显著的地域性特征。但是，自然资源的丰富程度与其经济发展水平没有必然的联系，需要通过顶层设计，针对不同时期、不同地区地域发展问题，采取与其相适应的规范或不规范的制度，制定出一套切实有效的法规，才能有序推进现代生产要素和关联产业的区域定向集聚，逐步形成区域特色鲜明、产业分工合理、产业体系完备的农业发展空间格局。美国的九大特色鲜明的农业专业区正是通过挖掘不同地区特色优势，通过规划及立法不断加强和改进对农业的科学管理，调整农产品区域布局、建设优势特色农产品产业带，促进农业区域专业区的形成与发展。海南身处亚热带和热带两大气候带，水、热等自然资源条件从北到南有较大的差异。因此，在制定农业发展规划时有必要深刻认识和准确反映海南农业生产的地域差异特征，结合农业区域发展的阶段性特征，因地制宜优化各市县的农产品布局，适时调整主导产业及其品种结构、发展目标，解决自贸港背景下农业区域布局与主体功能区定位不匹配、产业区域布局"小而全"、低水平重复问题。

2. 充分发挥政府的引导和规范作用，改革和完善相关法律法规

政府在推进农业区域协调发展方面的作用主要是营造制度环境，多路径作用于农业区域的形成与发展，拥有完备的法律体系能够为区域协调发展提供制度保障。发达国家政府在其专业化农业区域形成与发展历程中，充分发挥政府在战略、政策和法律制定上的作用，在相关区域内制定切实可行的发展战略、政策及相关的法律法规；区别化、差异化的财政、金融等区域经济发展政策是促进区域经济协调发展的必要措施，很多国家政府对于本国不发达地区都采取了各种各样的政策倾斜，体现了援助方式的灵活性和多样性特点，通过上述政策完善了落后地区交通和水利等基础设施、增加有效公共服务及公共产品供给、加强风险防范和维护市场秩序等支持措施，促进了这些专业化农业区域的形成和跨越式发展。当前，中国区域协调发展的法制工作存在薄弱的地方，很多领域存在无法可依的现象，尤其是缺乏宪法保障，有必要建立专项法，为特定区域发展提供法律保障，并制定出相应的分则，如区域经济促进立法，区域经济合作立法等；而且，对不发达地区的援助绝大多数采取的是自主方式而非自动方式，除了扶贫政策外尚缺少针对其他问题的政策，应该继续完善县域经济政策工具，并对区域政策工具灵活运用，可以以年度财政预算、五年计划等方式，使政府投资的区域倾斜措施规范化、制度化；建立统一规范的财政转移支付制度，增加对不发达地区的政府间的转移支付补助；深化税制改革，建立起具有区域调节功能的税收体制，完善中央与地方分税制，充分发挥税收杠杆在统筹区域发展中的应有作用；设立国家区域共同发展基金，对问题区域实行支持性政策；等等。保证区域经济协调发展的顺利进行；此外，在现行法规水平上，国家还需要对地区之间的经济合作协定予以认可并鼓励，例如，在宪法等法规水平上，对地区之间的协定予以认可；国家对现行的地区合作协定应保持容忍，对合作过程中可能产生的不协调问题，要积极改正、应对；在这一过程中，司法机构要主动介入地区争端的解决，对违法行为予以惩罚，从而形成良性、合法的地区经济合作。虽然依据《中华人民共和国海南自由贸易港法》，海南出台了《关于海南自由贸易港统筹区域协调发展的若干意见》《海南自由贸易港统筹区域协调发展三年行动方案（2023—2025年）》等多条促进区域协调发展的政策，但是，通过对海南欠发达地区经济发展历程的考察，我们可以看出，部分欠发达地区对财政资金的过度依赖，存在"等、靠、要"现象，缺乏自我发展的能力，即使中央政府的财政投入再多一倍，也不过是杯水车薪，根本不能解决地方资金不足的根本问题；而且，深入推进农业区域协调发展必须消除市场壁垒，推进全省统一大市场建设，但部分市县还存在着传统的行政分割和一亩三分地的思维定式，需要正确处理舍和得的关系，打破区域行政壁垒和制度机制障碍；此外，发展外向型农业是海南自贸港建设重要内容，但还缺乏国家对地区之间的经济合作协定予以认可并鼓励，外向型农业在开展跨省甚至是跨国合作时缺乏法律保障。

3. 积极引导人口向落后地区合理流动，重视公共服务体系建设

人才资源作为最为重要的一种生产要素，是经济发展和社会进步的重要支柱，任何地区的经济发展都脱离不了人才资源的支持。美国、印度、巴西等，均通过改善落后地区或农村地区的制度环境，吸引和建设落后地区的专业人才体系。海南拥有独特的热带自然资源优势，若能进行合理开发，将会加快海南农业区域经济协调发展的进程。由于海南经济欠发达地区主要位于中部山区且多为生态保护区，经济发展难度大，需要高素质的专业人才队伍在保护生态环境的同时又能促进经济发展，有必要积极引导高素质人才向中部地区流动；同时由于海口、三亚等地级城市经济活力旺盛，吸引了高素质人口流入，导致农村人口素质相对偏低，政府应通过改革户籍制度或提供政策补贴，促使人口特别是高素质人才向农村回流。

综观国外公共服务体系建设，都是根据落后地区的特点，在深入调查的基础上，注重发挥地方优势，开展农业社会化服务体系建设、规范市场秩序、建立职业教育与公共培训机构、组织联合技术攻关、创建农业文化与区域品牌等，构建社会就业、收入分配、福利保障等公共制度，促进公共服务的普惠共享。海南通过实施《关于海南自由贸易港统筹区域协调发展的若干意见》，近两年来，在优化医疗教育公共资源配置、深化社会保障和就业服务协作、高标准提供均衡共享的公共服务方面，取得较大成绩，但在农业社会化服务方面仍存在短板，有必要借鉴国外经验完善农业社会化服务体系。

4. 推动落后地区的基础设施建设，注重高新技术的支撑和引领作用

完善基础设施建设是欠发达地区经济发展的前提和基础，通过改善落后地区交通、水利、信息等基础设施，有利于资金、技术、人才等生产要素在落后地区集聚。但是落后地区往往呈现地广人稀的特点，历史上世界各大国在针对落后地区区域协调发展时的做法是通过政府宏观调控，完善落后地区的交通、电力、医疗、教育等基础设施。同时，科技进步改善了农业资源环境质量、改变了市场对农产品的需求，从而推进了农业专业区域的形成。美国、法国等全球知名的农业专业化区域均从技术进步中获得了巨大的发展，如美国育成大豆抗病新品种，取代我国成为世界大豆生产和出口大国，通过加工技术创新不断延伸农产品产业带的产业链和价值链，通过把西部地区的资源优势与基础设施建设相结合，注重信息网络方面的建设，加快产业结构调整，促进落后地区特别是拥有丰富资源的西部地区高新技术产业的发展，不断扩大有效需求，拉动投资，并对投资项目进行科学评判与论证，高效提升了美国西部地区的投资收益。一直以来，海南凭借"集中力量办大事"的优势，不断加强交通、通信、电力、水利等农业农村基础设施建设，然而，由于诸多原因，海南的农业基础设施尤其是偏远地区的农业基础设施仍相对落后，农村公路、水利设施、能源供给等都存在一定问题。这大大制约了海南农业的发展速度和专业产区的形成。

六、促进农业区域协调发展政策取向

在上述研究基础上，在国务院同意18部委授权海南试点自贸港政策背景下，提出以下支持海南农业产业区域协调发展的政策建议。

（一）制定以打造国际全产业链为目标的自贸港热带农业产业规划并加强组织领导

遵循海南自贸港及RCEP等国际经贸规则，加强与"一带一路"沿线国家及京津冀、长江经济带、粤港澳大湾区等国家重大区域战略的衔接，依据海南"三区一中心"战略定位，以及自贸港对18个市县的主体功能定位，基于各市县农业自然资源及基础条件等，对县域热带农业分区赋能，对土地资源、人才资源、资金资源、农业资源等几方面进行相应的统筹与调配，重点打造三大功能区和各类产业集群或产业带，促进了"大企业进入、大项目带动"战略的实施，形成主业突出、特色鲜明、集约高效的现代农业产业空间布局体系。

以规划为引领，成立以省分管领导为组长的，由省农业农村厅和市（县）、镇（乡）主要领导组成的农业产业结构与布局优化领导小组，统一省、市（县）、乡（镇）及行政村各级部门的思想，充分发挥规划的宏观指导作用，找准发展特色农产品的切入点，并以国有农场作为布局优化的重要力量，形成各具特色的发展模式，打造区域特色优势产业。并且，把推进高效农业布局优化，作为建设乡村振兴的一项重要措施，纳入各级政府的绩效考核指标，切实推进。而在推进特色高效农业区域布局优化过程中，要充分尊重农民意愿，不搞强迫命令，不急于求成，坚持市场取向，依靠配套政策，加快引导和推动，加快海南自由贸易港背景下的农业高效发展。

（二）建立健全农业区域协调发展专项法律制度

农业区域协调发展的法律制度不是一个单一法律，也不是大量法律法规的简单汇总，而是不同层次、相互关联、密切配合的有机整体。因此，根据农业区域协调发展的实际需要，建立健全专项法律制度成为实现农业区域协调发展的关键。从方向上来看，农业区域协调发展专项法律制度应包括纵向法律制度、横向法律制度、特定区域法律制度。其中，纵向法律制度包括发展规划法、产业促进法、财政法、金融法等；横向法律制度包括区域合作协调法、市场中介协作法、统一市场法等；特定农业区域法律制度包括中部崛起法等。因此，海南省专项法律制度的建立可根据海南农业区域协调发展的重点领域，有序推进。一是推进农业经济调节手段向法律手段转变。产业政策、财政政策、税收政策、金融政策等经济手段常常作为推进区域经济协调发展工作的重要方式，但这些经济手段往往缺乏法律的权威性、强制性和稳定性，容易造成短视行为。因此，海南省在《中华人民共和国海南自由贸易港法》的指导下，有必要将这些政策的工作目标、重点任务、管理架构、惩治措施通过立法的形式固定下来。二是促进区域合作法治化。随着海南省区域合作工作的不断深化，有必要从优化空间布局、明确主体功能、体现比较优势、理顺区域利益关系，以及打破垄断、破除封锁、扩大开放、促进协调、实现吸纳一体发展等多个方面完善区域合作的法律法规，重点促进区域合作协调机制、区域合作市场机制的法治化。三是加强特定区域开发立法工作。按照海南省区域经济协调发展的战略部署，加快经济欠发达地区的立法研究，为特定区域开发提供法律保障。

（三）完善农业区域政策

1. 完善海南农业区域协调发展顶层设计

首先，以《中华人民共和国海南自由贸易港法》为基本依据，建立完善农业功能区、区域农业规划、农业水资源保护等支持海南农业区域协调发展的海南自由贸易港法律法规体系，从法律上明确海南六大农业功能区的农业主导功能定位；其次，加强财政对农业布局优化的引导，合理有效统筹整合各级各类涉农财政资金，编写《惠农政策扶持农业发展分区域实施方案》，提高资金整合整体效益，着手推进"大专项+任务清单"管理模式，合理确定各市县约束性任务和指导性任务，将惠农政策落到实处，扶持海南农业分区赋能发展发展。同时，积极探索促进优势产业在优势地区布局的产业发展投入机制，设立产业布局调整扶持基金，多渠道筹措资金，广泛吸引社会资本投入农业重点产业发展，切实解决经营主体在调整农业产业布局时融资难、融资贵的问题，鼓励以大项目带动，投资建设重点产业园或示范区。

2. 多规合一基础上给予六大农业区域重点产业优先用地，引导农业向优势产区集中

作为海南省自贸港建设四大支柱产业之一的热带高效农业，目前已确定芒果、天然橡胶、南繁种业、水稻、冬季瓜菜、甘薯、槟榔、胡椒、咖啡、荔枝、火龙果、凤梨、蜜瓜、榴莲、茶叶、文昌鸡、水产养殖等17个产业为主导产业，并开展全产业链培育。为保障17个农业全产业链建设，有必要以《海南省热带特色高效农业全产业链培育发展三年（2022—2024）行动方案》为指导，以多规合一为引领，以提高土地产出率、资源利用率、劳动生产率为核心，充分利用现有土地利用政策，通过以下多种方式给予六大农业重点产业优先用地，引导农业空间布局优化与适度规模发展：①以"一镇一品+标准化生产基地""特色镇+农业旅游休闲区+村庄团组""重点村庄+农业红色旅游景点+农产品物流加工园区"等模式，通过政府+企业+村集体+农户，有序流转与合并部分村庄土地资源，并将原有公共设施用地流转出来作为设施用地，适度集聚土地、人口、公共服务设施等要素，改变海南省农村耕地"碎片化"难题，促进农业产业规模化发展；②发动群众将撂荒地通过土地入股、土地托管、经营权流转、代耕代种等方

式，将撂荒地集中流转，进行规模化、集约化经营，推动重点产业落地和高效经营，并明确经营权流转的撂荒地必须在限定期限内用于农业生产，避免发生二次撂荒现象；③允许在各市县土地利用总体规划及村庄规划中，预留少量的重点产业发展用地指标，政策给予一定的灵活性；④加强对农业设施用地的界定，促进农业配套设施用地政策落地，合理规划重点产业农业配套设施用地；⑤对跨县域共建的产业园区，在财政收入分配机制、地区生产总值统计方式、建设用地的使用管理、人才激励、干部交流以及对各市（县）政府的考核评价等方面，要制定有利于调动各方积极性的政策措施，带动和示范农业跨区域协同发展；⑥积极支持农业经营主体购买入市交易的农村集体产权用地发展主导产业。

3. 注重金融惠农，引导经营主体向重点产业加大投入

第一，以《中华人民共和国海南自由贸易港法》为基本依据，建立完善支持海南农业区域协调发展的税收、保险、贷款等金融保障政策体系。

第二，贯彻落实鼓励类农业企业所得税和高端紧缺人才所得税两个"15%"优惠政策，境外直接投资所得免征企业所得税。从省级财政中拨出专项扶持资金，对符合政策的工商资本投资重点农业产业项目可优先获得农业融资风险补偿基金贷款，并建立特色农产品信贷保障机制，鼓励政府、企业和社会资金合作建立针对农户和中小企业的多种担保组织和基金，解决农户和中小企业的贷款难问题。

第三，在合适农业领域分层次逐步取消或放宽对农业投资跨境支付、自然人移动等模式的服务贸易限制措施，完善农业投资者权益保障机制，允许符合条件的境外农业投资者自由转移其合法投资收益，促进海南农业"走出去""引进来"，把金融支撑作为促进海南现代特色农业开展跨区域、跨境合作的重要举措和新增长点。

第四，针对不同县市的特色优势农产品分别采取相对应的政策性农业保险，根据国家有关农业保险保费补贴政策实行不同的财政补贴政策，开展多元化投融资，政府通过将小部分资金投入有发展前景的特色农业起到方向性、指导性作用，并提供制度、法律等配套政策保障，引导和带动更多社会资本投资到区域特色农业中，提升社会资本投资区域特色农业项目的积极性和主动性。

第五，贯彻落实《支持海南省全面深化改革开放有关财税政策的实施方案》，从省级财政中拨出专项扶持资金，对符合政策的工商资本投资重点农业项目可优先获得"富农贷""金农贷""新农贷"等农业融资风险补偿基金贷款，同时在税收等方面享受优惠，落实财税、土地、技术、人才等方面政策支持，促进农企对接。

4. 建立健全城乡融合发展政策体系，引导各类要素向六大农业区十七个农业重点产业合理分配

第一，健全农业转移人口市民化机制，改变农业劳动力短缺现状。

第二，建立城市人才入乡激励机制，激励城市人才投入重点产业建设。

第三，改革完善农村承包地制度，促进重点产业发展壮大。

第四，稳慎改革农村宅基地制度，改变三产融合项目无地可用困境。

第五，建立集体经营性建设用地入市制度，允许农村有偿收回的闲置宅基地、废弃的集体公益性建设用地转变为集体经营性建设用地就地入市或异地调整入市，扩大农产

品加工项目建设用地来源。

第六，健全财政投入保障机制。

第七，完善乡村金融服务体系和均衡区域农村公共服务。

第八，建立工商资本入乡促进机制。

第九，建立科技成果入乡转化机制，促进区域科技成果快速应用于重点产业。

通过上述措施，重点解决长期以来各种要素单向由农村流入城市的问题。

（四）支持农业产业生态化、生态产业化（以下简称"两化"）区域协同多元化探索

一方面，农业生态环境治理主要依靠中央和地方政府共同强力推进，尽管见效比较快，但这种行政性干预难以长期持续下去，如果中央生态环境保护督察等监督机制稍有放松，就极可能导致生态环境质量下降。另一方面，在中央的统一领导下，地方政府开始探索推进"两化"，如开展流域上下游契约型协同治污，这种对赌性治污方式短期效果明显，协议执行的前提是地方政府具有较强的履约能力和公信力，但在现有体制下这类合作协议容易受到地方政府主要负责人调整的影响。因此，有必要开展以下探索，促进"两化"区域协同发展。

第一，完善地方政府契约型农业生态环境治理。省级有关部门应制定部门条例，保障有关市县政府经协商签订的农业生态环境治理协议得到长期落实，对违约责任要有相应的惩治、追究责任的制度安排。省级有关部门应设立省级"两化"办公室，负责处理涉及市县政府产生的协议性纠纷，以南渡江、万泉河、昌化江等重要流域协同治理为切入点，探索农业生态环境协同治理的司法模式。

第二，支持地方引入市场化机制开展"两化"。对于农业生态化方面的农业废弃物资源化利用等以及生态产品价值实现方面，支持地方政府引入专业企业联合科教机构开展专业化开发利用，采取政府购买服务、土地联合开发等方式补贴专业企业在公益性方面的投入。支持地方政府发行"两化"协同发展专项福利彩票，面向社会筹集资金，弥补"两化"的部分资金缺口。

第三，强化"两化"补贴补偿体制机制创新。一是开展"两化"补贴补偿机制深化改革试点。省级有关部门可在农作物主产区开展农业生态产业化补贴机制试点，在国家热带雨林公园区域内探索多主体参与、社会化运作的生态补偿机制试点，设立生态补偿基金，加大对重点生态功能区的补偿力度，同时建立"两化"推进效果相挂钩的补贴补偿机制。二是探索建立生态产品产业化实现试点。在国家热带雨林公园启动实施生态产品产业化实现试点，建立生态产品交易市场，鼓励各类企业参与生态产品转让。

（五）强化区域适配科技创新推广体系建设，培育区域品牌

依托国家热带农业科学中心等及境外科研院校，以分布于不同地区的海南国家现代农业产业园、国家农业绿色发展先行区、国家级农业对外开放合作试验区、全国农村一二三产业融合发展先导区、国家现代农业示范区、现代农业科技园、国家农业公园、农垦园、琼台农业合作示范区等为载体，大力实施科技兴农、科技强农、科技惠民战略，

围绕各市县热带特色现代农业提质增效、农业产业结构调整、生态循环农业发展,坚持"政产学研用"相融合,突出问题导向,加强关键农业技术科研攻关,重点支持设施农业、精细化良种培育、丰产栽培、疫病防控、农产品加工等领域科技创新,充分发挥企业在科技创新中主体作用,增加科技创新投入。加快农技推广体系和机制的建立,加强农业科技推广人才和实用人才建设,全方位推进科技创新、企业创新、产品创新、市场创新、品牌创新,加快科技成果向现实生产力转化,推动科技和县域经济发展紧密结合,新技术新成果快速落地。同时,加大热带农产品区域公共品牌、企业品牌、著名商标等挖掘培育力度,制订年度品牌培育计划,启动品牌农业人才培养工程,大力推进优势农产品品牌和特色品牌建设,切实抓好优势农产品和特色农产品,挖掘培育"老字号"农产品品牌。加大财政扶持力度,充分调动农业生产经营主体创建品牌的积极性,并深入推进农业标准化生产、产业化经营,夯实品牌农业发展的基础。支持规模大、实力强、品牌好的农业企业拓展国内外市场,提升区域品牌农业的影响力。

(六)创新分区域农业人才发展体制机制,为优化农业产业布局提供智力支持

以《关于支持海南开展人才发展体制机制创新实施方案》为依据,创新区域农业人才发展体制机制,通过以下措施分区域分层次建设区域农业人才队伍。

第一,培养造就大批适应各市县特色农业发展需要的实用人才,以产业布局优化为契机,组织实施特色农业发展实用人才培训工程,大力培育高质量的知识型、技能型、创新型的职业农民队伍,服务于现代特色农业项目。

第二,以龙头企业、农民合作社为载体,积极引导各类经济组织、农村产业化龙头企业开展参与特色农业发展项目的干部及农民的岗位培训和技术指导,提高各类人才生产技术水平和管理能力。

第三,开展特色农业项目实施县(市)、镇及村的管理干部素质培训和农业实用技术培训,不断提高领导干部政治素质、道德素质、业务素质、心理素质,求真务实,依法执政和农业技术水平;培养一批懂农业、爱农村、爱农民的村镇管理干部,一心造福农民,服务农村,热心支持有利于优化产业布局的现代特色农业项目落地。

第四,引导、鼓励和支持高校毕业生投身发展区域品牌农业事业,专门制定大学生到需要的地区开展特色农业创业的扶持政策,做好资金、项目、技术、市场等农业生产性服务,通过政策扶持,吸引更多的有文化、有梦想的大学生到农村创业。

第五,让更多外出务工的、熟悉本地特色农产品经营技术的农民回到本村参与现代特色农业生产,加快培养一支有文化、懂技术、善经营的新型农民队伍,热心服务于当地农业,充实农业产业区域布局调整和优化智库。

第六,完善人才流动就业模式,扩大农业人才的选择空间,让其可以在各市县之间流动就业,从而大幅提升人才资源的利用率。

(七)规避风险,构建区域农产品安全保障体系

目前的市场机制无法补偿和纠正食用农产品安全生产的区域差异性问题,就必须通过行政手段或经济手段来推进食用农产品安全水平一致性,推进农产品区域协同发展。

第一,积极实施财政补贴,可采取生产补偿政策、消费补偿政策等,对安全农产品认证及相关的产地环评、产品检测、标志使用等环节的费用给予部分乃至全额补贴,对消费环节的安全农产品提供直接价格补贴等。

第二,根据不同地域、不同生产者的实际情况,采取补助金、低息借款、减免税等多种形式,解决不同区域资源配置不均衡导致农产品安全生产水平不一致的问题。

第三,统筹全省相关农业统计数据,完善自贸区(港)农业农村统计指标体系,建设农产品重大公共事件及疫病监测预警平台,对自贸区(港)整体及分区域农业建设进程及重大公共安全事件进行实时监测与预警。

参考文献

白恩来，杨帆，2023. 农村产业融合对城乡收入差距的影响研究：以长江经济带为例［J］. 农业现代化研究，44（5）：822-833.

陈典，2023. 我国区域经济协调发展立法的现实问题、国际经验与启示［J］. 内蒙古财经大学学报，21（4）：144-147.

陈栋生，2005. 区域协调发展论［D］. 北京：经济科学出版社.

陈秋分，钱静斐，2021. "十四五"中国农业对外开放：形式、问题与对策［J］. 华中农业大学学报（1）：49-56.

代昆豪，2021. 自贸港视阈下海南热带农业发展模式创新研究［D］. 海口：海南大学.

戴景瑞，胡跃高，2008. 中国区域农业资源合理配置、环境综合治理和农业区域协调发展战略研究［M］. 北京：中国农业出版社.

冯光英，刘飞，牛晓露，等，2022. 海南岛晚新生代石山组橄榄玄武岩的地幔源区组成及动力学机制［J］. 地质学报，96（8）：2725-2742.

高晓红，2012. 海南生态省建设的环境政策研究［D］. 青岛：中国海洋大学.

葛明，严世立，赵素萍，2022. 中国与CPTPP国家农产品贸易竞争性与互补性研究［J］. 农业经济问题（12）：121-135.

顾莉萍，毛翔飞，肖运来，2015. 现代农业产业规划指导理论与操作实务［M］. 北京：中国农业科学技术出版社.

《海南年鉴》编辑委员会，2022. 海南年鉴［M］. 海口：海南年鉴社.

海南省农业农村厅，2021-08-05. 海南省"十四五"推进农业农村现代化规划政策解读［OL］. 海南省农业农村厅网.

海南省农业农村厅，2023-07-04. 关于印发海南省热带特色高效农业全产业链培育发展三年（2022—2024）行动方案的通知［EB/OL］. http://xczx.hcvt.cn/html/2023/xiangguanzhengce_0704/104.html.

海南省人民政府办公厅，2018-06-21. 关于推进农产品加工业发展的实施意见［EB/OL］. 海南省人民政府网.

海南省人民政府办公厅，2019-11-28. 海南省人民政府办公厅关于印发海南省花卉苗木产业发展规划（2019-2035）的通知［EB/OL］. 海南省人民政府网.

海南省人民政府办公厅，2023-03-08. 关于印发加快渔业转型升级 促进海南渔业高质量发展三年行动方案（2023—2025年）的通知［EB/OL］. 海南省人民政府网.

海南省人民政府网，2013-09-11. 海南省"十二五"热带现代农业发展规划［EB/OL］. 中国发展门户网.

海南省统计局，国家统计局海南调查总队，2023-02. 2022年海南省国民经济和社会发展统计公报［EB/OL］. https：//stats. hainan. gov. cn/tjj/tjgb/fzgb/n_84743/202302/t20230217_3361879. html.

郝志瑞，王闰平，2023-11-14. 山西省杂粮产业集群发展与竞争力评价分析［J/OL］. 中国农业资源与区划，网络首发.

何琼妹，2022. 自贸港及RCEP等经贸规则下海南农业竞争策略研究［M］. 北京：中国农业出版社.

皇甫天琦，牛桂草，周绩宏，等，2022. 河北省葡萄产业集群竞争力区域比较［J］. 北方园艺（4）：133-137.

黄成敏，龚子同，2001. 海南岛北部玄武岩上土壤发生的化学特性研究［J］. 热带地理（3）：207-212.

黄京，刘瑞涵，焦玉英，等，2021. 北京市草莓产业竞争力分析［J］. 北方园艺（17）：150-156.

江丽，李琳，2021. 中国区域经济非均衡协调发展对策研究：以美国、日本、德国经验为借鉴［J］. 北方经济（2）：25-27.

江泽林，2005. 海南省优势农产品区域布局研究［M］. 北京：中国农业出版社.

江泽林，郝永禄，胡耀华，2005. 海南省优势农产品区域布局研究［M］. 北京：中国农业出版社.

姜文仙，2017. 区域协调发展动力机制研究［D］. 北京：经济科学出版社.

李董林，李春顶，2023. 俄乌冲突下中东和非洲地区的粮食安全问题、外溢效应及中国思考［J］. 农业经济问题（3）：132-144.

李林子，李小敏，林积泉，等，2021. 海南重点产业资源环境承载力预警方法与应用［J］. 资源与产业，23（1）：69-78.

李潘坡，吉世虎，燕艳，等，2020. 乡村振兴战略下河北省创意农业跨界融合型发展模式探究［J］. 农业经济（4）：9-11.

李如潇，杨阳，2023. 中国农业高质量发展水平测度［J］. 统计与决策，39（14）：99-103.

李伟光，张京红，刘少军，等，2022. 海南岛干旱的气象特征及监测指标［J］. 热带生物学报，13（4）：324-330.

李运祥，2010. 国外区县经济发展模式和经验对中国启示［J］. 社会科学家（6）：56-59.

梁光河，2013. 海南岛从中国北部湾分离旋转漂移出去的8大证据［J］. 地质学报，87（S1）：73-76.

廖继武，周永章，2012. 海南西部干旱的地理边缘解析［J］. 海南师范大学学报（自然科学版），25（1）：104-108.

廖民生，张丽，2021. RCEP的签署实施对海南旅游业的影响及应对策略［J］. 南海学刊，7（3）：39-47.

刘海清，方佳，2011. 中国—东盟自由贸易区与海南农业［M］. 海口：海南出版社.

刘海清，方佳，李光辉，2015. 海南省主要热带水果国际竞争力研究［M］. 北京：中国农业科学技术出版社.

刘海清，金琰，卢琨，等，2021. 我国主要热带农产品国际竞争力分析［J］. 热带农业科学，41（12）：141-145.

刘海清. 乡村振兴背景下海南热带特色高效农业发展研究［J/OL］. 热带农业科学. https：//kns.cnki.net/kcms2/detail/46.1038.S.20230613.0958.002.html.

刘娟，2023. 广东省芒果产业区域比较优势分析［J］. 热带农业科学，43（2）：118-122.

卢良恕，2008. 中国区域农业资源合理配置、环境综合治理和农业区域协调发展战略研究［M］. 北京：中国农业出版社.

卢银川，1981. 法国、意大利的农业信贷工作［J］. 农村金融研究（2）：30-37.

罗其友，2010. 农业区域协调发展评价研究［M］. 北京：中国农业科学技术出版社.

罗原骏，黄来明，袁大刚，2023. 海南岛北部玄武岩区土壤母质均一性及相对年龄判定［J］. 土壤通报，54（1）：1-10.

马晓河，2020. "十四五"时期的农业农村发展环境分析与战略思考［J］. 农业经济问题（6）：4-10.

马育红，2022. 实施产业振兴行动 做强做优热带特色高效农业［J］. 今日海南（7）：20-22.

闵家胤，1992. 系统科学的对象、方法及其哲学意义［J］. 哲学研究（6）：27-35.

钱静斐，孙致陆，陈秧分，等，2022. 区域全面伙伴关系协定（RCEP）实施对中国农业影响的量化模拟及政策启示［J］. 农业技术经济（9）：33-45.

沈国舫，石玉林，2008. 中国区域农业资源合理配置、环境综合治理和农业区域协调发展战略研究［M］. 北京：中国农业出版社.

孙倩，2012. 国内区域协调发展状况定量评价研究综述［J］. 技术经济与管理研究（7）：90-94.

翁鸣，陈劲松，李国祥，等，2003. 中国农业竞争力研究［M］. 北京：中国农业出版社.

吴时国，鲁向阳，李刚，等，2023-11-10. 海南岛周邻新生代沉积盆地构造与差异性演化特征［J/OL］. 地质学报，网络首发.

徐晓枫，王惠琳，陈小敏，2014. 海南岛及邻区地震精确定位及断裂构造分析［J］. 地震研究，37（2）：216-221，323.

杨传喜，刘文博，张俊飚，2023. 基于农业生态区划的农业高质量发展水平测度、区域差异及收敛性研究［J］. 中国农业大学学报，28（12）：194-213.

尤飞，辛岭，2013. 区域农业规划理论与实践［M］. 北京：中国农业科学技术出版社.

俞胜宾, 翟盘茂, 2006. 1961—2004海南岛干旱演变特征分析 [J]. 热带作物学报 (3): 111-115.

袁惊柱, 2018. 区域协调发展的研究现状及国外经验启示 [J]. 区域经济评论 (2): 132-138.

张方, 2020. 云南咖啡产业国际竞争力评价及影响因素研究 [D]. 昆明: 云南财经大学.

张洁, 2013. 战后日本区域经济政策的演变分析 [J]. 商场现代化 (8): 186-188.

张晴, 2023. RCEP实施对中国农业国际竞争力的影响 [D]. 南京: 南京林业大学.

张永江, 袁俊丽, 黄惠春. 中国特色农业强国的历史演进、理论逻辑与推进路径 [J/OL]. 农业经济问题. https://doi.org/10.13246/j.cnki.iae.20230706.001.

张治礼, 2019. 自贸试验区和中国特色自贸港建设背景下海南热带特色高效农业发展的若干思考 [J]. 今日海南 (1): 27-29.

朱晶, 李天祥, 林大燕, 2018. 开放进程中的中国农产品贸易: 发展历程、问题挑战与政策选择 [J]. 农业经济问题 (12): 19-32.

MARTIN R, SUNIEY P, 2006. Path dependence and regional economic evolution [J]. Journal of Economic Geography (6): 395-457.